© Jay Rochlin

Tom Miller ist Autor von acht Büchern, unter ihnen *Trading with the Enemy: A Yankee Travels through Castro's Cuba; On the Border* und *Jack Ruby's Kitchen Sink: Offbeat Travels through America's Southwest* (deutsch: *Staubiger Südwesten*), wofür er 2001 den bekannten Lowell Thomas Award für das beste Reisebuch des Jahres erhielt. Seine Artikel erscheinen unter anderem in *Life*, der *New York Times*, im *Smithsonian* und in *Natural History*. Daneben arbeitet er als Berater und Texter für Radio- und Fernsehdokumentationen. Er lebt in Tucson, Arizona.

Inhalt

Vorwort 7
Karte 12
Einleitung 15

Erster Teil

Ein Tor zum Himmel 21
Cuenca bei Nacht 31
Bei den Exporteuren 38
Der Highway, der die Busse verschluckt 49
Die Stadt der Affen 57
Toquilla Sunrise 65
Revolution und Meeresfrüchte 80
Montecristi Fino 90
Ein Preisrichter auf der Durchreise 96
Carmitas Peace-Corps-Bar & Grill 101
Sternenbanner und Gelbfieber 108
Alfaro lebt 115

Zweiter Teil

Auf dem Markt 125
Wer sich in den Sombrero-Handel einmischt 132
Henry Millers Neffe 135
Hutflechter aus Biblián 140

Inkas und Indianer 145
»Wir haben nur uns selbst und unser Stroh« 154
Das Dorf der Spezialiätenköche 162
Mythos Hut 168
Unter Mühen und Qualen 173
Cuy für zwei 179
Die 10 000 Hüte des Adriano González 184
Cuencas letzte Juden 193
Großindustrielle 202

Dritter Teil

Sturzbetrunken 209
Mit Olga unterwegs 218
Öl vom Sauren See 227
Nach Kolumbien 241
Auf dem Río Aguarico 249
Madeline in Quito 257
Grenzüberschreitung 262

Vierter Teil

Warenflüsse 269
Eine Freundschaft fürs Leben 279

Danksagung 284
Literatur 286

Vorwort

Ich bin Tom Miller nur ein einziges Mal begegnet. Wo und wann diese Begegnung stattfand, weiß ich nicht mehr, und ich wette, Miller erinnert sich ebenso wenig. Es war bei einer dieser Veranstaltungen, die etwas mit Büchern zu tun haben, vielleicht eine Signierstunde, sehr wahrscheinlich in Kalifornien. Ich weiß jedoch noch, wie ich, als ich den Titel von Millers Buch gelesen und mich vergewissert hatte, dass es tatsächlich um Panamahüte ging, zu ihm hinüberreilte, um mich vorzustellen und den Autor dieses Werks kennen zu lernen.

»Ein Buch über Panamahüte zu schreiben ist ziemlich leicht«, dachte ich. »Jeder könnte das.« Aber eines zu schreiben, das gut genug war, um auch gedruckt zu werden, war schon eine andere Sache. Deshalb und weil ich selbst Schriftsteller bin, näherte ich mich Tom Miller, wie der Physiklehrer einer High School sich Albert Einstein genähert haben dürfte.

Das Gespräch, das sich dann ergab, war sehr angenehm. Wie für die Teilnehmer an solchen Mammut-Signierveranstaltungen mit vielen Autoren typisch, hatte er nichts von mir und ich nichts von ihm gelesen. Ich wollte herausfinden, aus welchem Grund Miller, der schließlich schon mehrere erfolgreiche Reisebücher publiziert hatte, ein solches Thema mit derart ungewissen Absatzchancen gewählt hatte. Miller hingegen war daran interessiert zu erfahren, warum ich – nachdem ich eine Zeit lang in Oklahoma unter den Potawatomi und Seminolen gelebt und ein Internat für die Töchter dieser Indianerstämme besucht hatte – nun über die weit entfernt beheimateten Navajo, Zuni und Hopi in New Mexico und Arizona schrieb. Unser Meinungsaustausch muss erfreulich verlaufen sein, denn ich erinnere mich, Tom Miller auf die Liste der Menschen gesetzt zu haben, die ich gerne als Nachbarn hätte.

Heute, etliche Jahre später und nachdem ich *The Panama Hat Trail* und Millers andere Bücher gelesen habe, fühle ich mich in diesem Eindruck sehr bestärkt. Wir beide haben zumindest zwei Dinge gemeinsam. Wir glauben – und ich bin mir sicher, auch für Miller sprechen zu können, wenngleich ich nur seine Bücher kenne –, dass es am meisten Spaß macht, irgendwohin zu reisen, wenn man auch einen echten Grund hat, sich dort aufzuhalten.

Miller und ich stimmen zudem in der Frage, ob es eine Fotografie gibt, die den amerikanischen Westen repräsentiert, nahezu überein. Seine, aufgenommen von Mark Klett, zeigt einen Miettruck, der an einer zweispurigen Straße abgestellt ist. Im Hintergrund zeichnet sich fern und undeutlich die Silhouette der monolithischen Sandsteinformationen des Monument Valley ab, und auf dem Beifahrersitz des Trucks studiert jemand eine Straßenkarte. Mein Foto wurde von meiner Frau Marie aufgenommen, als wir für den Kriminalroman *Hunting Badger* [dt.: *Dachsjagd*], einen Kriminalroman, bei dem es um einen Überfall auf ein Spielcasino im Reservat der Ute-Indianer geht, Landschaftskulissen sammelten. Es zeigt eine Reklametafel, hinter der der Ship Rock von New Mexico über einem winzigen Stückchen von Colorado und einer Ecke von Utah aufragt. Auf der Werbetafel ist ein Hamburger abgebildet. »Burger King 97 Meilen« lautet die Aufschrift.

In *Millers Buch* geht es natürlich nicht ausschließlich um die berühmte Kopfbedeckung. Es handelt von all den interessanten Menschen und seltsamen Situationen, auf die Miller trifft und an denen er Vergnügen findet, während er der Spur der heiligen Hüte von ihrem faserigen Ursprung in Ecuador zu fast allen Orten folgt, an denen modebewusste Menschen Geld für Luxusartikel verplempern. Für die Ecuadorianer (und keineswegs die Panamaer, wie sich herausstellt), die das Rohmaterial gewinnen, sind Panamahüte natürlich zu teuer. Und wenn schon. Die Hüte liefern Miller einen legitimen Grund, Ecuador zu bereisen, indem sie ihn vom beliebigen Touristen in den Rang eines Wirtschafts- oder Wissenschaftsforschers erheben. In meiner Zeit als Journalist habe ich dieses Spielchen ebenfalls praktiziert; ich weiß, wie der Hase läuft.

Da ich mich auf eine in Ansätzen vergleichbare »Dienstreise« nach Quito und in die ecuadorianischen Anden eingelassen hatte, kurz bevor Miller seine Recherchen dort durchführte, kann ich die Genauigkeit seiner Beobachtungen bestätigen. Die offizielle Begründung für meine Reise war, dass ich das Anden-Zentrum der Universität von New Mexico inspizieren sollte, in dem Physikstudenten sich mit kosmischer Strahlung befassten und Sprachstudenten sich mit den vielfältigen Anden-Dialekten vertraut machten. Drei dieser Studenten waren nach dem Mord an einem ortsansässigen kleinen Drogendealer verhaftet worden, wobei wir beim inoffiziellen Grund meiner Mission wären. Zu jener Zeit hatte ich den Journalismus an den Nagel gehängt, bereitete mich auf einen Hochschulabschluss in englischer Literatur vor und hatte einen Teilzeitjob als eine Art »Mädchen für alles« bei Tom Popejoy, dem Präsidenten der Universität. Als ich ihn fragte, wehalb er sich als Vertreter ausgerechnet einen Burschen ausgesucht habe, der nicht mehr als die im Grenzgebiet zu Mexiko üblichen Brocken Spanisch und auf dem Gebiet der Physik sogar noch weniger zu bieten habe, enthüllte Popejoy mir den anderen Teil meiner Mission: Ich sollte einen Anwalt aus Quito treffen, ihm einen Umschlag mit Geld in die Hand drücken, die Freilassung der drei Studenten arrangieren und diese dann zurück nach New Mexico bringen. Diese »Referenzen« gaben mir die Gelegenheit – vergleichbar mit Millers Plan, der Spur des Panamahuts zu folgen –, alle möglichen Leute zu treffen, die ansonsten keinen Grund und kein Interesse daran gehabt hätten, mit mir zu sprechen.

Als ich Millers Buch über seine Reisen durch Ecuador las, stellte ich fest, dass die Dinge, die er gesehen und der Beschreibung für wert gehalten hatte, die gleichen Dinge waren, die sich auch in meinem Kopf festgesetzt hatten. Die Arbeiterschicht von Quito, bemerkt er beispielsweise, scheine immer irgendwelche Lasten auf dem Rücken zu tragen. In derselben Stadt beobachtete ich einmal von einer Überführung aus einen Strom von Arbeitern, die riesige Sperrholzplatten schleppten. Nur ihre Beine waren sichtbar, und ich musste an Holzameisen denken, die sich, verborgen unter einer Reihe sich bewegender Blattstückchen, auf dem Heimweg befanden. Jemand, der sich für Politik oder Soziologie interessiert, würde dies wohl ein signifikantes Detail nennen.

Tom Miller entgehen solche Details nicht – am wenigsten die, die ein Licht auf die menschliche Komödie werfen. Vielleicht ist es deshalb so aufregend, ihm bei seiner Reise auf den Spuren des Panamahuts zu folgen.

TONY HILLERMAN

Auf den Spuren
des Panamahutes

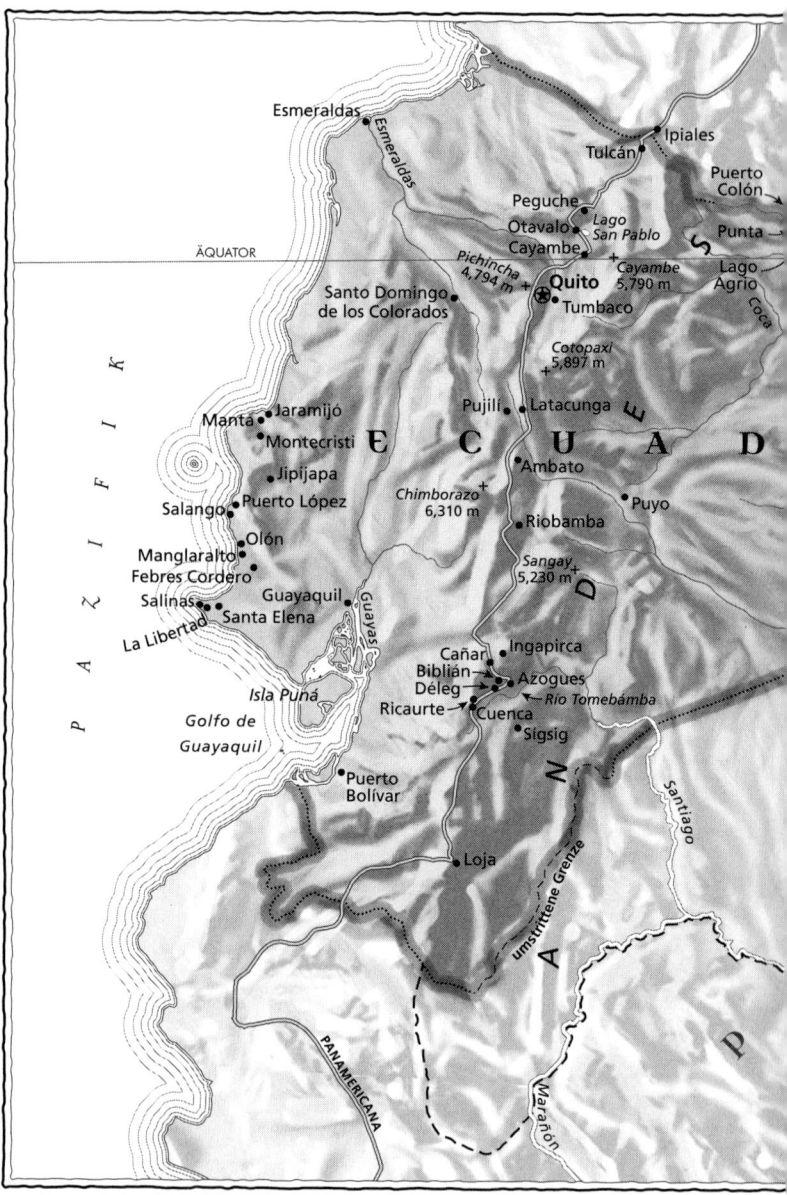

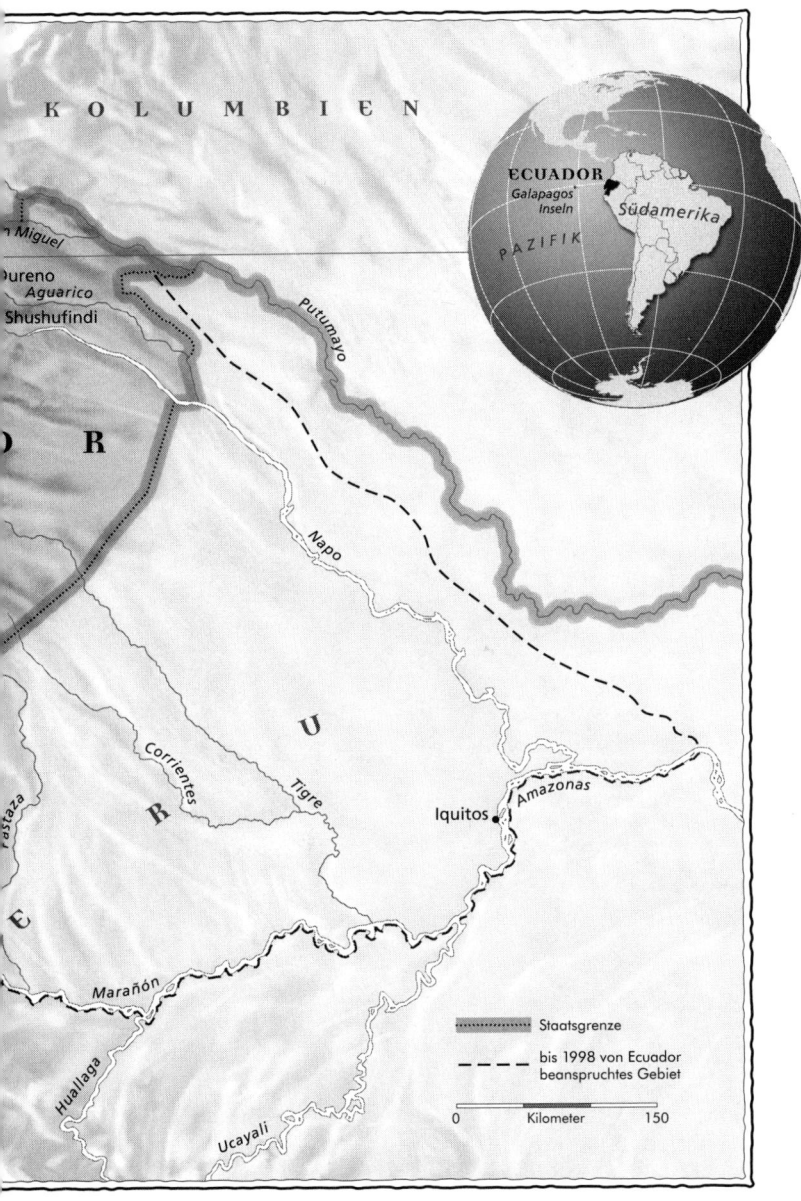

Einleitung

Woher kommen die Panamahüte? Man könnte wohl ebenso gut fragen, wer in Grants Grab liegt – nur dass die Antwort nicht so offensichtlich ist. Panamahüte werden in Ecuador hergestellt.

Die Haupthandelsniederlassung für südamerikanische Waren im 19. und frühen 20. Jahrhundert lag am Isthmus von Panama, der schnellsten und sichersten Seefahrerroute nach Europa und Nordamerika. Zucker, Früchte, Bodenschätze, Tuch und Dutzende anderer Handelsgüter, ecuadorianische Strohhüte inbegriffen, passierten den Isthmus. Mitte des 18. Jahrhunderts erstanden Goldsucher von der Ostküste, die es eilig hatten, nach Kalifornien zu kommen, die Strohhüte entweder auf ihrem Weg nach Westen oder auf dem Heimweg – falls sie nach Hause zurückkehrten. Auf einem bekannten Holzschnitt von 1850 sitzen sieben ausgemergelte Goldsucher, die eben aus Kalifornien über Panama in den Osten zurückgekehrt sind, vor der Münzstätte von Philadelphia. Sie umklammern prall mit Goldstaub gefüllte Taschen, und alle tragen Panamahüte. Ein halbes Jahrhundert später fanden die am Bau des Panamakanals schuftenden Arbeiter die dort erhältlichen Hüte ideal für die Plackerei in der tropischen Sonne. Wie schon die Goldgräber benannten sie die Hüte nach dem Ort, an dem sie sie erworben hatten, und nicht nach ihrem Ursprungsort. Der Name hat sich gehalten.

Die Chance, Ecuador unter den bestmöglichen Bedingungen besuchen zu können, schien nicht sehr groß; aber eine Reise durch dieses kleine Land mit nichts als der vagen Absicht, den Spuren von Strohhüten zu folgen, schien völlig absurd. Das Land, kaum größer als der Staat Colorado, ist lediglich für die paar US-Amerikaner von Interesse, deren Auskommen von Ecuadors Geschicken abhängt und die folglich in der Lage sind, es auf der Landkarte zu orten. »Du fährst nach Ecuador?«, fragten Freunde verblüfft und wiesen dann prompt auf die Gefahren hin, die mit einer Reise in ein Land verbunden waren, das sich im Bürgerkrieg befand. Wie die meisten meiner Landsleute verwechselten sie Ecuador mit dem anderen lateinamerikanischen Land, dessen Name mit »E« beginnt und auf »-ador« endet.

In Wirklichkeit ist Ecuador ein relativ friedliches Land, da dort ausgeprägte Guerilla-Aktivitäten, für die seine bekannteren Nachbarländer Peru und Kolumbien so anfällig sind, nicht stattfinden. Ecuadors Haltung gegenüber den anderen südamerikanischen Staaten ist immerhin so vernünftig, dass es als Gastgeber einer hemisphärenweiten Menschenrechtskonferenz fungieren und deren Teilnehmer durch den Vizepräsidenten willkommen heißen konnte. Wenn es um die Ablösung ihrer Regierung geht, sind die Ecuadorianer durchaus manierlich und bevorzugen unblutige Formen des Staatsstreichs. Hat sich der Rummel gelegt und die neue Regierung ihre Position gefestigt, so ist der neue Briefkopf auf den offiziellen Briefbögen für die meisten der heute zwölf Millionen Einwohner die einzige wahrnehmbare Veränderung. Die Panamahut-Produktion hat Theokratien, gemäßigte Diktaturen, Militärjuntas und wacklige Demokratien überdauert. Ob Ecuadors derzeitiges Demokratie-Experiment, das 1979 begann, Bestand haben wird, hängt von den internationalen Rohölpreisen ab. Das Erdöl aus dem Amazonasbecken und aus Offshorevorkommen ist eine Säule der Volkswirtschaft. In nicht allzu ferner Vergangenheit war das Land buchstäblich eine Bananenrepublik, deren Existenz vom Anbau dieser Frucht sowie von Kakao als ihren Hauptexportgütern abhing.

»Ecuador hat einen schweren Minderwertigkeitskomplex«, erklärte mir ein Beamter des Außenministeriums, bevor ich nach Südamerika aufbrach. Man könnte diese Feststellung leicht als Chauvinismus abtun, wäre mir nicht während meiner Reise und in Gesprächen mit den Menschen dort zu meiner Überraschung aufgefallen, dass viele Ecuadorianer diese Meinung teilen. Für die Kolumbianer im Norden ist Ecuador eine Zielscheibe nationalistischer Witze, während es an der südwestlichen Grenze durch Peru gewissermaßen kastriert wurde. Während der Qualifikationsspiele zur Fußballweltmeisterschaft kleben die Ecuadorianer an ihren Radios und bejubeln jedes Tor, obwohl ihre eigene Mannschaft häufig die Teilnahme an einem solchen Turnier verfehlt. Sintflutartige Regenfälle überfluten ganze Dörfer, verursachen totale Ernteausfälle und fügen so einer bereits unter Stagnation leidenden Wirtschaft schweren Schaden zu. Dennoch versucht man diese Probleme nicht mit Bankdarlehen oder Landwirtschaftskrediten in den Griff zu bekommen, sondern durch eine internationale Mammut-TV-Sendung, deren Zuschauer in Ecuador und den Vereinigten Staaten Geld spenden, um das Land vor der Verelendung zu bewahren. Und obwohl *huasipungaje*, die Sklaverei, offiziell 1964 abgeschafft wurde, scheint der soziale Fortschritt in Ecuador kaum schneller voranzukommen als die Riesenschildkröten auf den berühmten Galápagosinseln. Es ist ein wenig beachtetes Land, das nur bei Flugzeugabstürzen, Erdbeben, Grenzkonflikten mit Peru oder dem Ausbruch eines seiner wundervollen Vulkane aus dem Schatten ins Rampenlicht der Weltöffentlichkeit heraustritt.

Als ein Beobachter aus den Vereinigten Staaten dem Präsidenten seine Eindrücke von Ecuador erläuterte, bedauerte er, dass seine »Analyse nicht nur positiv« ausfalle, er halte es jedoch für eine Sache »der Großzügigigkeit und Freundlichkeit, die Fehler wie die Vorzüge des Landes offen zu schildern«. Der Präsident hieß in diesem Fall nicht George W. Bush, sondern Chester A. Arthur, unter dessen Regierung die Vereinigten Staaten ihr Interesse an der südlichen Hemisphäre entdeckten und begannen, in dieser Region ihre Muskeln spielen zu lassen.»Gegenwärtig«, so endet der Bericht von 1883, »liegen die elementarsten Bedingungen für den Aufbau einer blühenden Nation so tief unter Zwistigkeiten begraben, dass sie schwer auszumachen sind.«

Heute, mehr als ein Jahrhundert später, sind diese Zwistigkeiten dermaßen verschüttet, dass sie nur selten störend zur Oberfläche vordringen. Durch dieses Land also reise ich, zunächst nur für ein paar Monate und dann über einen Zeitraum von drei Jahren mit Unterbrechungen immer wieder. Ich war zu Fuß, im Kanu, auf dem Eselsrücken, mit Bussen, Taxis, Zügen, per Flugzeug und Dampfschiff unterwegs. Dabei stieß ich auf Spuren der Inkaherrschaft wie der US-amerikanischen Außenpolitik. Ich hatte mir das Ziel gesetzt, die Ursprünge des Panamahuts zu ergründen und seinen Weg aus den Kellerräumen der Dritten Welt bis in das Penthouse der Ersten Welt nachzuzeichnen.

Noch ein Wort zum Thema Geld: Dank wiederholter Aufenthalte in Südamerika konnte ich meine ursprünglichen Reiseerfahrungen mehrfach auffrischen. Als ich das erste Mal in Ecuador ankam, stand die Landeswährung, der Sucre, im Verhältnis zum Dollar bei 1 zu 30, ein sucre entsprach also 3,3 Cents. In der Woche meiner vorerst letzten Abreise aus Ecuador mehr als drei Jahre später war der Kurs im Verhältnis zum Dollar auf 1 zu 120 gefallen, ein Sucre kostete nur noch 0,8 Cents. Da der Kurs des Sucre sich von Monat zu Monat änderte, würde es nur zu Verwirrung führen und den relativen Wert der Währung verzerren, wenn ich jedesmal, wenn es in diesem Buch um Preise geht, den Sucre-Preis hinzugefügt hätte. Um die Schwäche der ecuadorianischen Wirtschaft richtig einschätzen zu können, sollten Sie sich vergegenwärtigen, dass die größte Währungseinheit, die 1000-Sucre-Note, heute weniger als zehn Dollar wert ist. Im Jahr 2000 übernahm Ecuador den US-Dollar als Landeswährung.

Tom Miller

Erster Teil

Ein Tor zum Himmel

Während meiner ersten Woche in Südamerika nahmen mich ein paar neue Bekannte eines Abends mit zu einem Felsgrat hoch oben auf der Ostseite von Quito, der ecuadorianischen Hauptstadt. Östlich von uns ging gerade der vollste aller Monde auf, so beängstigend nah und leuchtend, als könnten wir ihn mit einer Trittleiter erreichen. Unter uns, an die Hänge des Pichincha, schmiegte sich glitzernd die Millionenmetropole, deren Westseite der 4794 Meter hohe Berg beherrscht. Glasklar konnte man die viele Meilen entfernten schneebedeckten Gipfel der »Straße der Vulkane« sehen, als die der deutsche Naturwissenschaftler Alexander von Humboldt sie bezeichnet hatte. Meine Begleiter wiesen nach Norden und beschrieben mit den Händen einen Bogen von Osten nach Westen, um den ungefähren Verlauf des nullten Breitengrads oder Äquators anzudeuten. Sie wiesen mich auch auf die in spitzem Winkel zum Äquator verlaufende Route nach Osten hin, auf welcher der Konquistador Francisco de Orellana im 16. Jahrhundert die erste schriftlich dokumentierte Expedition von den Anden hinunter zum Amazonas-Regenwald und bis zum Atlantischen Ozean angeführt hatte. Auf der Suche nach Eldorado durchquerte er als erster Europäer den Kontinent.

Dann drehten wir uns nach Süden, und meine Gastgeber zeigten mir, wo die Pipeline, die das Öl aus dem östlichen Regenwald bis zur Pazifikküste transportiert, die Berge überquert. Wir blickten hinauf in den Himmel, und sie erklärten mir, dass die Planeten, der Mond und die Sterne ein Muster über dem Äquator bilden, das völlig verschieden ist von dem, was wir am nördlichen Himmel sehen. Das Sternbild Skorpion beherrschte den Himmel über unseren Köpfen, und der Polarstern stand knapp über dem Horizont. Von unserem Aussichtspunkt auf dem Berg aus betrachtet wird die stolze Behauptung der Quiteños verständlich, ihre Stadt sei *un hueco en el cielo*, ein Tor zum Himmel.

Meine erste Begegnung mit Südamerika war äußerst eindrucksvoll. Auf unserem Weg den Berg hinauf hatten wir Bella Vista durchquert, einen übervölkerten, lauten Nachbarort, in dem arme *mestizos* – Mischlinge – und Indianer lebten, die immer irgendetwas auf ihrem Rücken zu transportieren schienen. Am frühen Abend bildeten sich kleine Menschentrauben vor den Buden an den Straßenecken. Behelfsmäßige Feuer hielten das Essen und die Menschen warm. Die meisten Männer, Frauen und Kinder trugen Hüte. Einige dieser Kopfbedeckungen waren Panamahüte, andere waren aus Filz, wieder andere aus Stoff. Ich fragte einen der Straßenverkäufer, ob ich seinen Panamahut anfassen dürfe. Er war fest, beinahe hart und von einer schellackähnlichen Starre. Dies seien keine Panamahüte, teilte man mir höflich, aber bestimmt mit, das sei eine falsche Bezeichnung. Diese hier seien *sombreros de paja* – aus Stroh – und kämen aus Cuenca, einer Stadt im Süden.

Bevor ich nach Cuenca weiterreiste, wollte ich noch eine Weile in Quito bleiben. Ich hatte Reiseberichte über die Stadt gelesen, die bis zu ihrer Gründung im Jahre 1534 zurückgingen, und Berichte über die Inkas, die vor der Ankunft Gonzalo Pizarros hier gelebt hatten. Ich wusste, dass Quito eine von tiefer Religiosität geprägte und konservative Stadt ist, was Kleidung und Sitten angeht. Kirchen finden sich praktisch in jedem zweiten Häuserblock. Bevor der Ölboom in den frühen 1970er-Jahren den Nordrand der Stadt gewissermaßen aufsprengte, befand sich das kulturelle und kommerzielle Zentrum von Quito in einem Stadtteil, der für seine engen Straßen, seine koloniale Architektur, seine übervölkerten

Wohnviertel und die höflich-distanzierten Umgangsformen seiner Bewohner bekannt war. *Un hueco en el cielo*, fragte ich jeden, der bereit war, mir zuzuhören, was heißt das für Sie? Stimmt das wirklich? Alle glaubten daran, alle waren bis zum Bersten stolz auf ihre alte Stadt und die gewaltigen Vulkane, die Quito fast klein erscheinen lassen. »Und Sie? Was verstehen Sie unter *un hueco en el cielo*?«, fragte mich eine Indianerin aus Ambato. Nun, antwortete ich, dass sie hier Gott so nahe seien, physisch und spirituell, sie könnten praktisch einen Blick in den Himmel werfen. Sie lächelte. »Das sagen die meisten Nordamerikaner und Europäer. Für die Indianer bedeutet es, dass Gott auf uns herunterschauen kann.«

Da Quito in 2835 Meter Höhe liegt, ist die Luft so dünn, dass die Sonnenstrahlen mit ungeahnter Intensität herunterstrahlen. Ein flotter Mittagsspaziergang in den Anden nahe dem Äquator treibt einem den Schweiß aus allen Poren. Doch schon vor Einbruch der Dunkelheit wallt der *garúa*, ein dichter Nebel, der die Sicht auf Armlänge begrenzt, durch die Stadt. »Wer die Wolken nicht liebt, komme nicht nach Ecuador«, schrieb der Belgier Henri Michaux 1928. »Sie sind die treuen Hunde der Berge, große treue Hunde; hoch den Horizont krönend.«[1] In dieser Höhe veranstalten die Wolken Gymnastikübungen. Zuerst pressen sie sich an den Boden, dann steigen sie auf und umarmen den Cayambe oder Pichincha, lassen sich anschließend kurz im Valle des los Chillos oder bei Tumbaco nieder, bevor sie schließlich wieder auf Bodenhöhe zurückkehren.

»Man hat Quito nachgesagt«, schrieb Ludwig Bemelmans 1941 in seinem klassischen Reisebuch *The Donkey Inside*, »es habe hundert Kirchen und ein einziges Badezimmer.« Zwar hat sich die Relation seitdem etwas angeglichen, aber noch immer scheinen die Stadtkirchen die angrenzenden *plazas* und die verarmten Einhei-

---

1 Zitiert nach: H. Michaux: Ein Barbar auf Reisen. Aus dem Französischen von Dieter Hornig, Frankfurt/Main 1998.

mischen, die sie betreten, mit ihrer Pracht und ihren üppigen Verzierungen zu erdrücken. Wenn man sich auf der Plaza de San Francisco unter Quiteños mischt, spürt man unweigerlich die Beständigkeit, die die *plazas* der Altstadt ausstrahlen, und wird sich ihrer Dominanz bewusst. Zur Kirche San Francisco gehören einige Konvente, die jedes für sich größer wirken als die meisten gewöhnlichen Kirchen. In der Kirche San Augustín wurde 1809 die Unabhängigkeitserklärung Ecuadors unterzeichnet.

Natürlich könnte ein Besucher tagelang Quitos Kirchen durchstreifen – die Gefahr, sich ein für alle Mal an ihnen satt zu sehen, ist immer gegenwärtig –, doch die eindrucksvollsten dieser Bauwerke zeichnen sich durch die gleichen Merkmale aus: kunstvoll gearbeitete religiöse Szenen an den Wänden, Blattgold an den wichtigsten Fassaden und riesige Gemälde, feierlich und leblos, aus der Quiteño-Schule, einer Kunstrichtung, die unter der Herrschaft der Spanier erblühte. Außerhalb der meisten Kirchen herrscht ein unablässiges, aber gedämpftes Stimmengewirr: Gemeindemitglieder betteln um Geld und bieten dafür Kerzen, Devotionalien oder Segenssprüche. Die Kirchen, auf welche die Ecuadorianer mit besonderem Stolz hinweisen, wurden mithilfe indianischer Zwangsarbeiter erbaut.

1979 wurde die Altstadt von Quito, die sich seit der Kolonialzeit erhalten hat, von der UNESCO zum Weltkulturerbe erklärt und in die Liste jener Orte aufgenommen, die »von außergewöhnlicher universeller Bedeutung« sind, eine Ehre, die nur eine Verpflichtung beinhaltet – das geschlossene Erscheinungsbild zu erhalten und zu schützen. Über den neu erworbenen internationalen Status begeistert, verstieß Quitos Stadtregierung augenblicklich gegen diese Verpflichtung und ließ mitten in der Altstadt ein modernes städtisches Gebäude errichten.

Der neuere Teil der Stadt wirkt eher europäisch als lateinamerikanisch. Mittelpunkt des todschicken Geschäftsviertels voll nobler Restaurants, erstklassiger Hotels, exklusiver Buchhandlungen, verglaster Bürohochhäuser und Schuhputzer ist die Avenida Amazonas. La Mariscal, wie dieser Bezirk genannt wird, erinnert in vielerlei Hinsicht an die Zona Rosa von Mexico City und dient den Bedürfnissen der Oberschicht in einer ansonsten von ihren unteren Schichten geprägten Stadt. Ich hatte mir angewöhnt, dort in der Pastelería París, einem Straßencafé, das von einem Italiener namens Alfonso und seiner Frau Isabela betrieben wurde, meinen Morgenkaffee zu nehmen. Alfonso pflegte häufig auf seinem schwarzen Motorrad aufzukreuzen, während seine Frau das Café oft in Begleitung ihres großen, wolligen Schäferhundes betrat. Der Kaffee war ausnahmslos furchtbar, aber die Morgenzeitung lag immer bereit, und Alfonso war meist zu einem heiteren Gespräch über die neuesten Skandale und Krisen aufgelegt. Eines Morgens war das Café ohne erkennbaren Grund geschlossen. »Er ist wahrscheinlich nicht in der Stadt«, sagte ein anderer Stammkunde. »Morgen wird er zurück sein.« Am folgenden Tag tauchte Alfonso tatsächlich wieder auf – wenn auch nicht auf der Straße, sondern in den Zeitungen. Er war in einen mehrere hunderttausend Dollar schweren Scheckbetrug verwickelt gewesen. Die Polizei hatte ihn geschnappt, als er gerade versuchte, sich verkleidet über die kolumbianische Grenze zu abzusetzen. »Mit seiner blonden Langhaarperücke sah er einfach lächerlich aus«, spottete die Zeitung.

In den Seitenstraßen der Mariscal zu parken kann heikel sein. Polizisten mit weißen Handschuhen halten den Verkehr auf der Avenida Amazonas in Gang und signalisieren mit langsamen, flüssigen Armbewegungen den Wechsel von Grün nach Rot. Gewöhnlich verfügt jeder Block über eine menschliche Parkuhr in Portiersuniform, welche die Parklücken hütet und mit Argusaugen über das ihren Stammkunden vorbehaltene Terrain wacht. Erspäht solch ein »Blockwart« einen Kunden, so schreitet er wie ein Verkehrspolizist bis zur Straßenmitte und hält die Autos an, sodass der Stammkunde seinen Wagen bequem in die Lücke am Straßenrand manövrieren kann. Während der Abwesenheit des Fahrers bewacht er das Gefährt und erwartet als Gegenleistung ein Trinkgeld von umgerechnet etwa dreißig Cents. Eine dieser menschlichen Parkuhren, zu deren Herrschaftsbereich etliche Mercedes-Benz gehörten, pflegte zum Schutz vor der frühmorgendlichen und abendlichen Kälte mit einem Schal zur Arbeit zu erscheinen, den sie sich in Mundhöhe so eng um das Gesicht gewickelt hatte, als bestehe der Zweck des Schals vor allem darin, sie am Sprechen zu hindern. Der Mann erklärte, er hoffe, seinen Job eines Tages an seinen Sohn weitervererben zu können, sodass auch dieser die Chance habe, Mercedes-Karossen zu beaufsichtigen.

Eines Tages kaufte die Stadt ein paar überschüssige Londoner Doppeldeckerbusse auf. Statt schlampiger Fahrer, überfüllter Mittelgänge, zerbrochener Fenster, unaufhörlichen Hupens oder Gedrängels an den Türen, improvisierter Haltestellen und kreischender Bremsen hatten diese piekfeinen blauen Doppeldecker feste Haltestellen, Fahrer mit Krawatten, bequeme Sitze, saubere Böden und Schiebefenster. Um damit zu fahren, brauchte man ein Ticket, das für gewöhnlich an einem Kiosk in der Nähe der Haltestellen erhältlich war und ein paar Sucres mehr kostete als der Fahrschein für die normalen Busse. Die importierten Busse fuhren vom Parque Carolina an einem Ende der Avenida Amazonas bis zum Flughafen am anderen Ende. Die Neuheit und Effizienz dieser durch die Stadt rollenden Manifestationen der Zivilisation – sie waren sogar europäisch! – machte die Doppeldecker zu einem echten Erfolg. Eines Morgens fuhr einer der Doppeldecker an mir vorbei, während ich gerade meinen Morgenkaffee schlürfte (das gleiche lausige Gebräu, aber in einem anderen Café) und einen Zeitungsartikel las, der Anweisungen für Quiteños über die korrekte Art und Weise, einen Bus zu besteigen, enthielt. »An einigen Haltestellen«, schrieb *El Comercio*, »haben die Nutzer des öffentlichen Nahverkehrs die lobenswerte Angewohnheit, beim Besteigen von Bussen oder *colectivos* Schlangen zu bilden. An anderen Haltestellen drängen sich die Leute bedauerlicherweise in den Bus hinein und behindern Kinder, Frauen und ältere Menschen beim Ein- oder Aussteigen. An diesem Bild sollten sich alle Bürger ein Beispiel nehmen.« Das Foto über dem Text zeigte vierzig Menschen, die disziplinierte Einzelreihen an einer Haltestelle gebildet hatten. Die Schlagzeile lautete: EIN BEISPIEL, DEM MAN FOLGEN SOLLTE.

Neben dem Hotel Quito steht ein Denkmal für Francisco de Orellana. Von dort aus führt eine Straße ins Tal hinunter nach Guápulo, einem fast schon ländlichen, am Hang gelegenen Nachbarort. Den Mittelpunkt von Guápulo bildet die Kirche, sonntags ein Anziehungspunkt für viele Gottesdienstbesucher. Spaziert man von der Kirche aus etwa fünf Minuten eine unbefestigte Straße entlang, werden die Häuser zusehends spärlicher. Einige scheinen schon seit Jahren leer zu stehen. Bei einem verlassenen und völlig baufälligen Haus traf ich eine Indianerin, die auf dem Betonfundament saß und auf die Rückkehr des Besitzers wartete, der viele Jahre lang ihr *patrón* gewesen war. Ob ich vielleicht wisse, wo er sei, oder etwas von ihm gehört habe. Der Mann war vor über zehn Jahren weggegangen.

Das Hotel Quito liegt in einem Stadtteil, der Gringo Gulch heißt. Teure Häuser und Appartementtürme säumen die Straßen, Wohnungen für das Botschaftspersonal der Vereinigten Staaten und anderer Länder. Die meisten verbergen sich hinter verschlossenen Toren, vor manchen steht bewaffnetes Wachpersonal. Auch Beschäftigte der Firma Texaco und deren Subunternehmen leben hier.

Das eine Ende von Gringo Gulch markiert ein Denkmal von Winston Churchill, das andere eines von Abraham Lincoln. Die Churchill-Statue war ein Geschenk Großbritanniens an Quito, das Lincoln-Denkmal ein Geschenk der in Quito lebenden US-Bürger. Als Großbritannien 1982 wegen der Falklandinseln Krieg gegen Argentinien führte, wechselte Sir Winston regelmäßig die Farbe: Jede Woche wurde ein Eimer mit einer neuen grellen Farbe über seinem Kopf ausgeleert und verunzierte seine Gestalt. Auf dem Lincoln-Denkmal erscheint dann und wann ein neuer Slogan – GRINGOS RAUS! war der letzte, den ich sah –, aber in der Regel bleibt Lincoln unbehelligt. Antirussische Graffiti sind nichts Ungewöhnliches. RUSSLAND – PRIESTERMÖRDER lautete eine neuere Parole, einige Straßen von GORBATSCHOW – RAUS AUS AFGHANISTAN entfernt.

Mit *gringo* bezeichnen die Ecuadorianer nicht nur US-Amerikaner, sondern auch Europäer. Es ist ein Gattungsbegriff, der, anders als in vielen anderen lateinamerikanischen Ländern, in Ecuador häufiger neutral und wohlwollend als verächtlich und provozierend gebraucht wird. In Ecuador spüren wir *norteamericanos* kaum etwas von der offenen Feindschaft, die uns anderswo entgegenschlägt.

Der offizielle Amtssitz des Botschafters der Vereinigten Staaten liegt in unmittelbarer Nachbarschaft des Hotel Quito auf einem Grundstück, das über einen Pool, einen Tennisplatz und Marines zu seiner Bewachung verfügt. Gegenüber dem Hotel befindet sich die britische Botschaft und gleich daneben El Pub – Bar Inglés für die im Ausland lebenden Briten und US-Amerikaner, die dort *fish and chips* essen, Anekdoten über die Unfähigkeit der Ecuadorianer austauschen und Geschichten über die Goldsuche im Urwald erzählen. »Das Ölfeld-Gesindel bleibt draußen«, verkündet Machete, einer der Besitzer, dessen Spitzname noch aus der Zeit stammt, in der er als Vertreter einer Macheten-Firma Südamerika bereiste. »Sie wissen, dass sie hier nicht erwünscht sind.« Das Gespräch gleitet von William Somerset Maugham und Graham Greene über auf unausgegorene Fantasien, den Inkaherrscher Atahualpa wieder zum Leben zu erwecken, einen Staatsstreich zu inszenieren, den Exportmarkt für Shrimps an sich zu reißen oder die Auca- und Jívaro-Indianer zum Aufstand anzustacheln.

Eine illegal eingewanderte Schottin erklärte ihre Zwangslage dem Torwart des Pub-Fußballteams: »Ich bin hier in einer unmöglichen Situation. Ich kann nicht bleiben, und ich kann das Land nicht verlassen. Glaubst du, das heißt, dass ich für immer in Ecuador bleibe? Ich habe die falsche Hautfarbe! Aber allmählich halte ich mich selbst für eine Ecuadorianerin. Vielleicht kann mir einer meiner Schüler helfen. Ich bringe ecuadorianischen Polizisten Englisch bei. Sie sind *dermaßen* langsam. Als ich in Kanada vietnamesischen Flüchtlingen Englischstunden gegeben habe, war ich besser dran! Lewis Carroll zu lesen ist wirklich die einzige Möglichkeit, diesem Ort so etwas wie Sinn abzuringen. Ich denke daran, etwas mit dem Titel *Im Spiegelland der Anden* zu schreiben.« Sie zitierte aus *Die Jagd nach dem Schnai* und *Alice im Spiegelland*: »›Was dreimal ich sage, das stimmt‹ und: ›Morgen Marmelade und gestern Marmelade – aber niemals heute Marmelade.‹[2] Genauso ist es, wenn man in Quito lebt.«

Internationale Handelsvertreter, die Schwermaschinen an Texaco oder an die Regierung verkaufen, suchen im Pub Entspannung und plaudern über den Flughafen von Miami und darüber, in welchem Land welcher Regierungsbeamte geschmiert werden muss und wo man in der bolivianischen Hauptstadt La Paz gut essen kann. Büroangestellte, Träumer mit weißem Kragen, vom Pech verfolgte Expatriierte und gescheiterte Raffzähne werden hier regelmäßig angespült. Es ist ein hervorragender Platz, um sein Englisch zu üben – vor allem, wenn Englisch die einzige Sprache ist, die man beherrscht.

Eines Sonntags packte ich meine Sachen, um nach Cuenca weiterzureisen, wo ich mir das Panamahut-Gewerbe ansehen wollte. Ich plante, die Vierzig-Minuten-dreizehn-Dollar-Maschine am nächsten Morgen zu nehmen. »Das würde ich nicht tun«, riet mir eine Geschäftsfrau. »All diese Unfälle auf der Strecke Quito-Cuenca passieren montags. Es klingt nach Aberglauben, aber ich fliege nie montags nach Cuenca.« Sie schob mir ein Exemplar von

---

2 Beides zitiert nach der Übersetzung von Dieter H. Stündel. Lewis Carroll: Misch & Masch. Erzählungen und Gedichte. Literarische Werke Bd. II, hg. v. Jürgen Häusser, Darmstadt 1996.

Vuelo sin Retorno (Flug ohne Wiederkehr) herüber, einen ecuadorianischen Bestseller über den Flugzeugabsturz, bei dem Jaime Roldós ums Leben gekommen war. Roldós war der erste gewählte Präsident gewesen, nachdem eine Militärjunta 1979 in eine zivile Regierungsform und einen neuen Versuch mit der Demokratie eingewilligt hatte. Er war nicht unterwegs nach Cuenca gewesen, sondern nach Loja weiter südlich geflogen, als seine Maschine vom Kurs abkam und gegen die Flanke eines Berges krachte. Seither haben eine Reihe weiterer Flugzeuge, die, meist mit dem Ziel Cuenca, südwärts die Anden überflogen, die Orientierung verloren und sind abgestürzt. *Vuelo sin Retorno* präsentierte auf die Frage, wer für den Tod des Präsidenten verantwortlich sei, eine reichhaltige Auswahl von Verschwörungstheorien – angefangen bei den Peruanern (eine neue Runde im immer wieder aufflackernden Grenzkonflikt) über die Missionare (Roldós hatte gerade das Summer Institute of Linguistics schließen lassen, in dem die führenden nordamerikanischen Bibelkoryphäen lehrten), bis hin zu von Kuba unterstützten Guerillas (Jack Andersons Theorie) und der CIA. Die CIA-Variante fand sofort gläubige Anhänger, erstens aus Prinzip und zweitens, weil ein großer Teil von Philip Agees Bericht über seine Jahre bei der CIA, *Inside the Company: CIA Diary*[3], seinen geheimen Aktivitäten in Ecuador gewidmet ist.

Roldós avancierte schlagartig zum Märtyrer. Poster mit seinem Konterfei wurden überall im Land verbreitet, und als ein so plötzlich verschiedener, noch jugendlicher Präsident erhielt er quasi John-Kennedy-Status. Die Regierung untersuchte den Absturz unter Hinzuziehung externer Experten, mit dem Ergebnis, dass Sabotage glaubwürdig ausgeschlossen werden konnte. Das war eine Enttäuschung für diejenigen unter uns, die eine ordentliche Verschwörung zu schätzen wissen, aber zu diesem Zeitpunkt waren uns die Theorien ohnehin längst ausgegangen.

---

3 dt.: CIA intern. Tagebuch 1956–1974, 2. Aufl. Frankfurt/Main 1981.

Cuenca bei Nacht

»Cuenca hat das vollkommenste Klima der ganzen Erde – soweit ich sie kenne«, schrieb Harry A. Franck in dem Buch *Vagabonding Down the Andes*, das aus seinen Reisen durch Südamerika im frühen 20. Jahrhundert hervorging. »Immer kühl genug, um Geist und Körper sanft anzuregen, aber niemals kalt, ist es ein unübertroffener Ort für verträumten Müßiggang.«

Diese letzten fünf Worte steigerten meine Vorfreude schon Monate bevor ich zum ersten Mal nach Cuenca kam. Franck war lange genug dort geblieben, um es von seiner charmantesten, aber auch enttäuschendsten Seite kennen zu lernen – beide Extreme sind auch heute noch stark ausgeprägt. Ich folgte seinem Rat, ein paar Visitenkarten drucken zu lassen, bevor ich nach Südamerika aufbrach. »Ein Mann, der seinen Namen auf Karton hat drucken lassen, um sie mit ausgesuchter Höflichkeit und tiefen Verbeugungen mit jeder Bekanntschaft aus der Oberschicht auszutauschen, wird sofort akzeptiert«, schrieb er. »Visitenkarten sollten in der Tat ein ebenso fester Bestandteil der Ausrüstung jedes Andenreisenden sein wie festes Schuhwerk.« Ich fand schnell heraus, dass man nicht einmal zufällig im Bus mit einem Fremden zusammenstoßen konnte, ohne auf geradezu rituelle Weise Karten auszutauschen. Auf meiner Karte standen mein Name, meine Privatadresse und das Wort *escritor*, Schriftsteller. Obwohl ich offensichtlich keinem Unternehmen und keiner Institution angehörte, verschaffte sie mir auf der Stelle quer durch alle Schichten Glaubwürdigkeit, denn in einem Land, in dem die Fähigkeit des Lesens und Schreibens noch ein fernes Ziel ist, gelten ausländische Schriftsteller als hoch geachtete Originale.

Dieser Ruf bescherte mir am zweiten Tag meines Aufenthalts in der Stadt eine Einladung zu einem Vortrag vor den Seminarteilnehmern der Universidad Estatal de Cuenca. Der Kurs, ein Hauptseminar mit dem Titel »Kultur und Zivilisation der englischsprachigen Länder«, fand am späten Nachmittag statt. Er wurde von einem US-Amerikaner, der schon seit mehr als zehn Jahren als Exilant im Land lebte, abgehalten. Er gehörte zu den 25 US-amerikanischen Staatsbürgern, die seinerzeit in Cuenca, der drittgrößten Stadt Ecuadors mit heute 330 000 Einwohnern, wohnten. »In diesem Semester geht es um Jefferson und Hamilton. Die Studenten wissen, dass Ecuador am Beginn einer Entwicklung zur Demokratie steht, und studieren die US-amerikanische Geschichte aufmerksam. Obwohl ihr Land Jahrhunderte alt ist, haben sie das Gefühl, an einem Neuanfang zu stehen.«

Ein Dutzend Studenten saß an kleinen Schreibtischen in einem kleinen Seminarraum. Als ich vorgestellt wurde, eilten zuerst kleinere Gruppen, dann Hunderte von Studenten an dem Zimmer vorbei. Der Seminarleiter streckte den Kopf nach draußen. »Gut, der Unterricht ist für heute beendet«, verkündete er. »Sie haben einen *permiso*.« Alle standen auf und marschierten hintereinander hinaus.

»Was ist los? Ich verstehe das nicht.«

»Manchmal verstehe ich das auch nicht, aber ich akzeptiere es einfach. Eine Gruppe von Studenten hat von der Verwaltung die Erlaubnis erhalten, die Seminare zum Streik aufzurufen und im Hauptlesesaal eine Kundgebung abzuhalten. Das funktioniert praktisch jedes Mal. Es wirkt sich verheerend auf meinen Lehrplan aus. So etwas findet hier fast jede Woche statt.«

Ich ging hinaus und schloss mich der Menge an. Als ich den Hörsaal betrat, wetterte ein Studentenführer gerade gegen die Regierung, weil die Lebenshaltungskosten erneut gestiegen waren und arme Menschen hungerten.»Alles ist jetzt teurer – Brot, Butter, Benzin. Die Regierung will das so. So handeln Imperialisten und Reiche. Es ist in ihrem Interesse!« Seine Rede wurde von Beifallsrufen, Applaus und Pfiffen, die den Frauen auf der Plattform galten, unterbrochen.»Angesichts des Elends und der Ausbeutung der arbeitenden Klasse hat die Abwertung die Lebenshaltungskosten unzumutbar erhöht. Die Regierung hat das Land praktisch in den Bankrott und die totale Verschuldung getrieben.« Die nationale Währung befand sich mitten im freien Fall, denn sie hatte innerhalb eines Jahres zwei Drittel ihres Wertes eingebüßt. »Und die Malvinas (Falklandinseln) gehören zu Argentinien«, fügte der Redner nachträglich hinzu und kam damit auf das Tagesgeschehen zu sprechen, das den Südamerikanern unter den Nägeln brannte. »Die Vereinigten Staaten sind schuld!«

Ganz offensichtlich war ich der Feind in ihrer Mitte, und nervös sah ich mich um. Freundliche Gesichter aus dem Kultur-und-Zivilisationsseminar feixten zurück.»In Quito haben Studenten demonstriert«, fuhr der Sprecher fort.»Auch in Guayaquil sind Studenten auf die Straße gegangen.« Er machte eine theatralische Pause.»Wir sollten das Gleiche tun!« Sein Vorschlag wurde mit donnerndem Applaus begrüßt; es folgte eine Reihe von Sprechchören.

Die Gruppe verließ den Hörsaal und zog langsam durch die Straßen, wobei sie rhythmisch Parolen brüllte und den Verkehr blockierte. Ich lief am Rand nebenher. Wir waren für die Armen, gegen die Reichen, für »das Volk«, gegen den Imperialismus, für Gerechtigkeit, gegen die Vereinigten Staaten. Wir forderten niedrigere Preise für Grundnahrungsmittel und beschuldigten die Regierung, dem Hunger Vorschub zu leisten. Eine Splittergruppe löste sich, als wir eine Brücke über den Rio Tomebamba überquerten. Sie verbrannte mitten auf der Straße Autoreifen; dann zündete sie eine US-Flagge an und fuhr mit einem Chevy Trooper darüber. Die Dämmerung brach herein, als die sich lichtende, aber immer noch laut vernehmbare Hauptgruppe sich mit einem Trupp Arbeiter und *campesinos* vereinigte, die gerade ihren eigenen Protestmarsch im Caldéron-Park in der Stadtmitte beendeten. »Zieht man die schändliche Ausbeutung der ecuadorianischen Arbeiterklasse in Betracht, so haben die Lebenshaltungskosten die Grenze des Erträglichen erreicht!«, rief der Arbeiterführer.

Beifallsrufe für seine Rede wurden plötzlich von der zwanzigköpfigen städtischen Marschkapelle übertönt, die aus Klarinetten-, Trompeten-, Saxophon-, Tubaspielern und Trommlern bestand und – was? – eine undefinierbare Melodie spielte, dies aber mit Enthusiasmus und Lautstärke. Die große Peter-und-Paul-Fiesta war im Gang, ein Fest, das eine ganze Woche dauerte und sich auf den Park konzentrierte. Fünfzig kleine Mädchen in winzigen Hochzeitskleidern kamen nach ihrer Erstkommunion aus der Kathedrale. Der Abend brach herein, als die kleinen Mädchen, Nonnen und Demonstranten sich unter die Stadtbewohner mischten, die Familie um Familie der *plaza* zustrebten. Die letzten Demonstranten lösten sich aus der Menge, um mehrere Autoreifen in Brand zu stecken, doch diese Aktion ging – vom Gestank abgesehen – im Trubel der Festivitäten unter. Cuenca gehört zu den überwiegend römisch-katholischen Städten Lateinamerikas – man ist dort konservativ, religiös und korrekt. Sogar der Papst würde hier als Abtrünniger gelten, Cuencas Stadtmotto aber zu würdigen wissen: *Primero Dios, Después Vos* – zuerst Gott, dann ihr. Ich hörte von einem Cuencano, der seine Tochter in die Vereinigten Staaten zur Schule geschickt hatte. Ein paar Monate später sollte ein Geschäftsfreund in die Staaten reisen, und der Vater des Mädchens bat seinen Freund, seiner Tochter einen Kontrollbesuch abzustatten. Nach seiner Rückkehr aßen beide gemeinsam zu Mittag. »Ich habe schreckliche Neuigkeiten für dich«, sagte der Geschäftsmann düster. »Aus deiner Tochter ist eine Pro...« Seine Worte wurden vom Gerumpel eines vorbeifahrenden Lastwagens verschluckt.

»Das ist ja furchtbar«, erwiderte sein unglücklicher Freund. »Ich habe sie so anständig erzogen, sie jeden Sonntag zur Messe mitgenommen, sie in die richtigen Schulen geschickt – ja sogar ihre Kommunion vom Bischof vollziehen lassen. Was habe ich falsch gemacht?«

»Ach, es tut mir so Leid«, tröstete der Geschäftsmann. »Ich war schockiert, als ich erfuhr, dass sie Prostituierte geworden ist.«

»Oh!«, seufzte der Vater ziemlich erleichtert. »Ich dachte, du hättest gesagt, sie sei Protestantin geworden!«

Zwei Kathedralen flankieren die *plaza*: im Westen die Nueva Catedrál aus dem Jahr 1880, gegenüber die drei Jahrhunderte früher erbaute Vieja Catedrál. Für die Peter-und-Paul-Fiesta hatten sich ungefähr 1000 Menschen zwischen den beiden Kathedralen versammelt. Sie tranken und spielten, tranken und schossen Feuerwerkskörper ab, tranken und aßen, tranken und sangen.

Überall auf der *plaza* hatte man kleine Kartentische mit Coleman-Öfchen aufgestellt. Auf jedem Öfchen stand ein mit Wasser und Zimtrinde gefüllter Topf. Neben den Öfchen waren Flaschen mit *cristal* – klarem Zuckerrohrschnaps – aufgereiht. Für zehn Cents goss die Schankwirtin, eine Indianerin mittleren Alters, ein wenig *cristal* in ein schillerndes Glas und füllte es mit einer Schöpfkelle aus ihrem siedenden Hexenkessel auf. Das Glas war gerade vom Spüler zurückgekommen – ihrem sechs Jahre alten Sohn, der barfuß unter dem Tisch kauerte, jedes Glas in einen Bottich lauwarmes Wasser tauchte und mit einem schmierigen Lappen trockenwischte. Hier das Rezept für *canelazo*: zwei Teile Wasser mit Zimtrinde auf einen Teil *cristal*. Dazu, je nach Wunsch, ausgepresster Zitronensaft.

An den anderen Tischen wurde gespielt. Roulette und andere Spiele mit primitiven sich drehenden Rädern, Würfelspiele mit handgeschnitzten Würfeln, das Hütchenspiel und noch simplere Tricks führten Gelegenheitszocker in Versuchung, sich für zwei Cents pro Person einzukaufen. Straßenhändler, die redeten wie ein Wasserfall, leiteten die meisten Spiele, als wären sie Marktschreier auf einem Volksfest. Sie waren allesamt Indios. Ihre Gesichter wurden durch das sanfte Glühen der Coleman-Öfchen erleuchtet. Trotz allen Lärms schliefen ihre Kinder auf dem Boden unter den Tischen tief. Von neun Meter hohen Bambusgerüsten, welche die Bewohner eines Viertels für diese eine Nacht konstruiert hatten, wurden Feuerwerkskörper in den Himmel katapultiert. Globen aus Papier stiegen wie Heißluftballons in den Nachthimmel. Ein blinder Mann mit Sonnenbrille saß auf dem Boden und sang Hochzeitslieder aus den Anden in einen altersschwachen Lautsprecher. Seine Frau umkreiste die kleine Menschenmenge, die sich um ihn versammelt hatte, und verkaufte für vierzig Cents das Stück Bücher mit den Hochzeitsliedern. Die meisten Leute – Männer wie Frauen – trugen Panamahüte, die Kopfbedeckung der Kleinbauern und *campesinos*. Während er in der nördlichen Hemisphäre als Zeichen lässiger Eleganz gilt, kennzeichnet der Panamahut im Süden seinen Träger als Angehörigen der Unterschicht-Mehrheit. Kein Mitglied der Aristokratie Cuencas, das etwas auf sich hält, ließe sich jemals mit einem Hut sehen, der aus einheimischem Stroh vor Ort gefertigt wurde.

Der durchdringende Duft von Konfekt, das einem die Zähne ruinierte, legte sich über die Karnevalsatmosphäre. Dazu kam der Geruch nach Kartoffeln und frischem Popcorn, der sich mit dem Aroma von Fleisch, kandierten Äpfeln, Reis, Zuckerrohr, *canelazo* und dem Gestank brennender Reifen, der noch in der Luft lag, mischte. *Mestizo*-Kinder und Kinder aus der Oberschicht flirteten auf Parkbänken, posierten für Fotografen, die ihre veralteten Kameras auf hölzernen Stativen balancierten. Pick-ups mit knutschenden, lachenden, schreienden Kindern auf der Ladefläche, die den ausgelassen Feiernden zuwinkten, umrundeten langsam die Plaza.

Als die *fiesta* ausklang und die Feuerwerkskörper nur noch alle zwei Minuten losgingen, spazierten zwei Indios hinüber zum Hotel El Dorado, spähten in die Bar und verspielten ihre letzten Sucres aus dieser Nacht im Roulettekessel des Kasinos. Sie setzten auf die Fünf und verschwanden, bevor die silberfarbene Kugel klackend auf der Sechzehn liegen blieb. Ein teilnahmsloser Bettler mit schwieligen Händen lehnte am Hotelfenster. Ein beinamputierter Junge fuhr auf einem Fahrrad mit Handantrieb nach Hause.

Bei den Exporteuren

Cuencas Panamahut-Exporteure sind der Dreh- und Angelpunkt zwischen den Flechtern und dem Markt. Nach einem Blick ins Branchenverzeichnis besuchte ich einige dieser Exporteure, um mehr über ihr Metier zu erfahren. Moisés Bernal Bravo empfing mich am Morgen nach der Fiesta in seiner Panamahut-Fabrik. Bernal wohnt und arbeitet unmittelbar neben einer Grünanlage im Osten der Stadt. Etwa 100 seiner Fabrikate lagen zum Trocknen im Park, und Nachbarn liefen zwischen den Hüten herum; trotzdem wurde keiner gestohlen. »Die meisten Hüte werden in kleinen Städten in der Umgebung geflochten, nicht in Cuenca selbst«, erklärte Bernal. »Sie verwenden eine Faser, die *toquilla* heißt. Sie wissen sicherlich, dass der Name ›Panamahut‹ eine falsche Bezeichnung ist. In Panama werden nämlich keine hergestellt.

Die Flechter bringen ihre Hüte auf den Toquilla-Markt, der donnerstags in Cuenca, samstags in Azogues und sonntags in Biblián stattfindet. Dort verkaufen sie ihre geflochtenen Hüte und kaufen die Fasern für die nächste Woche. In anderen Städten gibt es weitere kleinere Märkte. Die Hüte werden an *comisionistas*, Zwischenhändler, verkauft. Ich möchte Ihnen etwas zeigen.«

Er führte mich in seine *bodega*, einen Lagerraum, in dem sich Dutzende von Stapeln mit Panamahüten bis zur Decke türmten. »Sehen Sie diese hier?« Er tippte an einen Stapel hellbrauner Hüte mit Luftlöchern im Kopfteil. »Die gehen nach Brasilien. Diese dort« – er deutete auf einen anderen Stapel Hüte mit breiteren

Krempen – »sind für Mexiko bestimmt. Und die dort drüben« – er zeigte lächelnd auf die nahe der Tür gestapelte Ware – »werden in Ihr Land exportiert.« Im Nebenraum prüften zwei junge Männer Hunderte von Hüten Stück für Stück. »Sie suchen nach Fehlern. Das ist unsere Abteilung für Qualitätskontrolle. Meine Kinder arbeiten auch für mich. Der Älteste kümmert sich um alles Wesentliche. Seine Frau spricht ein bisschen Englisch.«

Bernal wies seine Sekretärin an, Kaffee zu kochen. Ich fragte ihn, ob die Flechter, die aus Toquilla-Fasern Hüte herstellen, überhaupt eine Vorstellung davon hätten, was ihre Produkte in den Vereinigten Staaten kosteten oder welchen Weg sie nähmen, nachdem sie an Zwischenhändler verkauft worden seien. »Ach, die Flechter sind ungebildete Ignoranten. Sie wissen, dass sie ausgebeutet werden, aber sie werden schließlich bei allem, was sie tun, ausgebeutet. Sie verkaufen Hüte an die *comisionistas*, aber sie haben weder eine Ahnung noch kümmert es sie, was danach mit den Hüten geschieht. Es betrifft sie einfach nicht. Sie selbst tragen die billigsten Strohhüte.

In Biblián arbeiten die besten Flechter bei Mondlicht. Überhaupt werden die feinsten Hüte bei bewölktem und leicht trübem Wetter geflochten. Hier, nehmen Sie sich doch etwas Kaffee.« Seine Sekretärin gab etwas Instant-Kaffee in eine Tasse und goss heißes Wasser darüber. Ich tat, als schmeckte mir das Gebräu, und Bernal fuhr fort: »Obwohl ich schon viele Jahre im Geschäft bin, verstehe ich Ihr Land noch immer nicht. In den Vereinigten Staaten ist man verwöhnt. Ihre Landsleute wollen die absolut besten Hüte. Sie sind geradezu besessen! Wenn ein Hut auch nur den kleinsten Farbfehler hat, nehmen sie ihn nicht, selbst wenn er auf das Kunstvollste geflochten ist und der allerneuesten Mode entspricht.

Während des Zweiten Weltkriegs haben wir jede Woche 10 000 Hüte in die Staaten exportiert. Sie sind immer noch ein gewaltiger Markt, auch wenn die Verkaufszahlen für Nordamerika in letzter

Zeit zurückgegangen sind.« Er trank seinen Kaffee in kleinen Schlucken und reichte mir dann einen schön geformten, mexikanisch-braun gefärbten Panamahut. »Würden Sie dies hier als ein Geschenk aus Ecuador annehmen?«

Ich dankte ihm und fragte: »Was machen Sie mit den fehlerhaften Hüten, welche die US-Amerikaner nicht nehmen?«

»Ganz einfach. Ich liefere sie nach Brasilien.«

Am anderen Ende der Stadt zeigte mir Homero Ortega sein Exportunternehmen mit dem gleichen Eifer. Er war gerade von der Strohmesse zurückgekehrt, die allwöchentlich ein paar Blocks von seiner Firma entfernt stattfand, und Zwischenhändler liefen mit Stapeln von Hüten herein und heraus, die sie auf dem Markt gekauft hatten. Überall ragten Türme von Panamahüten empor. Man konnte keine drei Meter geradeaus gehen, ohne auf einen dieser Stapel zu prallen. Etwas abseits warteten eiserne Hutpressen aus den Vereinigten Staaten, die meisten von ihnen mindestens ein halbes Jahrhundert alt, darauf, den weichen Rohlingen Form zu verleihen.

»Diese Firma ist 100 Jahre alt«, sagte der Patriarch der Ortega-Handelsgesellschaft. »Mein Vater Aurelio hat sie gegründet. Ich bin eingetreten, als ich 16 war, also vor 50 Jahren. Meine Kinder werden einmal das Geschäft übernehmen. Noch in den späten 1970er-Jahren haben wir 60 000 Hüte im Monat allein an Brasilien verkauft. Jetzt, wo die Brasilianer Wirtschaftsprobleme haben, kaufen sie nur noch 100 000 im Jahr. Ich glaube, wir exportieren mehr Hüte als irgendjemand anders in dieser Stadt.« Und wieder hörte ich: »Übrigens heißen sie eigentlich gar nicht ›Panamahüte‹. Das ist ein falscher Name, mit dem wir wohl leben müssen.«

Ortegas Exportunternehmen war in einem alten Gebäude im Kolonialstil untergebracht. Wie bei vielen Häusern in Cuenca sieht man von außen nicht mehr als eine nicht gerade viel versprechende, triste Wand mit einer hölzernen Tür. Dahinter jedoch verbirgt sich ein geräumiges zweistöckiges Haus mit großem Innenhof, der durch ein Oberlicht beleuchtet wird. Mitten in diesem Hof trockneten Hüte. Auf den Ziegel-, Marmor- und Zementböden lagen Stränge von Toquilla-Stroh in geordneter Unordnung ausgebreitet. Kunden wurden in einem Ausstellungsraum empfangen, in dem eine breite Auswahl an Panamahüten vorgeführt wurde. Die wenigen organisierten Reisegruppen, die in die Stadt kommen, haben oft Ortegas Firma auf dem Programm. Touristen können hier Hüte direkt ab Fabrik erwerben.

»Das ist mein Sohn Bosco. Er hat 15 Jahre in den Vereinigten Staaten verbracht.« Ortega stellte uns einander vor. »Er ist der *subgerente* hier«, der Assistent der Geschäftsleitung. Bosco hatte in Connecticut gelebt und in einigen Restaurants gearbeitet, deren Namen er unaufgefordert herunterrasselte. »In einem davon ist mir Paul Newman begegnet!«

Bosco lud mich zu einem Mittagessen bei ihm zu Hause ein. Während ich mit ihm und seiner Frau im Wohnzimmer saß und an einem Drink nippte, legte der Koch gerade letzte Hand an unser Essen. »Manchmal bekommen wir Hüte, die man so, wie sie sind, nicht verwenden kann«, sagte Señora Ortega. »Dann fügen wir zwei dieser mangelhaften Hüte einfach zu einem zusammen. Den Unterschied merkt man gar nicht. Boscos Vater hat dieses Verfahren erfunden.«

Zurück in der Firma, erklärte mir Homero Ortega in aller Ausführlichkeit den restlichen Herstellungsprozess. »Wenn die Flechter die Hüte liefern, ist die Krempe noch nicht fertig. Aus jedem Hut hängen Hunderte von losen Enden heraus. In diesem Zustand kaufen wir sie. Wir beschäftigen eigene Leute für die Endbearbeitung. Sie stellen die Außenteile fertig, verknüpfen die losen Enden und schneiden überstehende weg. Schauen Sie.« Er reichte mir einen Hut, den er erst eine Stunde zuvor auf dem Markt gekauft hatte. Ein dichter Fransensaum aus losen Strohfasern, jeder Strang wenigstens 15 Zentimeter lang, hing von der Krempe herunter.

»Unsere Leute beenden die Hüte in Heimarbeit. Für diesen Hut haben wir auf dem Markt 60 Cents bezahlt. Der Endbearbeiter bekommt noch ein paar Cents für jeden Hut, dem er den letzten Schliff gibt. Wir beuten die Arbeiter nicht aus. Wir bieten ihnen bezahlten Urlaub und alle möglichen Vergünstigungen.«

Bosco winkte mich in die Halle und bot mir Kaffee an. Ich nahm einen Schluck und heuchelte Entzücken. »Mein Vater und ich würden Ihnen gerne diesen Hut überlassen, als besonderes Geschenk der Familie Ortega.« Er reichte mir einen Panamahut von einem Stapel, der für Brasilien bestimmt war, dann begann er, Etiketten in einige Hüte zu kleben, die für Mexiko vorgesehen waren. Auf den Aufklebern stand: *hecho en mexico* – Hergestellt in Mexico. Er fing meinen Blick auf. »Sie wollen es so. Das ist besser für ihr Geschäft.«

Señora Paredes empfing mich in der Exportfirma ihres Mannes. Die Familie Paredes wohnte über ihrer Hutfabrik, obwohl schwer auszumachen war, wo die Firma aufhörte und die Wohnung begann, da überall auf den Teppichen, den Möbeln, ja selbst auf dem Fernseher Hüte verteilt waren. Die angebotene Tasse Kaffee lehnte ich ab. »Hier reinigen und bleichen wir die Hüte«, sagte ihr Sohn Jorge und führte mich in einen kleineren Raum. »Wir nehmen Natriumsulfit und auch Wasserstoffperoxid. Danach kommen die Hüte in die Presse, und dann machen wir sie wieder geschmeidig.« Ein Arbeiter bearbeitete die Hutkrempen mit einem Holzhammer, um diese Weichheit und Geschmeidigkeit herbeizuführen. »Man darf nicht zu fest schlagen, sonst brechen die Fasern«, erklärte der Arbeiter. »Aber wenn man sie zu leicht klopft, hat es überhaupt keine Wirkung.«

Er fuhr fort, auf die Hüte einzuhämmern, während Jorge mich bat, in seinem Büro Platz zu nehmen. Er zog ein Blatt Florpostpapier aus einer Schublade und spannte es in seine Schreibmaschine ein:

Auskünfte über einen möglichen Handel
mit *sombreros de paja toquilla*.

STANDARDPREIS FÜR FERTIGE HÜTE: das Dutzend zu 46 US-Dollar.
STANDARDPREIS FÜR ROHLINGE: das Dutzend zu 42 US-Dollar. FOB Cuenca, Ecuador.
ZAHLUNGSWEISE: Akkreditiv einer US-Bank.
MENGEN: Jede beliebige Menge kann innerhalb von 90 Tagen geliefert werden.
LAGERBESTÄNDE: Zurzeit sind 2400 Rohlinge versandfertig.

Hochachtungsvoll _____

Dieses Angebot versah er mit seiner Unterschrift, die aussah wie die jedes lateinamerikanischen Geschäftsmanns: eine Reihe sauberer, enger, parallel gekrümmter Striche mit einem Schnörkel, und das Ganze komplett unleserlich. »Ich würde gerne Hüte in die Vereinigten Staaten liefern«, sagte er. »Im Moment gehen 95 Prozent meiner Hüte nach Brasilien. Eigentlich sollte man sie gar nicht ›Panamahüte‹ nennen, wissen Sie.« Er steckte sein schriftliches Angebot in einen Umschlag und legte diesen in einen Cowboyhut. »Hier« – er tätschelte die Krempe –, »nehmen Sie den als Geschenk. Er soll Sie an uns erinnern.«

Jeder Exporteur, den ich besuchte, arbeitete auf die gleiche Weise. Er kaufte unfertige Hüte von Zwischenhändlern, die diese sich wiederum von den Flechtern beschafften; dann stellten seine Arbeiter die Hüte fertig, wuschen, bleichten, reinigten, behandelten und formten sie, machten sie wieder geschmeidig und anschließend versandfertig. Technisch gesehen handeln sie nicht mit fertigen Hüten, sondern mit Rohlingen. Jeder in diesem Gewerbe klagte über den Namen, unter dem die Hüte international firmieren. Ecuadorianische Konsuln im Ausland wurden einst angewiesen, ihre gesamte Korrespondenz mit Etiketten zu versehen, auf denen zu lesen war: PANAMAHÜTE WERDEN IN ECUADOR HERGESTELLT. Mit zweifelhaftem Erfolg, wie Victor W. VonHagen in *Ecuador the Unknown* berichtet. Der ecuadorianische Konsul in San Francisco klagte, dass es nun hieß: »Aha, jetzt machen sie Panamahüte also in Ecuador.«

Jeder der Exporteure bot mir Kaffee und einen Hut an. Letzteren nahm ich an, Ersteren lernte ich abzulehnen. Die wenigen Ausnahmen bereute ich sämtlich. Ob der Kaffee in Ecuador wohl nach Tassen oder nach dem Grad seiner Zähflüssigkeit bemessen wird? Für ein Kaffee produzierendes Land hat Ecuador überraschend übel schmeckenden Kaffee zu bieten – bitter und ohne Aroma. Die meisten Restaurants servieren entweder Instantkaffee oder *esencia* – Kaffee, der zu einer dickflüssigen Masse zusammengekocht wird und in kleinen Flaschen auf den Tisch kommt. Man gießt ein wenig davon in seine Tasse und füllt sie mit kochendem Wasser auf. Wer als Kaffeeliebhaber nach Ecuador reise, schrieb Ludwig Bemelmans, solle sich seinen Kaffee lieber mitbringen: »Sie kochen den Kaffee so lange, bis er zu einer übel riechenden Tinte geworden ist, die sie in Flaschen aufbewahren. Eine halbe Tasse dieser Flüssigkeit wird ausgeschenkt, dann leert man die Zuckerdose hinein und gießt ein wenig Milch hinzu.« Ich überprüfte die Berichte der Südamerikabesucher, weil ich feststellen wollte, ob es sich hier vielleicht nur um ein modernes Vorurteil handelte, aber nahezu jeder Reisende des vergangenen Jahrhunderts verhehlt nicht sein Missvergnügen an ecuadorianischem Kaffee. Die Tatsache, dass in manchen Häusern und Restaurants mittlerweile besserer, aus dem Nachbarland Kolumbien eingeschmuggelter Kaffee serviert wurde, gab jedoch Anlass zur Hoffnung.

Am folgenden Tag besuchte ich fünf weitere Exporteure. Enrique Malo war der älteste Huthändler der Stadt. Mit seinen 84 Jahren saß er zusammen mit seinem Bruder in einem asketisch wirkenden Büro im zweiten Stock ihrer Fabrik. In ihren gestärkten Hemdkragen sahen sie aus wie Figuren aus einer Erzählung von Dickens. In stockendem, aber makellosem Englisch, das er in seinen Oxforder Jahren gelernt hatte, erzählte Enrique mir, er sei einst Gouverneur der Provinz Azuay gewesen, deren Hauptstadt Cuenca ist.

Der Manager von Ernest J. French & Co. gab mir Auskunft über jedes einzelne Geschäftsjahr in der Geschichte seiner Firma, die 1933 vom Sekretär der britischen Botschaft gegründet worden war. Anschließend traf ich mich mit Nicolás Jara, der mir erzählte, sein Vater habe 1914 die Hüte noch auf Maultieren in einer Vier-Tage-Reise zum Hafen von Guayaquil transportiert. Zum Schluss besuchte ich Mauro Santana, der verkündete, dass er zweimal in den Vereinigten Staaten gewesen sei. »Ich trage einen Panamahut, wenn ich nach New York reise.« Er gab mir seinen Eindruck von den New Yorkern wieder, indem er nervös zwischen seiner Armbanduhr und der Spitze eines imaginären Wolkenkratzers hin und her blickte. »Ich höre es gern, wenn die Briten Englisch sprechen. Aber die Amerikaner ...« Er verzog das Gesicht. »Sie verderben die Sprache. sie sind *los monos de inglés*« – die Affen der englischen Sprache. Er zeigte mir einen *superfino*, einen Hut, der aus den dünnsten und leichtesten Fasern fein und dicht geflochten war. »Der einzige Mensch, der diesen Hut tragen kann«, rief er triumphierend aus, »ist Queen Elizabeth!«

Bevor ich meine allerletzte Fabrik besuchte, wollte ich im Rancho Chileno zu Mittag essen. In Ecuador ist es Tradition, Flüchtlinge aus anderen Ländern willkommen zu heißen oder zumindest zu tolerieren. Dies schließt Flüchtlinge aus Chile ein. Einige dieser Chilenen waren während der sozialistischen Koalitionsregierung Salvador Allendes ins Land gekommen, die meisten sind jedoch erst später vor der Diktatur Augusto Pinochets nach Ecuador geflohen. Wie auch immer: Seitdem verfügt Ecuador über eine erkleckliche Anzahl guter chilenischer Restaurants. Rancho Chileno, direkt am Flughafen gelegen, servierte wundervolle *empanadas*, schmackhaftes, dampfendes Fleisch unter einer Hülle aus gebratenem Teig. Tropische Säfte aus unbekannten Früchten vervollständigten die Mahlzeit.

Ich aß meine *empanadas* auf der Terrasse, wo ich bei einem achtjährigen Verkäufer namens Hernando ein Exemplar des Vistazo erstand, eine ecuadorianische Version des amerikanischen Magazins *People*. Wenn Hernando nicht gerade mit seinem Bruder auf dem angrenzenden Gelände Fußball spielte, hockte er in der Nähe der Tische, bot seine Zeitungen an und hielt Ausschau nach Gästen, die das Restaurant verließen. Als sich eine ganze Tischrunde erhob, um zu zahlen, stürzte Hernando sich auf die Dessertreste und schaufelte sich die klebrigen Überbleibsel eines Bananensplits in den nahezu zahnlosen Mund. Ein etwa zwanzigjähriger Mann saß in der Nähe und beobachtete ihn. Als der Junge in seine Reichweite kam, packte er ihn, versetzte ihm eine Ohrfeige und nahm ihm das Geld ab, das dieser mit dem Verkauf der Magazine eingenommen hatte. Mit den Tränen kämpfend, rannte Hernando davon, um weiter mit seinem Bruder den Ball zu kicken.

Am Nachmittag stattete ich dem vorläufig letzten Exporteur meinen Besuch ab. Er bestätigte Harry A. Francks Aussage, dass »jemand, der nicht mit Panamahüten handelt, in Cuenca kaum sein Auskommen findet«. Gerardo Serrano hatte zunächst Betriebs- und Volkswirtschaft studiert, um dann beim Panamahut-Handel zu landen. Seine Firma befand sich in der Pío Bravo, einer kopfsteingepflasterten Straße, die so eng war, dass zwei Autos, die einander passieren wollten, sich zwangsläufig mit den Außenspiegeln berührten. Es ist die älteste Straße in einer alten Stadt. Mit seinem freundlichen runden Gesicht über dem rundlichen Körper wirkte Serrano, als käme er aus dem New Yorker Boutiquenviertel. Über dem für Geschäftsleute in Cuenca üblichen dunklen Dreiteiler trug er einen weißen Kittel. Serrano war Anfang der 1950er-Jahre in das Hutgeschäft eingestiegen, nachdem er als Berater für einen der Konkurrenten gearbeitet hatte. »Ich war unzufrieden mit der Art und Weise, wie die Hüte hier geflochten und bearbeitet werden. Also besuchte ich die Vereinigten Staaten und Europa, um zu sehen, wie man dort Hüte herstellt. Englisch und Buchhaltung habe ich an der LaSalle-Fernuniversität gelernt. Das Kursmaterial kam per Post.« Er deutete auf ein paar neuere Ausgaben einer Harvard-Business-School-Zeitschrift. »Ich habe das Gewerbe ins 20. Jahrhundert geführt«, brüstete er sich in seinem Büro, das eher ins 18. Jahrhundert gepasst hätte. Stolz zeigte er mir eine Trophäe, die seine Hüte bei einem Wettbewerb in Buenos Aires gewonnen hatten. »Und schon bald«, sagte er, »ziehe ich in eine brandneue Fabrik um, die mein Sohn gerade entwirft. Er ist Ingenieur.

Wie schade, dass Sie vor zwei Wochen nicht hier waren. Im CIDAP« – gemeint war das *Centro Interamericano de Artesanías y Artes Populares*, das Interamerikanische Zentrum für Volkskunst und Kunsthandwerk, ein Zweig der Organisation Amerikanischer Staaten – »gab es eine Ausstellung über das Panamahut-Gewerbe. Die Ausstellung wurde von Studenten der staatlichen Universität organisiert. Hier ist der Prospekt.« Die Broschüre beschäftigte sich in erster Linie mit der Rolle der Flechter und Flechterinnen. »Die Studenten haben einen Hang zu Marxismus, Kommunismus und Populismus. Sie interessieren sich mehr für Politik als für ihre Studienfächer. So ist das nun mal in unterentwickelten Ländern. Sie sagen, die armen Flechter verdienten so wenig und der Hut würde zum Schluss so teuer verkauft. Dabei vergessen sie ganz, was wir mit jedem Hut noch alles anstellen müssen, bevor wir ihn verkaufen.

In den Schulferien flechten die Kinder auf dem Land Hüte. Sie lernen das von ihren Müttern. Es ist ein Zusatzeinkommen für jede Familie. Nebenher hüten sie das Vieh, kochen und kümmern sich um den Haushalt und ihre Babys. Sie fangen schon um sechs Uhr morgens an und flechten in Etappen von zwei oder drei Stunden bis zum Mittag. Frauen sind die besten Flechter, weil ihre Hände sich dem geschmeidigeren und biegsameren Stroh besser anpassen können. Die Leute auf dem Land haben selten saubere Hände. Indem wir die Hüte waschen, entfernen wir Fett und Schmutz. Dann werden sie gebleicht und gefärbt, gebügelt und gepresst. Außer in die Vereinigten Staaten, Mexiko und Brasilien exportiere ich Hüte nach Argentinien, Uruguay, Paraguay, Deutschland, Italien, in die Schweiz und nach England.« Sein Gesicht erhellte sich: »Und ich verkaufe sogar ein paar nach Frankreich!«

Serranos Arbeitstag war vorüber, und er bot mir an, mich in mein Hotel zu fahren. Die Sonne wärmte die Luft nicht mehr, und die frühabendliche Kälte setzte ein. Als Serrano das alte Holzgebäude verließ, sicherte er das Tor mit einer neun Pfund schweren Kette, die er an zwei hufeisenförmigen Haken am Boden befestigte. Der Mann im Dreiteiler beugte sich langsam bis zum Boden hinunter, um sein schweres Vorhängeschloss aus der Kolonialzeit anzubringen. In der zunehmenden Dunkelheit verschmolz sein Anzug vor dem dunklen Gebäude in der alten Straße vollständig mit seiner Umgebung.

Der Highway,
der die Busse verschluckt

Einer der Hutmacher erklärte mir, wie ich zu Victor González käme, einem Importeur, der rohe Fasern von der Küste einführte. Kaum hatte ich sein Haus betreten, da reichte er mir auch schon einen Fünfzig-Sucre-Schein. (Der Sucre war damals geringfügig mehr wert als ein Penny.) Ich hatte mich noch nicht einmal vorgestellt. »Nein, nein«, protestierte ich, »hier muss es sich um ein Missverständnis handeln. Ich habe heute Morgen angerufen und mit Ihrer Tochter gesprochen. Es ging um …« – Fanny, die gerade den Vorhof betreten hatte, unterbrach ihn. »Er glaubt, Sie sind von der Regierung«, entschuldigte sie ihn. »Ich werde ihm noch mal sagen, wofür Sie sich interessieren.« Im Laufe ihrer Erklärungen entspannte sich ihr Vater ein wenig und ging schließlich voran in einen Raum voller großer, fest in leichten Stoff gewickelter Säcke, die ungefähr 90 mal 150 Zentimeter maßen und die Rohfasern enthielten.

»Sie werden *bultos* genannt. Auch sie kommen von der Küste. Wenn Sie hinfahren, nehmen Sie bitte das hier mit, ja?« Er notierte eine Nachricht für seine Lieferanten und listete die Preise auf, die er in der laufenden Woche für die *bultos* zahlte. Ich stand am Beginn meiner Spurensuche.

»Sie werden Febres Cordero besuchen.«

Überrascht blieb ich stehen und starrte ihn an. Das war der Name des 1984 gewählten Präsidenten von Ecuador. »Er hat nichts damit zu tun«, sagte Fanny. »Der Ort wurde nach seinem Großvater benannt, einem Militäroffizier.«

»Von Guayaquil«, fuhr ihr Vater fort, »nehmen Sie den Bus nach

La Libertad und von dort aus den nach Febres Cordero. Das ist ganz einfach. Vergessen Sie nicht, meine Preisliste abzuliefern.«

Um nach Febres Cordero zu kommen, nahm ich einen Bus nach Guayaquil, der heute mit 2,5 Millionen Einwohnern bevölkerungsreichsten Stadt Ecuadors. Die 240-Kilometer-Tour begann trotz meiner Befürchtungen ruhig. Im Laufe der Jahre hatte ich schon so viele Meldungen über das Verschwinden von Bussen gelesen – US-amerikanische Zeitungen füllten damit die Auslandsnachrichten-Seiten auf –, dass Busfahrten durch Lateinamerika mir immer Angst einjagten. Die Datumszeilen wechseln, aber in den Überschriften taucht jedes Mal das Wort »Absturz« auf, wie bei »12 Tote durch Absturz eines Busses in Sri Lanka« oder »31 Menschen bei Absturz eines Busses in Chile getötet«.

»Wir können alle paar Tage damit rechnen«, hatte mir einst ein Redakteur der *New York Times* erzählt. »Die Artikel sind immer fertig, wenn wir sie brauchen.« Ein maximal zwei Sätze langer Standardbeitrag über ein Busunglück enthält gewöhnlich die Zahl der mutmaßlichen Opfer, den Namen irgendeiner Gruppe von Insassen – ein Fußballteam, ein Kirchenchor oder Schüler – und die Angabe, in welcher Entfernung zur Hauptstadt das Unglück geschah. Die Wörter »Schlucht« und »Abgrund« kommen häufig vor. Die meisten Berichte stammen aus Dritte-Welt-Ländern; dabei sind die Opfer lediglich ein unbedeutender Teil der gesichtslosen braunhäutigen Massen. »100 Pakistanis, die im Bus einen Berg hinunterstürzen, geben für eine Story weniger her als drei Engländer, die in der Themse ertrinken«, schrieb der Auslandskorrespondent Mort Rosenblum in *Coups & Earthquakes*. Gibt es eine Nachrichtenagentur, die nichts anderes tut, als tagtäglich Tageszeitungen mit Geschichten über Busse, die in den Abgrund gestürzt sind, zu versorgen? In Peru und Indien scheint diese Unglücksursache am meisten verbreitet zu sein; vielleicht haben die Presseagenturen in den Anden und im Himalaja mehr Stützpunkte als irgendwo sonst.

Wenn ein ecuadorianischer Busfahrer den Absturz eines Busses überlebt, der für andere tödlich ist, »verkriecht« er sich laut Moritz Thomsen in *Living poor* [dt.: *Arm mit den Armen*]⁴ unverzüglich »in irgendeinem Winkel des Landes […], damit die Hinterbliebenen nicht die Rechnung an ihm begleichen können. Es geht das Gerücht, dass es im entlegenen Amazonasbecken ganze Dörfer gebe, deren Bevölkerung aus ehemaligen Omnibusfahrern besteht. Das mag tatsächlich bloße Erfindung sein …«

Wenn man eine Busreise in Lateinamerika plant, sollte man vor dem Einsteigen folgende Checkliste durchgehen:

- Schauen Sie sich die Reifen an. Sind drei oder mehr der sechs Reifen (die meisten Busse haben hinten zwei Paar Reifen) völlig abgefahren, so erhöht das die Wahrscheinlichkeit, dass der Bus abstürzt. Ist der Reifencord sichtbar, so steht das Platzen der Reifen unmittelbar bevor.
- Hat der Bus mindestens einen Scheibenwischer? Gut. Wenn dieser sich auf der Fahrerseite befindet, umso besser. Versuchen Sie Busse zu meiden, deren Windschutzscheiben so voller Abziehbilder, Figuren und Bilder sind, dass dem Fahrer nur ein postkartengroßes Loch bleibt, um in die Zukunft zu sehen. Heiligenschreine, Homilien, protzige Stoßstangenaufkleber und religiöse Kinkerlitzchen sagen nichts über die Sicherheit eines Busses aus. Jesus Christus und Che Guevara werden häufig auf demselben Abziehbild verehrt. Dies sollte Sie weder zu großen Hoffnungen veranlassen, noch nagenden Zweifel in Ihnen hervorrufen.
- Ob der Fahrer nüchtern ist, spielt keine ausschlaggebende Rolle. Die Anwesenheit seiner Frau oder Freundin schon. Wenn sie dabei ist, sitzt sie gewöhnlich direkt hinter ihm, neben ihm oder

---

4 Zitiert nach: Moritz Thomsen, Arm mit den Armen, übers. v. Hans-Georg Noack, Baden-Baden 1972.

auf seinem Schoß. Er wird sie mit waghalsigen Fahrkünsten beeindrucken wollen, sich aber auch sehr darum bemühen, dass sie nicht zu Schaden kommt. Wenn er keine Freundin oder Frau hat, wächst die Gefahr, dass der Bus abstürzt.
- Sie können die Bremsen eines Busses nicht überprüfen. In Guatemala fragte ich einmal einen Busfahrer nach den Bremsen. »Schauen Sie«, sagte er, »der Bus ist stehen geblieben, oder etwa nicht? Also müssen die Bremsen funktionieren.«
- Bei Überlandbussen werden den Fahrgästen die Sitze häufig vor dem Einsteigen zugewiesen. Lehnen Sie einen Sitz direkt hinter dem Fahrer oder vorne rechts ab. Findet die Fahrt tagsüber statt, werden Sie pro Minute mindestens einmal kurz vor einem Herzschlag stehen, wenn Ihr Gefährt gelegentlich in uneinsehbaren Kurven bergauf einen Laster überholt oder haarscharf dem Zusammenstoß mit einem entgegenkommenden Bus entgeht. Nachts wird Sie das unablässige grelle Aufleuchten vor Ihnen auftauchender Scheinwerfer blenden. Irgendwann wird der Lautsprecher des improvisierten Radios des Fahrers näher an Ihren Ohren baumeln, als Ihnen lieb ist.
- Halten Sie stets Ihren Reisepass bereit. Willkürliche Militärkontrollen finden immer dann statt, wenn Sie diese am wenigsten erwarten. Ein paar Meilen außerhalb Esmeraldas, an der Pazifikküste südlich von Colombia, hielt ich einmal einen Überlandbus zehn Minuten lang auf, als ich verzweifelt zuerst auf dem Dach des Busses nach meiner Tasche und dann in der Tasche nach meinem Pass suchte.

Zur Verteidigung lateinamerikanischer Busse ist Folgendes vorzubringen: Sie fahren überallhin – *überallhin*. Keine Straße kann staubig, holprig, menschenleer, eng oder dunkel genug sein, als dass ein Bus sie nicht mindestens einmal alle 24 Stunden hinunterrumpeln könnte. Der Fahrpreis ist sehr niedrig – die Fahrt von Cuenca nach Guayaquil kostet weniger als drei Dollar –, und sieht man einmal von den Unglücksfällen ab, erreichen die Busse fast immer ihr Ziel. Wenn sich Ihr Fenster öffnen lässt, bietet sich Ihnen ein Ausblick auf eine Landschaft, der jedes Bild und jede Postkarte übertrifft. Vielleicht sitzen Sie neben einer betagten *campesina*, die auf dem Heimweg ist, oder einem jungen Indianer, der seine erste Fahrt in die große Stadt unternimmt. Gespräche in Spanisch- und Ketschua-Dialekten, die kein Linguist kennt, plätschern an Ihnen vorbei. Hühner, Ferkel und Kinder verstopfen den Durchgang oder reisen auf dem Dach mit.

In Cuencas *terminal terreste*, dem Busbahnhof, hatte ich die Wahl zwischen einem Linienbus oder einem *aerotaxi* nach Guayaquil. Der Bus fährt langsamer, ist folglich theoretisch sicherer. Das Taxi, ein Kleinbus mit 24 Sitzen, braust wesentlich schneller dahin, bietet weniger Beinfreiheit und läuft eher Gefahr, abzustürzen. Obwohl eigentlich alles dagegensprach, nahm ich ein *aerotaxi*.

Die fünfeinhalbstündige Fahrt beginnt 2500 Meter über dem Meeresspiegel. Die Straße windet sich noch etwas höher hinauf und führt dann bergab bis auf Meeresniveau, wo man die letzten anderthalb Stunden geradeaus fährt. Der Vorteil einer Fahrt nach Guayaquil ist, dass die jähe Schlucht gewöhnlich auf der linken Seite der zweispurigen Fahrbahn abfällt; der Nachteil ist, dass man den größten Teil der Strecke bergab fährt. Vereinzelte Schutzgeländer nahmen mir ein wenig die Angst, es sei denn, dass sie sich auch nach außen neigten oder einfach weggebrochen waren. Den besseren Teil der ersten Stunde zockelten wir hinter einem Viehtransporter her, der nur wenig schneller vorankam, als seine Ladung hätte laufen können.

Der Viehtransporter bog bei Azogues ab, und wir fuhren weiter tief in die Provinz Cañar hinein. Die Temperatur sank. Ich schaute auf der linken Seite aus dem Fenster auf die Wolken, die nahe gelegene und weit entfernte Gipfel umhüllten. Die dünne Luft über den Wolken tauchte das Sonnenlicht in Farben, die man in tiefer gelegenen Regionen nicht zu sehen bekam. Nur gelegentlich versuchte unser Fahrer sich in selbstmörderischen Überholmanövern in unübersichtlichen Kurven an jemandem vorbeizuquetschen, und wir richteten uns auf eine ruhige Fahrt ein. Primitive Schilder warben für regionale Käsesorten. Kleine Stapel Toquilla-Stroh lagen neben türlosen Häusern auf dem Boden; in ihren Eingängen saßen Frauen und flochten Panamahüte. Julio, der Fahrer, kannte jedes Schlagloch und jede Beule dieser Straße und brachte es fertig, zielsicher in alle hineinzufahren. Pepe, sein Beifahrer – der Fahrerassistent ist fast immer ein jüngerer Bruder, Sohn oder Neffe – spielte am Radio herum, bis er einen entfernten Sender fand, dessen atmosphärische Störungen ein Blasorchester übertönten. Wir fuhren an Cañari-Indianern vorbei, die auf dem Heimweg waren; vorneweg der Vater, direkt hinter ihm seine Frau und hinter ihr eine Kinderschar. Die Nachhut bildeten ein Packesel und eine Ziege. Die Teilnehmer dieser Prozession waren durch einen um den Rumpf geschlungenen Strick miteinander verbunden. Ein jaulender Hund lief nebenher.

Wir stießen hinab in das Wolkenmeer, und Julio schaltete in einen kleineren Gang. Der weiße Strich in der Mitte der kurvenreichen zweispurigen Straße war sein einziger Wegweiser; selbst die Silhouette der Motorhaube des *aerotaxis* hatten die Wolken verschluckt. Fünf Minuten später fuhr er noch langsamer und hielt dann an. Pepe ging durch das Taxi und sammelte Geld ein. Ich stieß Horacio neben mir an. »Was soll das?«

»Wir sind beim Schrein angekommen«, antwortete er. »Jeder Fahrer hält bei diesem Schrein und lässt ein wenig Geld dort. So bitten sie um Gottes Segen für eine sichere Reise.« Häufig befinden sich die Heiligtümer in der Nähe einer Polizeistation, sodass der Fahrer zwei Fliegen mit einer Klappe schlagen kann. Einem Heiligen eine Versicherungsprämie anzubieten erforderte eine Art Quantensprung in puncto Vertrauen, doch wenn uns dadurch ein Absturz erspart bliebe, wollte ich mitmachen. Ich rückte ein paar Sucres heraus.

Pepe trottete über die Straße, um unser Geld beim Schrein zu deponieren, als plötzlich ein halbes Dutzend Indios aus den Wolken auftauchte und die Gesichter gegen die Fenster presste. »¡Choclos! ¡Choclos! ¡Diez cada uno!« Sie verkauften gekochten Zuckermais mit Zwiebeln, Käse und Eiern für wenig mehr als zehn Cents pro Portion. Zwei barfüßige Indianerinnen in Filzhüten und dicken, schlammbeschmutzten Ponchos schoben sich in den Bus und liefen den Gang auf und ab. »¡Choclos! ¡Choclos! ¡Nueve cada uno!« Der Preis war leicht gesunken. Eine andere Verkäuferin mit glasigem Blick und einem Baby in den Armen pochte verzweifelt an ein Fenster, um einen Passagier dazu zu bewegen, es zu öffnen. Ihre schrille Stimme schien von genauso weit her zu kommen wie ihr Blick. Pepe kam zurück, und die Indios verschwanden wieder im Nebel der Anden.

In ganz Lateinamerika erweisen sich die Assistenten der Busfahrer als ungeheuer geschickt, wenn es darum geht, auf fahrende Busse auf- und wieder abzuspringen, sich zu merken, welchem Passagier wie viel Wechselgeld zusteht, zu tanken, durchs Fenster aufs Dach zu klettern, um Gepäck herunterzuholen, noch bevor der Bus hält, und defekte Reifen zu wechseln. Auch Pepe vollbrachte all diese Meisterleistungen während unserer Fahrt nach Guayaquil und übertraf sich selbst, indem er auf den Bus aufsprang, als dieser schon im zweiten Gang fuhr. Er trabte im gleichen Tempo nebenher, vollführte einen kleinen Hüpfer auf dem Boden, um Schwung zu holen, und landete dann nach einem kurzen, wohl kalkulierten 45-Grad-Sprung auf der ersten Stufe, wo er eine Metallstange neben dem Eingang packte. Seine Bewegungen wirkten so flüssig und unangestrengt, dass man den Eindruck hatte, er erklimme einen haltenden Bus.

Der rechte Hinterreifen platzte am südlichen Rand der Stadt Cañar. Julio steuerte eine verlassene Tankstelle an, und Pepe brachte uns innerhalb von zehn Minuten auf die Straße zurück. In ruhigeren Momenten saß er auf einem Behelfssitz zwischen Julio und der

Tür. Das Einzige, was ihm nicht erlaubt war, war das Fahren auf den Fernstraßen, doch in der Nähe der Terminals durfte er sogar das.

Die Fahrt an der Westflanke der Anden hinunter gestaltete sich verhältnismäßig friedlich, nachdem der Reifen gewechselt und der Heilige bezahlt war. Über lange Strecken deuteten lediglich vereinzelte *chozas*, strohgedeckte, abseits der Straße errichtete Hütten, an, dass es hier Leben gab. In Flusstälern, deren Wasserläufe sich in den Pazifik ergießen, gab es kleine Ortschaften. Unsere Talfahrt bis auf Meeresniveau war praktisch beendet, und wir fuhren in eine andere Klimazone, eine andere Provinz und Kultur hinein. Die Bestechung des Heiligen hatte ihre Wirkung nicht verfehlt; wir hatten die für Busse gefährliche Zone sicher hinter uns gebracht.

Die Luft war drückender, feuchter und wärmer geworden, die Vegetation am Straßenrand üppiger. Direkt neben der Straße wuchs dichtes Gras. Plötzlich tauchten wie aus dem Nichts Ortschaften vor uns auf – gesunde, springlebendige, vor Aktivität berstende, laute, heruntergekommene Ortschaften. Eine Kirche war nur eines unter vielen Gebäuden an der Plaza, nicht mehr. Männer und Jungen trugen Shorts, Zehensandalen und zerrissene T-Shirts. Frauen und Mädchen hatten locker sitzende Hosen oder kurze, weite Baumwollkleider an. An den Kartentischen hockten Männer, die aussahen, als säßen sie schon seit Monaten dort; sie waren von einer Menge Zuschauer umringt, und es herrschte ein ständiges Kommen und Gehen. Ununterbrochen wurden Schnapsgläser mit *puro* geleert und gespült. Sämtliche tragenden Gebäudeteile bestanden aus Bambus – er war geborsten, trocken und alt. Es gab lautes, fröhliches Lachen, grinsende Münder voller Goldzähne, Leute, die einander in den Hintern zwickten, ein Leben und Treiben mit wenig Sorgen und noch weniger Geld. Wir hatten unsere ersten *consteños* getroffen – Menschen, die in der Küstenregion leben. In Schwindel erregendem Tempo raste Julio nach Guayaquil – auf einer Straße, deren zahlreiche Schlaglöcher größer waren als unser *aerotaxi*. Die Tropen hatten begonnen.

Die Stadt der Affen

Wenn man Guayaquil erwähnt, fangen die Menschen in Quito gewöhnlich an zu kichern. *Monos*, Affen, lebten dort, sagen sie. Plump seien sie, lasterhaft und faul, ohne Anstand oder Ehrfurcht gegenüber der Familie oder Gott. Ehrgeiz, Kultur und Geist gingen ihnen ab – schlimmer noch, sie gäben es auch noch ohne jede Scham zu. Quito und Guayaquil haben so wenig gemeinsam, dass sie auf verschiedenen Planeten liegen könnten. In Guayaquil, dessen Industrie die meisten Konsumgüter produziert und den größten Teil der benötigten Nahrungsmittel verarbeitet, werden gewissermaßen die Brötchen für Ecuador verdient. Die meisten dieser Brötchen landen jedoch in den Schatztruhen der Regierung in der Hauptstadt, sodass Guayaquil kaum von seiner immensen industriellen Produktion profitiert. Julio Estrada Ycaza, der leitende Direktor des Historischen Archivs der Provinz Guaya, fasste das Urteil der Guayaquileños über die Quiteños folgendermaßen zusammen: »Wir leben in den Tropen; wir arbeiten. Sie leben in den Bergen und arbeiten nicht.« Unattraktiv, heiß, übervölkert und ruhelos – so vernichtend urteilen die *serranos*, die Bergbewohner, zu denen auch die Quiteños zählen, über Guayaquil. An der Küste feiern die *monos* in den Straßen lachend das Leben, bis der neue Tag anbricht. In den Bergen verehren die *serranos* in ihren Kirchen feierlich den Tod, bis sie in den Himmel kommen. Bevor die Brücke, die sich über den Fluss Guayas spannt, in den 1960er-Jahren endlich fertig gestellt war, erreichten Autos und Lastwagen Guayaquil nur mit der Fähre. Die Quiteños nannten die neue Brücke –

in Anspielung auf das von den Anthropologen gesuchte Bindeglied zwischen Affe und Mensch – das »missing link«.

Julio überquerte das »missing link«, steuerte das *aerotaxi* mitten ins Chaos und parkte vor einem handgemalten Schild, das die Abfahrtszeiten Richtung Cuenca verkündete. Seinerzeit fuhren statt von einem zentralen Busbahnhof aus, der mittlerweile am Flughafen entstand, Guayaquils Überlandbusse einfach an einem völlig überfüllten Platz nahe der Innenstadt ab, wo *aerotaxis* und Busse jeden Zentimeter am Straßenrand zum Parken nutzten, aus engen Gassen schossen und die gesamte Fahrbahn blockierten. An den Bushaltestellen, schlichten Buden, verkaufte ein Schaffner Fahrkarten und gab die Abfahrtszeiten bekannt. Taxis und PKW quetschten sich fröhlich hupend durch die Schneise zwischen den Bussen. An jeder Ecke verkauften Straßenhändler *cebiche* – große Portionen marinierter Meeresfrüchte, die in einer leicht gewürzten Flüssigkeit schwammen – und Zucker und Nagelscheren und Kämme und Zeitschriften und Zigaretten. Als bedeutendster südamerikanischer Hafen war Guayaquil der pulsierende Schmelztiegel Ecuadors, eine Stadt im Fieber.

Statt sich gegen die Anschuldigungen der *serranos* zur Wehr zu setzen, nehmen die Guayaquileños sie mit Humor. In der Zeitschrift *Vistazo* forderte der Humorist Tomás del Pelo seine Leser auf, »25 schwer wiegende Fehler« in einem großen Cartoon von Guayaquil zu finden. Zu diesen Fehlern zählten: städtische Angestellte, die alte Wahlplakate entfernten; eine Frau, die ihren Abfall tatsächlich in einen Mülleimer leert; ein Taxifahrer, der einem Fahrgast die Tür aufhält; eine funktionierende Parkuhr; ein Kontrolleur, der Minderjährigen den Eintritt in einen Film verwehrt, der erst ab achtzehn zugelassen ist; ein uniformierter Lebensmittelverkäufer hinter einem sauberen Stand; eine Kneipe, die geschlossen wird, weil sie neben einer Schule liegt; ein intaktes Münztelefon mit ebenso intaktem Telefonbuch; Schüler, die für mehr Unterricht demonstrieren; ein Hippie, der kein Marihuana raucht; ein besetzter Informationsschalter mit Stadtplänen und Broschüren; ein Radio, aus dem eine Beethoven-Sinfonie in den Straßen erklingt.

Ich entschloss mich, am folgenden Morgen zu den Toquilla-Plantagen aufzubrechen, und verbrachte den Rest des Tages in Guayaquil – in der Hoffnung, es möge seinem Image gerecht werden. Als Erstes besuchte ich Edmundo Ward, einen Fünfundsiebzigjährigen, der sein ganzes Leben in Guayaquil verbracht hatte und einer der Miteigentümer der größten städtischen Entbindungsklinik war. Der Nachname ist eine ungefähre Entsprechung seines ursprünglichen libanesischen Familiennamens. Seine Gedanken kreisen um Geschäftliches. »Die Libanesen hier sind alle Bourgeois und fanatische Kapitalisten«, sagte Ward. »In Guayaquil scheint jeder irgendetwas zu verkaufen. Alles wird hier zum Kauf angeboten.« Wir liefen durch das von Menschen wimmelnde zentrale Geschäftsviertel. Verkäufer standen dicht an dicht auf den Bürgersteigen und boten Nahrungsmittel, Kleidung, Möbel, Süßigkeiten, Zeitungen, Radios, Bücher, Betten und sich selbst feil. »Die Indios aus den Bergen kommen in die Stadt herunter. Sie wohnen zu zwanzig, manchmal dreißig irgendwo hier in einem Zimmer. Diese Stadt hat so wenig zu bieten. Als ich heute Morgen zur Arbeit ging, sah ich einen alten Freund auf der Straße betteln. Also gab ich ihm alles, was ich bei mir hatte. Guayaquil ist keine schöne Stadt, doch dafür mangelt es ihr nicht an Unternehmungsgeist. Wenn man die richtigen Leute kennt, kann man die Dinge am Telefon regeln. Es war einmal eine Zeit, da kannte ich jeden hier. Inzwischen habe ich das Gefühl, ich kenne niemanden mehr. Hier kann man Liebe geben und nehmen. Wer sich mit dem Chaos abfindet, kann es hier zu etwas bringen.«

Ward drückte einem Bettler ein paar Sucres in die Hand. »Natürlich braucht man Personal«, fuhr er fort. »Zweifellos gibt es nicht mehr so viele Dienstboten wie früher. Die Frauen arbeiten lieber in den Fabriken.« Wir hatten das zentrale Geschäftsviertel hinter uns gelassen und bogen auf den Malecón ein, die Hauptstraße, die parallel zum Flussufer verläuft. In jedem Block gab es chinesische und libanesische Restaurants.

»Sehen Sie diese Fabrik? Mein Vater hat geholfen, sie zu gründen. Vor einem Monat ist sie Pleite gegangen. Der Manager war ein Gauner. Unser letzter Bürgermeister ist aus den gleichen Gründen in den Knast gewandert. Er war ein Langfinger.« Der derzeitige Bürgermeister, ein Libanese, war ein pathetischer Purist, schillernd, unberechenbar und ein bisschen verrückt. Die Leute nannten ihn wegen seiner parteiischen und illegalen Aktivitäten zu Gunsten der Stadt den »kleinen Diktator«. Einmal rief er einen stadtweiten *paro*, einen Generalstreik, aus, um gegen die Politik der Zentralregierung zu protestieren, und verlieh seiner Forderung mit umherziehenden Schlägertrupps Nachdruck. Der öffentliche Verkehr zwischen Stadt und Umland wurde komplett eingestellt (in dieser Zeit nannten die Quiteños Guayaquil »einen Käfig voller Affen«). »Er ist schlecht«, räumte Ward ein. »Er wird sich nicht halten.« Am folgenden Tag gab der Bürgermeister seine Absicht kund, bei der nächsten Präsidentschaftswahl als Kandidat anzutreten. Als er dann Monate später der Verleumdung des Militärs und der Zentralregierung beschuldigt wurde, verließ er heimlich das Land.

Wir betraten ein imposantes Wohnhaus und fuhren mit dem Aufzug in den siebten Stock. »Ich esse regelmäßig bei dieser Familie zu Mittag. Sie sind Libanesen und außerordentlich reich. Ihnen gehört ein größeres Kaufhaus in der Innenstadt. Sie werden schon sehen, das Leben kann hier ziemlich locker sein.« Die Wohnung lag nah genug am Malecón, um einen guten Blick auf den Río Guayas zu gewähren, aber doch so weit entfernt, dass der Gestank des Flusses nicht wahrnehmbar war. Das geräumige Wohnzimmer ertrank in schwelgerischer Üppigkeit. Jede Menge Kitsch war großflächig auf alle Wände verteilt. Ein Cockerspaniel vollführte einen Stepptanz auf dem Marmorfußboden. In Aschenbechern aus Sterlingsilber lag Zigarettenasche. Die Frauen der Familie redeten über ihre jüngsten Shopping-Orgien in Miami und Europa (»Bei einem ihrer letzten Trips haben sie 50 000 Dollar ausgegeben«, flüsterte Ward mir zu). Bücher schien es nicht zu geben.

Das Mittagessen, die Hauptmahlzeit des Tages, war köstlich. Bedienstete trugen fünf Gänge auf, deren Glanzpunkte Meeresfrüchte und Kalbfleisch waren. Der Kaffee war ganz ordentlich.

»Diese Leute verstehen mich nicht«, vertraute mir Ward später an, »aber sie mögen mich. Ich habe keine Familie, und sie betrachten mich als einen der Ihren. Ich bin an Einsamkeit gewöhnt. Ich mag sie sogar. Häuslichkeit kann ich nicht leiden. Ich würde mich zu stark eingeschränkt fühlen. Ecuadorianische Frauen sind viel zu häuslich; libanesische Frauen sind sogar noch schlimmer. Wenn man mal an eine libanesische Familie geraten ist, verschlingt sie einen mit Haut und Haaren.«

Ich fragte Ward nach dem Rivalitätsverhältnis zwischen Küste und *sierra*. »Die Indios aus der Sierra – jedenfalls diejenigen, die genug Initiative haben – kommen hierher, um sich eine Arbeit zu suchen. Sie wissen, dass wir sie nicht *indios brutos* nennen«, viehische Indianer, »wie sie in Quito genannt werden. Nein, wir ignorieren sie einfach. Natürlich liegen die Wurzeln unseres Nationalismus in der Sierra.«

Ein anderer *consteño* sagte über die *serranos*: »Wenn sie reden, klingt das wie das Gezirpe und Gezwitscher von Vögeln. Sie nennen uns Affen, wir nennen sie Vögel. Wenn sie trinken, wissen Sie, dann tanzen oder lachen sie nicht; sie trinken einfach, bis sie umfallen. Tiere, Tiere. Sie baden nicht mal.«

»Ist Ihnen aufgefallen, dass es keine Guayaquileños in der Luftwaffe gibt?«, fragte Ward mich. »Sie wollen nichts damit zu tun haben. Sie mögen keine Uniformen. In Quito dagegen sieht jeder wie ein Christbaum aus.«

Auch die Frauen der Küste haben eine andere Persönlichkeit als die *serranas*. Sie sind größer, lebhafter und flirten gern, sie blicken den Männern direkt in die Augen, statt scheu zur Seite zu schauen. Der Franzose Laurent Saint-Criq notierte in seinem 1875 erschienenen Buch *Travels in South America: From the Pacific Ocean to the Atlantic Ocean*: »Die Frauenzimmer von Guayaquil übertreffen die jeder anderen südamerikanischen Stadt, die ich besucht habe. Ihre Persönlichkeit ist so frei von jeder Leichtfertigkeit, wie ihr Benehmen in der Öffentlichkeit frei von Prüderie ist.« Ich erwähnte diese Beobachtung Ward gegenüber. »Das stimmt. Keine Guayaquileña würde je einen *serrano* aus Quito heiraten. Sie halten alle *serranos* für scheinheilig. Alles ist anders an ihnen – ihre Kleidung, ihr Essen, das ganze Ambiente. Da bleiben sie lieber unter ihresgleichen.«

Wir hatten Wards Wohnung erreicht, ein Appartement mit Blick auf den Guayas, voll gestopft mit Büchern, hauptsächlich Lyrik, Geschichte und Philosophie. »Vor zwölf Jahren habe ich angefangen, Gedichte zu schreiben. Ich habe vier Gedichtbände im Selbstverlag herausgebracht. Für diesen hier finde ich hoffentlich einen Verlag. Ich bin bereit, mich der Kritik zu stellen.« Er griff nach seinem Notizbuch. Gedichte zu schreiben sei *solitario y arduo*, eine einsame und mühselige Angelegenheit. »Dies hier ist über Sitting Bull und Custer. Custer war ein echter Scheißkerl. Kennen Sie vielleicht einen guten Übersetzer?«

Ich ließ Ward mit seinen Gedichten allein und ging in die Innenstadt, um mich mit Carlos Elías Barberán Loor im exklusivsten Panamahut-Geschäft der Welt zu treffen. Es gab Momente, da erschien mir diese Panamahut-Obsession albern und absurd. Hatte ich tatsächlich nichts Besseres zu tun, als Strohhüten durch Südamerika hinterherzujagen? Nein. Denn, so machte ich mir auf dem Weg zu Señor Barberan Mut, mithilfe des Panamahuts würde es mir gelingen, die Wirtschaftstheorien von Adam Smith und B. Traven zu deuten, die Inkageschichte zu dechiffrieren, die Außenpolitik der Vereinigten Staaten zu analysieren und die Erste Welt einmal aus der Außenperspektive zu betrachten.

Barberán, Jahrgang 1914, gilt als die führende Autorität in Sachen Panamahut, eine Einschätzung, der er sich nicht allzu widerstrebend anschließt. Panamahüte aller Qualitäten füllen seinen Laden, von groben und billigen Ausführungen aus Cuenca bis zu den allerhochwertigsten Exemplaren aus der Provinz Manabí.
»Mein Vater war ein *comisionista* in Manabí. Von dort sind schon immer die elegantesten Hüte gekommen. Er hat von 1925 bis 1930 in London gelebt. Wenig später zogen wir hierher nach Guayaquil und eröffneten das Geschäft. Seit Jahrzehnten arbeite ich sozusagen als Ein-Mann-Promoter für diese Hüte. Das Gewerbe, das heute in Manabí existiert, habe ich aufgebaut.«

Zwei Städte in Manabí, Montecristi und Jipijapa, haben mittlerweile einen weltweiten Ruf als Quelle feinster Panamahüte. »Meine besten Hüte bekomme ich immer noch aus Montecristi. Dieser hier kostet 36 000 Sucres«, zum damaligen Zeitpunkt fast 300 Dollar. »Es hat acht Monate gedauert, ihn zu flechten.« Er hielt den Hut ins Licht und zeigte mir die Vueltas, konzentrische Ringe im Kopfteil, die durch das Einflechten neuer Fasern entstehen. Je mehr Vueltas, desto wertvoller war der Hut. »Hier. Wie viele zählen Sie?« Er reichte mir einen Hut, der keine 30 Gramm wog und so geschmeidig und weich war, dass man ihn problemlos durch einen Serviettenring hätte ziehen können. Er ließ sich zu einem Kegel zusammenrollen und ohne eine einzige Knitterfalte wieder aufrollen. Das Geflecht war so dicht, dass es kaum Licht durchließ. Ich zählte vierzehn Vueltas.

»Schauen Sie noch einmal genau hin«, riet Barberán. »Es sind neunzehn. Für einen solchen Hut musste ich dem Weber 26 000 Sucres zahlen« – ungefähr 240 Dollar.

Bezahlt wurde in Raten. »Ich zahle 25 Prozent, wenn etwas mehr als der Stern fertig ist, das zweite Viertel, wenn das Kopfteil geflochten ist, und den Rest bei Fertigstellung. Er steht Ihnen ausgezeichnet.«

Barberán setzte mir ein halbes Dutzend Modelle unterschiedlicher Stilrichtungen auf den Kopf und ratterte deren Namen sowie die Namen der Länder herunter, in denen sie jeweils am beliebtesten waren. »Ich habe meine Hüte in ganz Mittelamerika verkauft, außerdem nach Belgien, in die Schweiz, nach Portugal, Spanien, England, Frankreich und Deutschland. In Ihrem Heimatland war ich zuletzt 1978.« Und in welchem Land, fragte ich ihn, gab es die größten Köpfe? »In den Vereinigten Staaten! Ihr Amerikaner habt die größten Köpfe der Welt.« In seiner Stimme lag Ehrfurcht. »Es heißt, je größer der Kopf, desto gescheiter ist man. Schauen Sie mich an!« Señor Barberáns Kopf war klein, was sich beim besten Willen nicht leugnen ließ. Er legte die Hände seitlich an den Kopf, um dessen geringe Ausmaße zu betonen. »Nun, mir steht dieser Stil«, sagte er und griff nach einem Hut mit schmaler Krempe. »Wenn man ein großflächiges Gesicht hat, sollte man natürlich einen Hut mit breiter Krempe wählen.«

Wir kehrten zu seinem Schreibtisch zurück, wo er über die Lage bei den *fino*- und *superfino*-Panamahüten aus Montecristi klagte. »In der ganzen Provinz Manabí gibt es nur noch zehn Familien, welche die extrafeinen Hüte herstellen. Sie flechten drei oder vier Stunden lang, vormittags oder spätabends. In der übrigen Zeit bildet sich zu viel Schweiß an ihren Händen. Direktes Sonnenlicht ist ebenfalls schlecht für die Fasern. Sie werden zu spröde, um noch einen anständigen *fino* daraus zu flechten. Früher gab es hundert Familien, die das konnten, und noch früher tausend. Aber die Flechter bekommen nicht das, was die Hüte wert sind, also werden die Leute lieber Viehzüchter oder arbeiten auf den Farmen, statt Hüte zu machen. In 20 Jahren wird wohl Schluss sein mit den Finos aus Montecristi.« Barberáns düstere Prophezeiung nötigte mich, Montecristi auf meine Reiseroute zu setzen, bevor es zu spät sein würde.

Toquilla Sunrise

La Libertad liegt 120 Kilometer westlich von Guayaquil. Die Fahrt war langweilig, schnell und verlief glücklicherweise ereignislos. Wir parkten in der Nähe des Hauptmarkts, eines Einkaufszentrums, in dem zahllose Verkäufer frisches Obst, Fleisch, Gemüse, alkoholfreie Getränke, Koffer und Taschen und hunderterlei andere Dinge feilboten. »Der Bus nach Febres Cordero – wo fährt der ab?«, fragte ich eine Frau, die Zwiebeln verkaufte. Direkt gegenüber, antwortete sie mir, neben dem Eiscremestand. Die einzigen Autos, die bei der *heladería* parkten, waren kleine Pick-ups. Auf der Ladefläche jedes Pick-ups standen zwei hölzerne Bänke unter einem niedrigen, durchgebogenen Metallverdeck, in das ein paar Löcher geschnitten waren. Ein fünfzehnjähriger Junge lehnte an einem der Laster und las in der Morgenzeitung. »Entschuldige, kannst du mir sagen, wo ich den Bus nach Febres Cordero finde?« »Hier. Das ist er«, antwortete er, ohne aufzusehen. »Dieser Pick-up?« »*Sí.*« Währenddessen luden Arbeiter Coca-Cola-Kisten auf das Verdeck. »Wir fahren in einer Dreiviertelstunde ab.«

Außer mir fuhren noch vier weitere Passagiere nach Norden. Einer fuhr die ganze Strecke bis Febres Cordero, die anderen drei bis Colonche. Unsere Bewegungsfreiheit in dem unbequemen und heißen Pick-up wurde noch mehr eingeschränkt, als weitere Passagiere ihn anhielten und aufsprangen. Das Fahrzeug begann aus allen Nähten zu platzen; der Beifahrer und zwei Passagiere verbrachten die Fahrt auf der hinteren Stoßstange stehend. Unter dem Verdeck drang nur wenig Luft bis ans vordere Ende. Wir hielten alle fünf Minuten an, um jemanden aus- oder einsteigen zu lassen. Nach anderthalb Stunden waren die meisten Fahrgäste ausgestiegen, und wir verbliebenen konnten uns endlich ausstrecken. »In welchen Teil von Febres Cordero wollen Sie?«, fragte der Beifahrer. »In den unteren oder den oberen Ortsteil?« In den unteren, vermutete ich, sprang ab und gab dem Fahrer 1,10 Dollar.

Auf dem Notizzettel von Victor González aus Cuenca standen drei Namen. Ich ging von Haus zu Haus und fragte nach den Männern. Der erste war unauffindbar. Der zweite verbrachte den Tag in La Libertad. Der dritte war Ramírez – ein Mann, der mich zu den Toquilla-Plantagen bringen konnte, wo das Material für die Herstellung der Panamahüte geerntet wurde. »Ja, natürlich«, sagte eine Frau zu mir, »er wohnt im oberen Ortsteil von Febres Cordero. Er führt einen *víveres*«, eine Art Dritte-Welt-7-Eleven[5] »Vielleicht ist er im Laden.« Febres Cordero liegt in einer jener Gegenden, vor denen das Medizinbulletin des US-Außenministeriums warnte, als ich mich über mögliche Erkrankungen und die entsprechende Vorsorge informiert hatte. »Wenn Sie planen, außerhalb größerer Städte, vor allem an der Küste, herumzureisen«, hatte mir eine Schwester des staatlichen Gesundheitsdienstes gesagt, »empfehlen wir Ihnen eine Tetanus- und Diphtherieimpfung, eine Typhusimpfung und natürlich Gammaglobulin. Außerdem sollten Sie zur Malariaprophylaxe einmal pro Woche eine Fansidar-Tablette einnehmen. Nur für den Fall, dass ...« Ich schluckte meine Malariatablette jeden Donnerstag. Später erfuhr ich, dass dies mich nicht vor einer Malariainfektion bewahren, sondern lediglich die Symptome unter Kontrolle halten könne.

Febres Cordero liegt etwa 30 Kilometer von der Küste entfernt. Es herrschte Trockenheit, aber keine Dürre, es war heiß, aber nicht schwül. Etwa zehn Häuser und eine Kirche mit Zementboden, Schlackensteinmauern und hölzernen Bänken gruppierten sich

---

5 Anm. d. Übers.: kleiner Supermarkt.

um eine schmutzige Plaza im Zentrum. Eine einsame Leuchtstoffröhre hing über einem geborstenen Gips-Jesus. Kinder und Jugendliche zwischen vier und zwanzig nutzten die *plaza* als Fußballfeld; sie gaben sich Mühe, den Ferkeln auszuweichen, die ebenfalls dort herumtollten. Weiter entfernt von der *plaza* standen noch andere Häuser. Die meisten waren aus gespaltenem Bambus gebaut; häufig ruhten sie auf hölzernen Pfählen, und Leitern oder Treppen führten zum Hauptgeschoss. So wurde unerwünschter Tierbesuch unterbunden, eine gewisse Luftzirkulation zwischen dem Fußboden und dem Erdboden ermöglicht und dafür gesorgt, dass die Wassermassen, die bei sintflutartigem Platzregen niedergehen, nicht in die Häuser hineinfließen, sondern zwischen ihnen hindurch. Der Raum zwischen Erdboden und Fußboden diente als Lagerplatz für Toquilla-Stroh, das hier getrocknet wurde. In der ganzen Stadt lag es stapelweise unter den Ein-Zimmer-Häusern herum. Außer diesem Stroh – der Ernte der vorangegangenen sieben Tage – erschien ganz Febres Cordero grau: Menschen, Hügel, Felsen, Maulesel, Kälber, Schweine, Straßen – alles grau in grau, soweit das Auge reichte. Verwitterte Häuser, die erst ein Jahr zuvor erbaut worden waren, sahen genauso mitgenommen und grau aus wie 20 Jahre alte Gebäude.

An der Küste herrscht eine andere Art von Armut als in der Sierra. Kleidung und Unterkünfte sind primitiver, frische Nahrungsmittel billiger und leichter zu bekommen. In einer so abgelegenen Ortschaft wie dieser konnte der reichste Mann aufgrund einer primitiven Wirtschaftsordnung im Monat vielleicht zehn oder fünfzehn Dollar mehr verdienen als der ärmste. Kurz vor meiner Ankunft war Febres Coredo mit dem nationalen Elektrizitätsnetz verbunden worden; diese Tatsache ließ sich anhand der Fernsehantennen auf manchen Häusern nachvollziehen. Auch Juan Ramírez, der Dritte auf Victor González' Liste, hatte eine Antenne auf dem Haus. Als ich seinen Namen rief, streckte er den Kopf aus einem Fensterloch und kam herunter.

Ein Dutzend kleiner Kinder lief zusammen, als ich den Grund meines Besuchs erläuterte. Juan nickte, dachte eine Minute lang nach und stellte mich dann ein paar Männern vor, die zusammen mit etwa 20 Leuten herbeigeströmt waren, um den Fremden anzugaffen. Ein Mann um die 60 in blauem Oberhemd ergriff das Wort: »In diesem Ort ernten wir die Palmblätter nicht nur«, verkündete er, »normalerweise flechten wir hier auch Hüte. Vor langer Zeit gab es hier eine regelrechte Hutindustrie. Wir verschickten Hüte von hier nach Havanna in Kuba.« Er wankte ein bisschen, als er auf mich zutrat. Sein Atem stank nach abgestandenem Zuckerrohrschnaps. Die Kinder lachten über seine Trunkenheit. »Ecuador hat die Beziehungen zu Kuba 1962 abgebrochen. Danach ist der Markt zusammengebrochen, und wir haben mit dem Hüteflechten aufgehört. Seitdem ist unsere Stadt verarmt.«

Zwei ältere Frauen kamen näher. »Wir haben unseren Lebensunterhalt mit Hüteflechten verdient«, sagte eine, »aber seitdem Kuba keine Hüte mehr kauft, können wir uns nicht mehr selbst ernähren. Wir haben keine Familie hier, die für uns sorgt. Wir sind allein.«

Ecuador hatte die Beziehungen zu Kuba abgebrochen? Hatte nicht die CIA dabei ihre Finger im Spiel gehabt? In *Inside the Company: CIA Diary* [*CIA intern: Tagebuch 1956–1974*] erläutert Philip Agee in allen Einzelheiten, wie die Agency mittels ausgeklügelter Untergrundaktionen einen künstlichen Keil zwischen Ecuador und Fidel Castro trieb. Dies war Teil des langfristig angestrebten Ziels, durch einen herbeigeführten Bruch zwischen Kuba und allen anderen lateinamerikanischen Ländern Havanna innerhalb der südlichen Hemisphäre stufenweise zu isolieren. Dessen Auswirkungen zeigten sich auch hier in Febres Cordero. Unwissentlich hatte die US-amerikanische Außenpolitik das Hutmachergewerbe in einem winzigen südamerikanischen Dorf zerstört. Der Ort hatte sich nie mehr davon erholt.

Juan lud mich in seinen kleinen Laden im Erdgeschoss seines

Hauses ein. Als er die Tür öffnete, flutete Helligkeit in den Raum, und eine Maus huschte unter dem Ladentisch hervor. Im Kühlschrank stand ein einsames nichtalkoholisches Getränk. »Was ich hier verkaufe«, sagte Juan, »sind Dinge für den täglichen Bedarf. Es sieht vielleicht so aus, als stünden sie ewig hier, aber letzten Endes wird alles gekauft. Um andere Sachen zu besorgen, fährt hier jeder am Markttag nach La Libertad.« In seinen Regalen lagerten Batterien, Zigaretten, Kaugummi, Wäscheklammern, Öl, Reißverschlüsse, Zwirn, Notizblöcke, Cracker, Mehl, Nudeln, Schweineschmalz, Reis, Thunfisch in Dosen, Aspirin und 250-Milligramm-Tetrazyklin-Tabletten.

»Sie müssen Hunger haben. Möchten Sie etwas essen?«

Ich kaufte das einzige Sodagetränk, das es im Laden gab, und Juan griff nach einer verstaubten Thunfischdose und Crackern. »Hier, das können Sie haben.« Er griff nach seiner Machete und hackte die Thunfischdose auf, goss den Inhalt auf einen Teller, fügte ein paar muffig riechende Cracker hinzu und reichte mir das Ganze. Vor dem kleinen Laden hatten sich etwa 50 Personen versammelt, um den Gringo essen zu sehen. Offen gestanden war ich es allmählich leid, dass süße, kleine, barfüßige Kinder mir nachliefen, aber wenn man sie wegscheuchte, schürte das nur ihre Neugier.

»Dieser Mann, der mir von der Hutindustrie hier erzählt hat, wie heißt er?«, fragte ich Juan. »Er hat fürchterlich genuschelt.«

»Wer?«, antwortete Juan. »Welcher?«

»Der Betrunkene in dem blauen Hemd.«

»Ach, der. Das ist mein Vater.«

»Nun«, sagte ich zur Wiedergutmachung, »er weiß sicher eine ganze Menge über Toquilla-Fasern.«

»O ja. Sie sind sein Leben. Aber er trinkt eine Menge, nicht wahr?«

Antonio, mit 18 Jahren das älteste von Juans sechs Kindern, kutschierte einen Pick-up zwischen La Libertad und Febres Cordero hin und her, um seinen Lebensunterhalt zu verdienen. Er schaute unter die Motorhaube und kratzte sich am Kopf. »Antonio fährt Sie hinaus zur Palmplantage, sobald sein Truck wieder ganz ist«, sagte Juan. »Domingo kommt auch mit. Er ist ein *pajero*«, ein Erntearbeiter. Während Antonio seinen Pick-up reparierte und Benzin in den Tank füllte, hatte ein halbes Dutzend Männer sich erboten mitzukommen. Zwei von ihnen stiegen bei Domingo, Antonio und mir ein.

Wir fuhren in Richtung Nordwesten, zunächst im Zickzack zwischen Häusern hindurch, dann auf einer schmutzigen Straße durch offene Landschaft. Der Boden war weich wie Lehm. Einige *pajeros*, die ihre Arbeit am frühen Nachmittag beendet hatten, kamen uns auf dem Weg ins Dorf entgegen. Packesel liefen neben ihnen her. An ihren Flanken waren Bündel mit Toquilla-Fasern festgeschnürt. Außerdem schleppten sie Bananen, Mangos, Orangen und auf dem Rücken jeder ein kleines Kind. Mit ihren weichen Gesichtszügen, ihrer kleinen Statur und ihren nackten Füßen wirkten die *pajeros* ausgesprochen sanftmütig. Sie nannten ihre Macheten *piedras*, Felsen, weil sie so hart waren wie Stein, aber sie behandelten sie wie rohe Eier. Die *pajeros* winkten, als wir vorbeifuhren. Die Toquilla-Stängel, etwa 90 Zentimeter lang und sechs Millimeter im Durchmesser, wurden in Bündeln nach Hause transportiert. Ein Maulesel trug auf jeder Seite etwa 40 Stängel.

In 25 Minuten legten wir hügelauf und hügelab etwa sechseinhalb Kilometer zurück. Auf den ersten Kilometern sahen wir am Straßenrand noch bleistiftdünne Kakteen, doch je weiter wir bergauf fuhren, desto seltener wurden sie. Der Boden wurde nasser und die Hügel schroffer. Der Lastwagen war bereits an einer Stelle ins Rutschen geraten, und Antonio befürchtete noch schlimmere Rutschpartien. Er fand ein wenig Platz zum Wenden und parkte anschließend mitten auf der Straße. Normalerweise liefen die *pajeros* die ganze Strecke, sagte Domingo. Er, Antonio und die beiden anderen ließen ihre Schuhe im Pick-up, und zusammen drangen wir immer tiefer in den zunehmend feuchter werdenden Tieflandregenwald vor.

»Sie kommen also aus den Vereinigten Staaten?«, fragte mich unterwegs ein *pajero*. »Im Dorf hier gab es einen Mann, der nach Holland ausgewandert ist. Sagen Sie, ist das in der Nähe Ihres Landes?« Dann unterhielten sie sich über einen anderen Freund, der gerade den Chimborazo bestiegen hatte, den Vulkan, der immer eine Schneemütze trug. »An Tagen wie diesem können wir ihn vom Weg aus sehen«, sagte ein *pajero* und wies nach rechts in die Ferne. »Ist er nicht schön?«

Wir stapften eine weitere Stunde steiler Hügel hinauf und hinunter. Ein leichter, aber stetiger Sprühregen fiel. Feindselige Moskitos verfolgten uns. Der Weg wurde morastig, und irgendwann war er so schlammig, dass sogar die Hinterhufe eines Bullen im Matsch stecken zu bleiben drohten. Ich zog meine schlammverkrusteten Turnschuhe aus und hängte sie mir über die Schulter. Nie hatten meine Füße weißer ausgesehen als auf diesem schwarzen südamerikanischen Lehm. Domingo bemerkte, dass ich unruhig wurde. »Es ist gleich vorbei«, tröstete er mich und zeigte dabei mit seiner *piedra* in die Ferne. »Wir sind bald da.«

Bald? Was bedeutet »bald« für jemanden, der morgens mit bloßen Füßen drei Stunden bis zu seiner Arbeitsstelle läuft und abends wieder zurück? Soweit ich informiert war, ging er auch zum Mittagessen nach Hause. Bald? Entfernung und Zeit sind Kategorien, die in Südamerika surrealistische Züge annehmen. Dimensionen bedeuten wenig. Bald? Das konnte heute heißen, heute Abend, morgen, nächste Woche oder was weiß ich. Bald konnte 15 Minuten oder 15 Kilometer bedeuten. Der Unterschied zwischen bald und in einer Ewigkeit war verschwindend gering. Ein paar Minuten später fügte Domingo hinzu: »Wir kommen näher.«

Antonio, Domingo und die anderen waren keine Indios. Ebenso wenig waren sie Spanier oder Schwarze aus der Küstenstadt Esmeraldas. Sie waren *montuvios*, wie sie Rolf Blomberg in *Ecuador: Andean Mosaic as costeños* beschreibt, »in denen sich in unterschiedlichen Zusammensetzungen weißes, indianisches und negroides Blut mischt... In einem harten und ungleichen Kampf mit dem Dschungel, dem Klima, wilden Tieren, kriechenden Reptilien, heimtückischen Flüssen und ihren eigenen Mitmenschen ist es dem *montuvio* gelungen, Herrscher über die Wildnis zu werden. Er hat Quellen des Wohlstands erschaffen, an denen er nur einen geringen Anteil hat. Der *montuvio* baut nicht nur die tropischen Kulturprodukte an, sondern schlägt auch Kapital aus dem wilden Dschungel.«

»Da. Geradeaus hoch. Dahin gehen wir.« Domingo wurde nun etwas genauer. Jede Familie in Febres Cordero hat einen Rechtsanspruch auf mindestens ein *cuadra*, ein Feld mit Toquilla-Palmen; wie viele *cuadras* eine Familie tatsächlich bekommt, wird jedes Jahr auf einer Gemeindeversammlung festgelegt. Domingo hatte sich bis auf zehn *cuadras* hochgearbeitet – mehr wurde nicht genehmigt. Allerdings begriff ich nicht recht, wie groß ein *cuadra* ist. Zuerst sagte Domingo, ein *cuadra* entspreche einem Areal von etwa achteinhalb Quadratmetern, dann nannte er ein viel größeres Flächenmaß. Wie auch immer, er schien zufrieden, zehn *cuadras* zu haben, egal, wie groß sie waren.

Wir verließen den breiten Pfad und bogen nach links in einen üppigen, abschüssigen grünen Wald mit drei bis sechs Meter hohen Pflanzen ab. Die Moskitos, die uns schon auf dem Pfad verfolgt hatten, flogen hinter uns her. Nach 20 Metern hielt Domingo an. »Das sind sie. Das sind die Toquilla-Palmen.« Er packte einen schlanken grünen Stängel, der vom Boden bis zur Spitze etwa drei Meter maß. An seinem Ende breiteten sich von einem gemeinsamen Zentrum fächerförmig dünne grüne Blätter von 60 bis 90 Zentimetern Länge aus. Andere Fächer hatten sich noch nicht entfaltet und steckten noch fest innerhalb der grünen Blattscheiden. Auf diese hatte Domingo es abgesehen. Er nahm seine Machete in die rechte Hand, griff mit der linken nach einem Stängel und hieb ihn ab. Diese Prozedur wiederholte er viele Male. Antonio und die anderen nahmen ihre Macheten und taten es ihm nach. In fünf Minuten hatten sie einen Stapel von etwa 50 Stängeln beisammen. Hier, an einer Hinterlandstraße, etwa zwölf Kilometer weit entfernt von einem Dorf, das am Ende einer schmutzigen Straße in Südamerikas tropischem Nordwesten lag, hatte ich den Ursprung des Panamahutes entdeckt. Domingo spürte meine Freude. »Hättest du gern eine Orange?«, fragte er. Ohne mein Nicken abzuwarten, stieg er auf einen Baum in der Nähe und begann seine Früchte herunterzuwerfen.

Die Ureinwohner Südamerikas flochten bereits Hüte aus Toquilla-Blättern, lange bevor die Pflanze von Hipólito Ruiz und José Pavón *Carludovica palmata* getauft wurde. Die beiden Wissenschaftler, Botaniker des Jardín Botánico von Madrid, reisten im Auftrag König Karls' III. von Spanien durch Spanisch-Amerika, um Pflanzen zu bestimmen und zu dokumentieren. Der Name, den sie der Palme gaben, ist eine zweisprachige Verkürzung der spanischen und lateinischen Namen von Karls Nachfolger Karl IV. und dessen Frau Luisa. Obwohl Exemplare von *Carludovica palmata* im Norden bis nach Panama und im Süden bis nach Bolivien gefunden wurden, sind die Bedingungen für ihr Gedeihen und ihre Zucht nirgendwo besser als im küstennahen Tiefland Ecuadors, wo der fruchtbare Boden feucht ist, aber nicht nass, wo der Humboldt-Strom für kühle Winde sorgt, die von der Küste aus landeinwärts wehen, und wo größere Pflanzen die Palmen vor direkter Sonneneinstrahlung schützen. Jede Pflanze braucht annähernd drei Jahre, um ihre volle Größe zu erlangen. Obwohl man die Palmen aus ganz praktischen Gründen wild wachsen lässt, werden nach dem Abernten aller nutzbaren Stängel die ungefähr baseballgroßen Früchte herausgerissen und der Same in flache, lockere Erde in der Nähe gepflanzt.

Domingo und die anderen entblößten den Oberkörper und benutzten ihre T-Shirts als Beutel für Stängel und Früchte, die sie über der Schulter trugen. Sie banden die Stängel am oberen Ende mit kräftigen, schmalen Blättern zusammen, die sie im Innern der großen grünen Blattscheiden gefunden hatten. Jeder Beutel wog ungefähr 45 Pfund.

In der Nachmittagshitze marschierten wir durch die Hügel zurück in Richtung Stadt. Unterwegs passierten wir ein kleines Ein-Zimmer-Pfahlhaus, das einsam in der Landschaft stand und eine weite Aussicht auf den Dschungel bot. Auf den Stufen, die zum Raum hinaufführten, saß eine Frau, die lächelte und winkte, als wir vorbeigingen. Davor lag ein Stapel Toquilla-Stroh, auf dem ein großer Truthahn saß. »Was ist daran so lustig?«, fragte sie, als ich lachte und auf ihn zeigte. »Nun, in den Vereinigten Staaten gibt es ein Volkslied, das genau diese Szene beschreibt«, sagte ich zu ihr. Es heißt *El Pavo en La Paja: Der Truthahn im Stroh.*« Ich begann zu singen, was sie mehr verblüffte als belustigte.

Jeder der vier Männer in meiner Begleitung hatte die Grundschule besucht. »Die meisten hier gehen nur zur Dorfschule«, sagte Antonio. »Wer weiterlernen möchte, kann auf eine Schule in Santa Elena gehen«, in der Nähe von La Libertad. »Aber für die Mehrheit von uns ist das zu teuer. Manche Schüler pendeln jeden Tag hin und her. Andere bleiben die Woche über bei Verwandten.« Die Grundschule lag im unteren Ortsteil von Febres Cordero. Sie hatte ein Wellblechdach und alte Holzschreibtische. An der Stirnseite jedes Schreibtischs war eine schmale Bank befestigt, die dem Schüler davor als Sitzgelegenheit diente. Für 45 Schülerinnen und Schüler gab es insgesamt 20 Stühle. An der vorderen Wand fiel ein nationalistisches Gedicht über Indios ins Auge. Die letzte Zeile lautete: »Ich bin Indio ... Ich bin Amerikaner ... und ich spreche Spanisch!«

»Ich fahre raus zu den *toquillales*«, den Palmplantagen, »wann immer ich Geld brauche, um meine Familie zu versorgen«, sagte Domingo. Und so verbringt er Woche für Woche, Monat für Monat, Jahr für Jahr drei oder vier Tage pro Woche auf den Pflanzungen.

Im 19. Jahrhundert wurde Toquilla-Stroh aus den Provinzen Guayas und Manabí exportiert. Zwar kurbelte dies die Geschäfte der Palmzüchter an, führte aber dazu, dass im Ausland immer weniger ecuadorianische Hüte verkauft wurden. Waren die Palmfasern beispielsweise in Venezuela erhältlich, so ging dort die Nachfrage nach fertigen Hüten aus Ecuador drastisch zurück; die Venezuelaner konnten ihre eigenen Hüte flechten. Ecuadorianische Hutmacher übten Druck auf die nationale Regierung aus, und 1835, nur ein paar Jahre nachdem Ecuador sich von Groß-Kolumbien losgelöst hatte, wurde der Export roher Toquilla-Fasern verboten. Die Nachfrage nach ecuadorianischen Hüten stieg, und alle waren es zufrieden – bis auf die Händler, die Toquilla-Fasern von unbedeutenden Häfen aus irgendwie außer Landes schmuggelten.

Das Exportverbot wurde 1843 durch Präsident Juan José Flores aufgehoben, und *paja toquilla* kam wieder auf den internationalen Markt. »Einst brachte jemand ein paar Toquilla-Schösslinge in den Mittleren und Fernen Osten, um herauszufinden, ob sie in Japan oder Formosa wachsen würden«, erzählte mir ein Exporteur. »Es ging schief wegen des Klimas. Wenn es geklappt hätte, wäre hier alles im Eimer gewesen.«

Wir erreichten den Ort noch vor Sonnenuntergang, und Domingo stellte mich seinem Freund Demetrio vor. »Wenn die Toquilla-Stängel hier angelangt sind«, sagte Demetrio, »ziehen wir als Erstes die Blattscheide ab und schütteln sie – so.« Er nahm einen Stiel, schälte das grüne Hüllblatt ab und knallte mit dem Rest wie mit einer Gerte. Der gerade Stängel verwandelte sich plötzlich in eine Art hellen Pferdeschwanz mit Dutzenden von knapp meterlangen, papierdünnen Blättern, die an einem gemeinsamen Punkt entsprangen. »Dann entfernen wir die Blattadern, die Mittelrippe und den rauen, scharfen Rand.« Demetrio spaltete das

Blatt mit dem Fingernagel, um die unbrauchbaren Teile zu entfernen. »Danach kommt es hier rein.« Er führte mich (und die Schar schmutziger Kinder in meinem Schlepptau) zu einem trommelförmigen Ölfass mit siedendem Wasser. Es wurde durch ein Feuer erhitzt, das in einer Bodenvertiefung unter dem Fass brannte. Er gab die zerfaserten Palmwedel in das Fass und ließ sie etwa eine Stunde lang kochen. Alle paar Minuten nahm er eine lange Stange mit zwei Zinken und rührte die Fasernsuppe um. Als die Fasern »gar« waren, fischte er sie mit der Stange heraus und hängte sie zum Trocknen über eine Wäscheleine. Andere Leute legten sie zu diesem Zweck unter ihre Häuser. Die Fasern schrumpfen beim Trocknen ein; jede einzelne rollt sich zu einer geschlossenen zylindrischen, knapp einen Meter langen Fiber zusammen. Diese Fibern werden anschließend in noch schmalere Streifen gespalten und erneut gekocht und getrocknet.

»Wir lassen die Fasern den überwiegenden Teil des Tages draußen zum Trocknen«, sagte Demetrio. »Manchmal länger. Dann packen wir alles zusammen in *bultos*« – die großen Säcke, die nach Cuenca auf die Reise gehen, um dort auf den Märkten zu landen. »Jeden Montag liefern wir sie per Lastwagen an Señor González, der in Guayaquil ein Warenlager hat.« González' Notiz zufolge zahlte er in dieser Woche für jeden *bulto* etwa 50 Dollar. Manchmal bezahlte er, wenn er die Erntearbeiter aufsuchte, manchmal auch in seinem Lager in Guayaquil. Wie dem auch sei, seine Entlohnung der *pajeros* von Febres Cordero war das erste Glied in einer Zahlungskette, die mit dem Verkauf des Panamahutes im Einzelhandel endete. Bei Domingo lag für den folgenden Montag ein lieferfertiger *bulto* für Señor González bereit.

Die nächstgelegene Gästeunterkunft befand sich in La Libertad, und der letzte Laster für diesen Tag hatte sich eine Stunde zuvor dorthin auf den Weg gemacht. Der nächste fuhr erst neun Stunden später, um 4.30 Uhr morgens, aus Febres Cordero ab. Juan lud mich ein, in seinem Haus zu Abend zu essen und zu übernachten. Von außen schien es das spektakulärste Gebäude der ganzen Stadt zu sein. Anders als die meisten Häuser in Febres Cordero war es aus Zement gebaut. Massive Stufen mit einem Geländer statt nur einer Leiter oder einer Planke führten in den zweiten Stock. Dort gab es Strom, Lampen, einen Kühlschrank und schließlich zwei Räume mit einem abgetrennten Küchenbereich.

Antonio fragte, ob ich vor dem Essen gerne ein Bad nehmen wolle. Bei Einbruch der Dunkelheit sprangen wir zurück in seinen Laster und fuhren eine kurze Strecke Richtung Osten, bis wir zu einem Fluss kamen. Antonio zog seine Kleider aus und watete in das Wasser, das ihm bis zu den Oberschenkeln reichte. Ich folgte ihm schüchtern. Der kalte und erfrischende Fluss floss stetig, aber nicht schnell dahin. Nach ein paar Minuten hörten wir flussaufwärts ein gewaltiges Klatschen. Ich fuhr zusammen, und Antonio lachte. »Haben Sie sich erschreckt?«, fragte er. »Oh, ein bisschen«, gab ich zu. »Das war kein Tier, falls Sie das denken«, versicherte er. »Das war nur ein großer Stein, der ins Wasser geplumpst ist. Wir pflegen hier im Fluss zu baden und weiter unten unsere Kleider zu waschen. Die meisten Leute kommen her, wenn es dunkel ist. Hier ist die Seife. Ich lasse das Handtuch am Ufer liegen, wenn ich fertig bin.«

Erfrischt stieg ich die Treppe zu Juans Haus hinauf. »Durch den Anschluss ans Stromnetz hat sich vieles hier verbessert«, sagte er, als ich ihn danach fragte. »Mit dem Strom kamen heiße Mahlzeiten, Fernseher, Radio und Lampen. Inzwischen benutzen viele Frauen elektrische Bügeleisen. Unser Gesundheitszustand hat sich verbessert, weil man Essen im Kühlschrank vor dem Verderben schützen kann, genauso wie Medikamente. Vorher hatten wir zum Kochen nur Holzöfen, benutzten Holzkohlebügeleisen, batteriebetriebene Radios und Kerzen. Setzen Sie sich. Ich glaube, meine Señora hat das Abendessen fertig.«

Ich setzte mich an einen Holztisch, der schon knarrte, wenn man in seiner Nähe nur atmete. Vom Essbereich aus konnte man durch ein Fensterloch auf die Plaza sehen. (Außer in ein paar Städten gibt es an der Küste keine anderen Fenster.) Juans Frau brachte ein großes Tablett herein, setzte es auf dem Tisch ab und ging schnell wieder hinaus. Obwohl ich allein zu Abend aß, musterten mich vier Augenpaare von den angrenzenden Räumen aus mit verstohlenen Blicken. Das Essen bestand aus einem Spiegelei, Reis und einem hart gekochten Ei. Ich spülte es mit einer Inca-Cola hinunter.

Eine halbe Stunde später kam Juan mit einem Verwandten herein. »Nun«, sagte er, »vielleicht wollen Sie schlafen gehen. Wenn der Laster um halb fünf kommt, wird er ein paarmal um die Plaza fahren und hupen. Sie werden es hören. Sicherheitshalber werde ich Sie wecken.« Ich dankte ihm und schaute mich nach einem Schlafplatz um. »Oh, wir machen Ihnen das Bett. Warten Sie eine Minute.«

Sie machten mein Bett – buchstäblich. Zuerst brachten sie aus dem anderen Zimmer vier Bretter herbei, dann ein paar Querbalken. Anschließend holte Juan einen Hammer hervor und nagelte die vier Bretter auf die Querbalken. Eine Matratze, nicht dicker als eine schwere Steppdecke, wurde über die Balken gebreitet und ein Tuch darübergelegt. »Gute Nacht, Señor«, sagte Juan, als er sich mit dem anderen Mann aus dem frisch eingeweihten Gästezimmer zurückzog. »Es ist mir eine Freude, Sie bei uns zu haben.« Ich schaltete das Licht aus und schaute auf die Plaza hinaus. Im Dorf brannten noch ein paar Lampen, doch sie erloschen bald eine nach der anderen. Alles war ruhig. Sogar die Ferkel waren schlafen gegangen.

Um vier Uhr morgens erwachte ich von allein und packte meine Tasche. Ich war mir nicht sicher, ob es angemessen war, etwas Geld dazulassen. Sicher konnte Juans Familie jeden Sucre, den sie bekommen konnte, gebrauchen, auch wenn sie offenbar die reichste der Stadt war. Würden sie eine bescheidene Gabe des Fremden als Beleidigung empfinden? Ich hatte keine Anstandsdamen, die ich über die Etikette am Ende der Dritten Welt hätte befragen können. Juan kam aus dem angrenzenden Zimmer. Wir flüsterten einen Abschiedsgruß, und ich ließ ein paar Sucres unter der leeren Flasche auf dem Esstisch liegen.

Der Laster kam pünktlich auf die Minute, hupte, als er die Plaza umrundete, und las mich auf. Ein paar weitere Männer sprangen im unteren Ortsteil von Febres Cordero auf, und wir fuhren los. Die Hinterbank war noch genauso eng und uneben wie auf der Hinfahrt. Wann immer wir in ein Schlagloch oder über einen Buckel fuhren, schrammte ich mit dem Kopf am Dach des Metallverdecks entlang; ich behalf mir damit, dass ich die Schultern einzog und den Kopf leicht neigte. Die Nachtluft war von einer unwirklichen Kühle, und ich spürte, dass sich eine Erkältung ankündigte. Ein Nickerchen zu halten war unmöglich. Es hatte eine Zeit gegeben, in der ich mir diese Art des Reisens als ungeheuer romantisch ausgemalt hatte. Jetzt fand ich es nur unbequem. Wir kamen an, als La Libertads Marktplatz gerade zum Leben erwachte. Ich nahm den nächsten Bus nach Guayaquil.

Revolution
und Meeresfrüchte

Obwohl die Hüte, die aus Domingos Ernte gefertigt werden sollten, noch gar nicht geflochten waren, hatte eine Firma in den Vereinigten Staaten sie bereits geordert. Die *pajeros* in Febres Cordero wussten nicht, dass ein texanischer Hutfabrikant ein halbes Jahr zuvor – die Toquilla-Pflanzen hatten noch wenige Monate zum Wachsen –, einigen in New York operierenden Vertretern der Exportfirmen von Cuenca seinen alljährlichen Auftrag erteilt hatte. Auf der Bestellliste standen Hüte verschiedener Größen und Qualitäten, welche die Nachfrage nach Gesellschafts-, Freizeit- und Westernhüten in den Vereinigten Staaten decken sollten. In diesem Jahr benötigte die Resistol Hat Company 60 000 Rohlinge. Ihren Bedarf berechnete die Firma anhand der amerikanischen Modetrends, der Verkaufszahlen der letzten Jahre, der Lieferbedingungen in Ecuador und ihrer eigenen Kapazitäten, Hüte für den landesweiten Versand an Einzelhändler zu fabrizieren.

1927 begann die Firma Resistol, Herrenausstatter mit Hüten zu beliefern. Damals hieß der Betrieb noch Byer-Rolnick nach seinen beiden Gründern. E. R. Byer war ein Juwelier aus Michigan, der Harry Rolnick, einem Hutmacher, das nötige Kapital besorgte. »Resistol« war einer der Markennamen der Firma. Anfang der 1960er-Jahre kaufte Byer-Rolnick die Ecuadoran Panama Hat Company in New York auf, die Rohlinge aus Ecuador zu fertigen Hüten verarbeitete. Auf diese Weise kam der Inspekteur dieser Firma, Irving Marin, der erste Panamahut-Experte der Vereinigten Staaten, zu Byer-Rolnick. »Er hatte einen Blick für Strohhüte und wusste genau, wie man sie behandeln musste«, sagte einer seiner Mitarbeiter. »Wir hatten jahrelang 72 000 Rohlinge auf Lager. Alle wollten sie rausschmeißen, aber Irving machte einen echten Renner aus den Ladenhütern. Er hatte die Gabe, noch aus Abfällen eine Hühnersuppe zu zaubern.«

Die Firma Byer-Rolnick wurde schließlich von Koret geschluckt, einem kalifornischen Textilfabrikanten, behielt aber ihre Identität und auch ihre Zentrale in Garland, einem Vorort von Dallas in Texas. 1979 nahm sie den Namen ihrer bekanntesten Marke an und hieß fortan Resistol.

Unter den kalifornischen Goldsuchern, den Träumern, die ecuadorianische Strohhüte in den Vereinigten Staaten bekannt gemacht hatten, war auch ein junger Einwanderer aus Bayern, der Levi Strauss hieß. 1980 übernahm die Jeansfirma, die seinen Namen trägt und ihren Sitz in San Francisco hat, Koracorp Industries, wie die Mutterfirma von Resistol mittlerweile hieß. Die Toquilla-Fasern, die Domingo bei Febres Cordero geerntet und an Victor González geliefert hatte, hatten nun das weit gespannte Handelsnetz des größten Kleiderfabrikanten der Welt erreicht.

Niemand weiß, wer als Erster auf die Idee kam, Fasern der Toquilla-Pflanze zu Hüten zu flechten, und in welchem Jahrhundert eine solch glorreiche Verschmelzung von Form und Funktion stattfand. Wahrscheinlich ist diese schlichte, aber unausweichliche Entwicklung eines Tages einfach geschehen wie das Ergebnis eines evolutionären Prozesses: Man benötigte eine leichte Kopfbedeckung zum Schutz vor der Sonne, und da lag es nahe, die Fasern der Toquilla-Pflanze zu verwenden. Wo haben sie gelernt, die Toquilla-Stängel zu öffnen, sie zu kochen, in Fasern zu spalten und das Geflecht anschließend so zu formen, dass der Hut auf den Kopf passt? Versuch und Irrtum. Natürliche Auslese. Zweifellos hat man auch andere Pflanzen getestet und verworfen, bis die richtige Faser und der richtige Bearbeitungsvorgang zusammenkamen.

»Es heißt, ein Eingeborener namens Francisco Delgado aus der

Provinz Manabí habe vor etwa 300 Jahren den ersten Panamahut geflochten«, schrieb Harry Inwards in seinem 1922 in London erschienenen Buch *Straw Hats – Their History and Manufacture*. »Der für einen Eingeborenen ausgesprochen spanisch klingende Name weckt den Verdacht, dass es sich bei diesem Datum um den Zeitpunkt der ersten *spanischen* Überlieferung handelt ..., denn es ist sehr wahrscheinlich, dass in der westlichen Hemisphäre schon in grauer Vorzeit ... mit der Fertigung von Kopfbedeckungen aus Pflanzenfasern begonnen wurde.«

Inwards lag vermutlich richtig. Als die Konquistadoren durch Manabí streiften, sahen sie Menschen, die eine seltsame, an Vampirflügel erinnernde Kopfbedeckung trugen. Vielleicht um die Leichtgläubigkeit der Spanier auf die Probe zu stellen, behaupteten die Eingeborenen, ihre Hüte seien aus echter Vampirhaut gemacht. Mit diesen Hüten schützten sich die Spanier vor der Sonne, und weil sie so dicht geflochten waren, taugten sie sogar zum Wasserholen. Später erfuhren die Spanier, dass sie zum Narren gehalten worden waren: Die Kopfbedeckung bestand aus den feinen Fasern einer in dieser Gegend wachsenden Pflanze.

Die feinsten dieser geflochtenen Kopfbedeckungen wurden von Frauen wie Leinentaschentücher auf dem Kopf oder um den Hals getragen. Männer setzten sie sich mit Federn oder Bändern geschmückt aufs Haupt. Sie wurden *toquillas* genannt, nach dem spanischen Wort *toca* für Kopfbedeckung. Im 17. und 18. Jahrhundert verbreiteten sich die in Manabí hergestellten Hüte weiter. Handwerker wurden in den Süden nach Guayaquil und Peru geschickt, um die Kunst des Hutmachens zu lehren. Bis nach Cuenca wurden die Hüte und die Toquilla-Fasern verkauft. Eine kleine Menge wurde auch in die Vereinigten Staaten exportiert, wo man einem Bericht zufolge glaubte, »dass sie die Früchte des *Paja-toquilla*-Baumes seien und an den Ästen hingen. Man brauche sie nur zu pflücken, wenn sie weiß geworden seien, das sei das eindeutige Zeichen ihrer Reife.«

1834 kämpften verfeindete Militärs um die Macht in der neuen Republik. Eine Splittergruppe, die Manabí zu kontrollieren versuchte, ordnete an, dass alle Panamahüte in Montecristi und Jipijapa eingesammelt und zu Geld gemacht werden sollten. Doch die Hüte wurden vor den Plünderern versteckt und nach Peru und Kolumbien geschmuggelt. Montecristi, Manabís Hauptstadt der Hutflechter, exportierte seine Hüte über das 200 Kilometer südlich gelegene Guayaquil und das 20 Kilometer nördlich gelegene Manta. 1849, auf dem Höhepunkt des Goldrauschs in Kalifornien, führte Ecuador mehr als 220 000 Strohhüte aus. Manta ist heute eine lebhafte, von Seeleuten und Fischern wimmelnde Hafenstadt. Strände, ein archäologisches Museum und der Bootshafen ziehen Besucher und Segler an. An einem Tag amüsierte sich in Kalifornien rekrutierter Nachwuchs für das Summer Institute of Linguistics am Strand. Das Institut bildet Missionare aus, die in den Vereinigten Staaten als »Wyckliff-Bibelübersetzer« bekannt sind. Die Gruppe war in einem nahe gelegenen Heim untergebracht und benahm sich, als sei sie eben erst angekommen. »Wir sind die, welche die Bibel in alle Sprachen übersetzen«, sagte einer. »Ein paar von uns wurden in – wo war es noch gleich? Peru? Kolumbien? – getötet. Egal, wir haben uns gedacht, wir lassen uns hier ein bisschen aufpäppeln und von der Sonne bescheinen, bevor es uns auch noch erwischt.« »Yeah«, ergänzte sein Kumpel, »damit die Fotos von unseren Leichen optisch etwas hermachen.«

Im Museum von Manta bestaunten Schulkinder eine Ausstellung über die mehr als 3500 Jahre alte Valdivia-Kultur. Im Yachtclub kam ein heruntergekommener Schiffskapitän an den Tisch, an dem ich mit einigen Klubmitgliedern ein Pils trank. Der Kapitän stammte aus Los Angeles und erklärte, er fahre die Pazifikküste hinunter bis zur Südspitze Südamerikas. »Was dagegen, wenn ich hier für ein paar Tage anlege?« Die Männer musterten erst ihn, dann seinen Schoner, dann wechselten sie Blicke. »Nein«, antworteten sie schließlich, »tut ja jeder.«

Alle rieten mir, Fernando Zevallos Marzumillaga zu besuchen. Niemand wisse besser Bescheid über die Geschichte von Manabí als er, ich solle einfach zu ihm gehen.

Don Fernando empfing mich sehr herzlich. Obwohl er schon über 80 und gebrechlich war, hatte er immer noch einen scharfen Verstand. Unglücklicherweise verstand ich sein Spanisch nicht. Wie viele *costeños* sparte er an den S-Lauten und verschluckte bei den meisten Wörtern die letzte Silbe. Ich hoffte inständig auf möglichst viele S-lose Wortendungen und dreisilbige Wörter und sehnte mich nach dem klaren Kastilisch der Sierra zurück. Don Fernandos fünfzigjähriger Sohn Alejandro wiederholte die Worte seines Vaters in verständlicherem Spanisch. »Ich habe da ein paar Dinge, die Sie vielleicht interessieren«, sagte Don Fernando. »Doch damit Sie auch wissen, wer ich bin: Hier ist meine Karte.«

Fernando Zevallos Marzumillaga

Titulado y Condecorado Benemérito de Montecristi, Miembro de la Casa de la Cultura del Ecuador, de Unión Nacional de Periodistas del Ecuador, del Centro Cultural »Manta«, del Patronato Histórico »Guayaquil«, Asesor Histórico del Concejo de Manta, Emérito del Instituto Ecuatoriano del Seguro Social, Miembro de Honor de la Sociedad Jurídico-Literaria de Manabí y Miembro Asesor de la Comisión de Límites del Consejo Provincial de Manabí, Colaborador del Mercurio de Manta, La Provincia y Diario Ecuador de Portoviejo.

Adliger und Ordensträger, verdienter Wohltäter von Montecristi, Mitglied des ecuadorianischen Hauses der Kultur, der ecuadorianischen Nationalen Journalistenvereinigung, des Kulturzentrums von Manta, der Historischen Stiftung von Guayaquil, Berater des Stadtrats von Manta in historischen Fragen, Emeritus des ecuadorianischen Instituts für soziale Sicherheit, Ehrenmitglied der Kommission für Grenzfragen des Provinzrates von Manabí, Mitarbeiter der Organe *Manta Mercurio, La Provincia* und des *Diario Ecuador von Portoviejo*.

»Ich habe hier ein paar alte Zeitungsausschnitte. Sehen Sie nur.« Er hatte einige etwa 50 Jahre alte Broschüren über Montecristi aus seinen Ordnern gefischt, Artikel über die Blütezeiten des Panamahuts und Erinnerungen an General Eloy Alfaro, Manabís größten Sohn. Alfaro, 1842 in Montecristi geboren, führte die Liberale Revolution an und bescherte dem Land ein gewisses Maß an aufklärerischem Gedankengut, als er 1895 an die Macht kam. Die Costeños dachten schon immer fortschrittlicher als die Menschen im Landesinnern, da die Schiffe, die in den Hafenstädten anlegen, dort nicht nur ihre Güter, sondern immer auch Neuigkeiten und Ideen aus dem Rest der Welt abladen. Dem Regime Alfaros (er kam zweimal an die Macht) war eine römisch-katholische Theokratie vorausgegangen. Nur Menschen römisch-katholischen Glaubens war es gestattet gewesen, zu wählen, ein Amt zu bekleiden oder zu unterrichten. Die Liberale Revolution beschnitt den Einfluss der Kirche, vollzog die Trennung von Kirche und Staat, baute ein säkulares öffentliches Bildungswesen auf und ließ zivile Eheschließungen und -scheidungen zu. Der Grundbesitz des Klerus fiel an den Staat. Aus all diesen Gründen wird Alfaro als ein Volksheld in der Tradition Washingtons und Lincolns verehrt.

Alfaros Vater Manuel hatte es – wie später auch Eloy selbst – mit dem Export von ecuadorianischen Produkten, insbesondere Toquilla-Hüten, nach Panama zu Wohlstand gebracht. Vielen gilt er sogar als der erste unter den großen Hutexporteuren. Im Haus der Zevallos hängt eine farbige Zeichnung von Eloy Alfaro mit Bergen im Hintergrund. Don Fernando reichte mir eine Postkarte, die Alfaro 1884 in der Schlacht von Jaramijó bei Manta säbelschwingend an Bord eines Dampfschiffs zeigt. 60 Jahre alte Notenblätter sangen den Lobgesang der liberalen Partei, deren Anfänge die Familie Alfaro zu finanzieren half. Neben der Lampe stand eine Büste von John F. Kennedy, auf dem Tisch eine deutsche Schreibmaschine aus dem Jahr 1909. Die meisten ihrer Tasten befanden sich links und rechts des Wagens und nur wenige davor, und die Interpunktionstasten fehlten ganz. Bis vor kurzem hatte Don Fernando sie noch benutzt.

Mit der Leidenschaft eines Historikers erzählte er Episoden aus der Lokalgeschichte, beglaubigt durch die Hingabe an den Gegenstand seiner Forschungen und die Liebe zu den Menschen, um die es ging. »Toquilla-Hüte zierten die Köpfe von Napoleon, Edward VII. und George V. von England. Auch Hoover und Roosevelt in den Vereinigten Staaten trugen solche Hüte.« Ich erklärte ihm, dass die ecuadorianische Regierung seit den Tagen Grover Clevelands jedem Präsidenten der Vereinigten Staaten einen Panamahut überreicht habe. Er zog die Augenbrauen hoch und fügte diese Tatsache im Geiste in seine Chronik der Region ein.

Als ich mich in die Geschichte des Landes vertieft hatte, war ich auf eine Theorie verfallen, die ich erproben wollte. »*Oiga*«, sagte ich, »hören Sie, Don Fernando: Wenn es stimmt, dass die Familie Alfaro Eloys politische Aktivitäten unterstützte« – Zevallos nickte bedächtig –, »und wenn ihr Geld zum Teil aus dem Export von Toquilla-Hüten stammte« – er nickte wieder –, »dann sind doch die Panamahüte zumindest teilweise verantwortlich für die große Liberale Revolution. Oder?« Zevallos lächelte milde.

Seinen Sohn drängte es, das Gespräch fortzusetzen. Er war hocherfreut über die Gelegenheit, in seinem Haus mit einem Fremden zu sprechen, ihm etwas über seine Heimat zu erzählen und über das Reisen zu reden. Er bot mir ein wenig dünnen Instantkaffee an. Ich fragte ihn, ob er etwas über das Missionsheim wisse, von dem mir berichtet worden sei. »Nun, ich habe davon gehört«, antwortete er. »Aber sagen Sie mir, warum kommen diese Leute hierher? Es gibt Mormonen, Siebter-Tag-Adventisten, Zeugen Jehovas – und Katholiken!« Er zählte sie an seinen Fingern ab. »Dieses Land ist zu 98 Prozent katholisch, und sie schicken uns immer noch Missionare!« Die Fassungslosigkeit stand ihm ins Gesicht geschrieben. »Wollen sie sich vielleicht die restlichen zwei Prozent auch noch holen? Und diese Hippies, die wir hier haben, warum kommen die? Warum benehmen sie sich so?« Er wirkte ehrlich erstaunt. »Ihre schmutzigen langen Haare! Stimmt es wirklich, dass sie aus reichen Familien stammen?«

Alejandro zog ein Fotoalbum hervor und zeigte mir Bilder von seiner 1973 unternommenen Reise in die Vereinigten Staaten. »Es waren wunderbare Tage. Ich habe mir Macy's Thanksgiving-Parade angesehen. Hier bin ich mit den anderen Mitgliedern des Dinosaurierclubs zu sehen – das ist eine internationale Gruppe, der ich angehöre. Ich war ihr Gast. Hier bin ich mit Snoopy.« Stolz präsentierte er mir Aufnahmen von Festwagen und Paradeteilnehmern und von ihm selbst mit lächelnden New Yorker Polizisten. Postkarten von Chinatown, der Eislaufbahn des Rockefeller Center und der San-Francisco-Brücke füllten die folgenden Seiten. »Ich bin nie in San Francisco gewesen«, gestand er. »Aber ich mag das Bild einfach. Als ich wieder zu Hause war, habe ich dem Vorsitzenden des Dinosaurierclubs in New York einen *Montecristi fino* geschickt.«

Gemeinsam liefen wir den Hang hinab und auf die Stadtmitte zu. Ich hatte Interesse daran bekundet, mir Jaramijó anzusehen, jenen Ort, in welchem der legendäre Alfaro gekämpft hatte. »Es ist nur ein einfaches Fischerdorf, aber es wird Ihnen gefallen. Dort drüben«, er deutete auf eine große Straße, »fährt der Bus ab. Er fährt an dem Park mit der Statue von John F. Kennedy vorbei.«

Eine halbe Stunde später bestellte ich mir in Jaramijó in der Bar Picantería Embajador, einem Strandrestaurant mit Pazifikblick, etwas zu essen. Das Embajador hatte ein Blechdach, von dem eine nackte Glühbirne herunterhing. Um ins Bad zu kommen, musste ich den Schulraum des Ortes durchqueren, der direkt hinter der

Küche lag. Gerade kehrten die Fischer mit dem Morgenfang zurück. Es herrschte Ebbe, und die Männer rollten ihre alten hölzernen Boote über kurze Bambusstangen auf den Strand herauf. Kinder hüpften um die Boote herum und halfen, die Fische in Gummieimer und Plastiktüten zu füllen. Manche schleppten den Fisch auch mit bloßen Händen weg. Die Reportage eines Fußballweltmeisterschaftsspiels zwischen Deutschland und Frankreich dröhnte aus den Radiolautsprechern. Zwischen den Booten am Strand hockte eine knochige Frau, die Beine gekreuzt, und fuchtelte so wild mit den Armen, als dirigiere sie die letzten Takte einer Sinfonie. »Sie ist verrückt«, sagte ein Jugendlicher, »aber wir haben uns an sie gewöhnt. Sie kommt jeden Tag hierher.«

Marineoffiziere aus Manta speisten ein paar Tische weiter mit ihren Freundinnen. Eine ältere Dame ging von Tisch zu Tisch und verkaufte Muscheln für 20 Sucres das Stück, was umgerechnet etwa 30 Cents waren. Ohne Schuhe stand sie vor mir, kaum anderthalb Meter groß. »20 Sucres? Ich könnte mir hier doch selbst welche suchen, und das ganz umsonst«, entgegnete ich. »Ja, aber nicht solche.« Ihre Muscheln hatten ersichtlich keine besonderen Eigenschaften, doch das Gesicht der alten Frau trug den Ausdruck höchster Verzweiflung. »Okay«, sagte ich schließlich. »Für zehn Sucres pro Stück nehme ich ein paar.« Sie strahlte. Pelikane, Hunde und Seemöwen kamen paarweise vorbei. Die Muschellady strich während des ganzen Essens um meinen Tisch herum. Frischer Hummer, gedünstet, drei Dollar.

Drei Busse fahren stündlich von Manta nach Montecristi, vorbei an Kaffee verarbeitenden Betrieben und vertrocknetem Unterholz und Gestrüpp. In Montecristi hoffte ich ein paar Flechter zu finden, die wussten, dass ihr kostbares Erbe für ein paar Sucres aufgekauft und für viele Dollar weiterverkauft wurde; dass sie das erste Glied einer äußerst gewinnträchtigen Kette bildeten, in der jedes folgende Glied immer mehr Profit aus ihrer Arbeit schlug. Auch wenn ich ihnen nicht Adam Smiths *Wohlstand der Nationen* oder Theorien über Produktivität und Profit erklären konnte, sehnte ich mich dennoch danach, auf eine Reaktion zu stoßen, die über ein bloßes Schulterzucken hinausging. Als ich mit Don Fernando in Manta darüber sprach, nickte er und sagte: »Da habe ich genau das Richtige für Sie.« Er kramte in seinen Ordnern, förderte eine 1974 gedruckte Werbebroschüre für Montecristi zutage und blätterte darin, bis er die Seite mit dem Gedicht eines Autors namens Lupi gefunden hatte.

EL SOMBRERO DE MONTECRISTI

Eine wundersame Faser, der Welt
unter falschem Namen bekannt;
geschickte Propaganda
für eine stille, schlecht bezahlte Arbeit.

Das Gespreize verwöhnter Menschen;
eine hell sprudelnde, nie versiegende Quelle
des Unglücks für die Armen
und des Überflusses für die Reichen.

Ein feines Flechten, ein Wunder der Sorgfalt
verwandelt das Stroh
in ein erlesenes Accessoire.

Die Opferung eines Volkes, das arglos
zur Erbärmlichkeit seines Leben beiträgt,
mit Füßen getretenes Elend, zu Garben gebunden.

Montecristi Fino

Überall in Lateinamerika werden zu Ehren von Generälen, Dichtern und Revolutionen Straßen nach ihren Jahrestagen benannt. Zwischen Tijuana und Kap Hoorn – davon bin ich überzeugt – findet sich für jeden Tag des Jahres eine gleichnamige Straße. Meine Busfahrt endete in der Calle 9 de Julio, ein paar Häuserblocks von Montecristis Hauptplaza entfernt. Doch wen ich auch fragte – niemand in Montecristi schien zu wissen, an welches Ereignis der Name ihrer Hauptstraße erinnerte, noch waren sich zwei Personen über die geschichtlichen Ereignisse einig.

Die paar hundert Häuser der Ortschaft sind Gebäude wie überall an der Küste: aus ergrauendem Bambus über dem Boden gebaut, ohne Strom und fließendes Wasser, viele ohne Türen im Eingang und die meisten ohne Scheiben in den Fensterlöchern. Der Boden glich dem Grund des Ozeans.

Bei meiner Ankunft war ich binnen weniger Momente von einem halben Dutzend Jungen umringt. »Mister! Panamahüte?«, schrien sie und boten dabei ihre gesamten Englischkenntnisse auf. »Panamahüte!« Jeder von ihnen wollte mich wegzerren zum Haus oder Laden seiner Familie, damit ich nach Hüten schaute, die zum Verkauf standen.

Hüte aus Montecristi lassen sich in den Vereinigten Staaten und Europa für Hunderte von Dollars verkaufen. In einer Gegend, in der einst praktisch jeder Haushalt Hüte von höchster Qualität erzeugte, hat die Zahl der Flechter langsam, aber irreversibel abgenommen. Dieser Mangel an Arbeitskräften hat die Einkaufspreise für die Einzelhändler in die Höhe getrieben, doch das Einkommen der Hutflechter von Montecristi nicht im gleichen Verhältnis steigen lassen. Montecristis, welche die in Cuenca produzierten Hüte in den Schatten stellen, sind eigentlich seidene Schätze, glatt und geschmeidig, jeder einzelne ein großartiges Beispiel erlesener Handwerkskunst.

»Bringt mich zum Haus von Rosendo Delgado«, sagte ich zu den Kindern, die mich am Bus abgepasst hatten. »Klar«, sagten sie wie aus einem Mund. »Kommen Sie mit.« Delgado war mir als ein hoch angesehener Exporteur feiner Panamahüte beschrieben worden. Wir gingen an der Plaza vorbei die Calle 9 de Julio entlang und bogen dann bei der Kirche links ab. In Läden wurden Hüte und Möbel aus robusterem Stroh angeboten, aber nur wenige hatten Kundschaft. Neben der Straße war eine Statue zum Muttertag aufgestellt worden. »*Madre*«, lautete die Inschrift, »*símbolo y blazon de homenaje perpetuo*«. Die Mutter – Symbol und Emblem immer währender Verehrung. Einen Block weiter überquerten wir die Calle John F. Kennedy, und auf der Calle Rocafuerte schließlich zeigten die Jungen auf das Eckhaus. »Hier wohnt er.«

Don Rosendo Delgado schaute aus einem Fenster des oberen Stockwerks. »Kommen Sie rauf, kommen Sie rauf.« Sein Haar war tiefschwarz, seine Augen lebhaft, und im Mund hatte er noch viele Zähne. Er schien zwischen 50 und 60 zu sein und trug ein weites Hemd und ausgebeulte Hosen. Nachdenklich nickte er, als ich ihm mein Anliegen vortrug. »Tja, da gibt es nicht viel zu erklären. Die Flechter aus der Gegend kommen mit den Hüten her, und wir sind für die Endbearbeitung zuständig. Dann verkaufe ich sie.«

Zwei weitere Männer saßen bei ihm im Wohnzimmer; jeder hatte neben dem Stuhl eine kleine Schüssel mit Wasser stehen. Sie hielten Panamahüte in den Händen, die zu 95 Prozent fertig waren. Einer verknotete die Fasern am Außenrand der Hutkrempe und glättete sie. Der andere schnitt die herausstehenden Fasern in Form und kürzte sie dabei von 15 auf einen halben Zentimeter.

Der Hut hatte eine bessere »Frisur« als sein Bearbeiter. Von Zeit zu Zeit hielten beide den Hut ins Licht, um nach fehlerhaften Stellen zu schauen – einer Lücke im Geflecht, einem Farbfehler, einem kleinen Loch oder losen oder gebrochenen Fasern. Beide Männer trugen ein paar Hüte und benutzten ihren Kopf zur Lagerbestandskontrolle. Sie hielten alle Hüte aus dem direkten Sonnenlicht heraus und tauchten ununterbrochen ihre Finger ins Wasser, um die Fasern feucht zu halten. Aus den Wasserhähnen rinnt in Montecristi zwei Stunden pro Tag Wasser – das heißt in Häusern, die mit Wasserleitungen ausgestattet sind. Ein Lastwagen, der Wasser eimerweise verkauft, kurvt in unregelmäßigen Abständen durch den Ort. Panamahüte werden, entgegen einem populären Mythos, nicht unter Wasser geflochten.

Auf einer Landkarte an der Wand zeigte Delgado mir, wo die Flechter, die ihm die Hüte brachten, lebten und wo ihre Palmen wuchsen. »Die besten Fasern dieser Gegend kommen aus Manglaralto und Olón«, sagte er. »Ich beziehe Hüte von überall her – aus Pila, Tres Bajo de la Palma und Las Pampas. Manche Flechter sind Glückspilze. Die Palmen wachsen neben ihrer Haustür, sodass sie die Fasern nicht auf dem Markt kaufen müssen.« Zumindest glaube ich, dass er das gesagt hat, denn Delgados Spanisch war noch schwerer zu verstehen als das von Fernando Zevallos. Er sprach, als hätte er Murmeln im Mund. »*Más o menos*« – mehr oder weniger – hörte sich wie »*maomay*« an. Er machte eine Art Konsonanten-Diät und ergötzte sich an Vokalen.

Delgados Vater hatte im gleichen Beruf gearbeitet wie vor ihm sein Vater und dessen Vater. War Francisco Delgado, der Panamahut-Unternehmer in Montecristi aus dem frühen 17. Jahrhundert, eventuell mit ihm verwandt? »Ja, kann sein. Wir wissen es nicht. Es gibt eine Menge Delgados in dieser Gegend. Irgendwann einmal haben wir alle in diesem Gewerbe Verwandte gehabt.«

Don Rosendos jüngerer Bruder Carlos kam zufällig vorbei. Carlos war Lehrer. »Ich kann Ihnen ein bisschen über die Gegend erzählen. Wissen Sie, wie alt die sind?« Er nahm zwei Gegenstände aus einem Regal – eine zerbrochene Schüssel und eine Scherbe von einem Keramikgegenstand. »Sie wurden von Leuten gemacht, die vor vielen Jahrhunderten hier gelebt haben. In dieser Gegend ist eine Menge präkolumbischer Keramik zu finden.«

Ein Mercedes hielt vor dem Haus und hupte. »Für dich«, sagte Carlos zu seinem Bruder, als er aus dem Fenster schaute. »Jemand aus Guayaquil.« Rosendo trabte die Treppe hinunter. Der Guayaquileño stellte vier gut gekleidete Besucher aus Spanien vor, die froh waren, dass sie ihre staubige Reise nach Norden hinter sich hatten. Sie wechselten ein paar Worte, und Delgado sperrte seine *bodega* im Erdgeschoss auf. Darin stapelten sich an den Wänden, auf Stühlen und Tischen Hunderte von Panamahüten hoher Qualität. Er zeigte den Spaniern verschiedene Stile – belüftete und fest geflochtene Hüte, Hüte mit breiter Krempe, hohem Kopfteil, Damenhüte und *óptimos*. Die Spanier inspizierten sie vorsichtig und legten die Exemplare ihrer Wahl zur Seite. Delgado nannte seinen Preis; sie schlugen einen niedrigeren Preis bei Abnahme einer höheren Menge vor, und hin und her ging es auf dem hölzernen Bürgersteig. Die Europäer mit den manikürten Händen verhandelten in elegantem Kastilisch mit diesem leicht verwahrlosten *mestizo*, der sein schludriges Spanisch sprach. Die Spanier rechneten im Kopf, Delgado auf braunem Packpapier. Bald waren sie sich einig geworden. »Hätten Sie sie gern in Hutschachteln?« Sie hätten gern. Mit Schwung faltete Don Rosendo, ein Experte in der Endbearbeitung von Panamahüten und Exporteur einiger der besten Panamahüte Ecuadors, jeden Hut zusammen, rollte ihn zu einem festen Kegel zusammen, hüllte ihn in Papier und legte ihn feierlich in eine komfortable Schachtel aus Balsaholz. Allgemeines Lachen und Händeschütteln. Die Spanier zwängten sich zurück in den Mercedes, und Don Rosendo stapfte schwerfällig wieder die Treppe hinauf. Die kleinen Jungen, die mich zu Delgado geführt hatten, hatten uns die ganze Zeit stumm beobachtet.

Am nächsten Tag kehrte ich nach Montecristi zurück. Als ich aus dem Bus sprang und eine Band den Song des US-Marinekorps, »*From the halls of Montezu-u-ma* ...«, spielen hörte, lief es mir kalt den Rücken hinunter. Waren sie ins Land eingefallen? Wie sich herausstellte, wurde die Musik von einer neunköpfigen Band produziert, die eine Stunde lang in jedem erdenklichen geometrischen Muster zickzack durch die zehn Straßen der Ortschaft lief. Ihr ganzes Repertoire bestand aus der ecuadorianischen Nationalhymne und dem Marinesong. Das unaufhörliche Knallen von Feuerwerkskörpern gab den Takt an. Während eines Militärputschs in den frühen 1970er-Jahren hatte ein Radiosender in Quito zwischen den atemlosen Berichten von der Front die Nationalhymne mit »There's No Business Like Show Business« abgewechselt.

»Zu schade, dass Sie während unseres letzten Staatsstreichs nicht hier waren«, sagte eine Sekretärin, die für die Regierung in der Hauptstadt arbeitete. »Wir hatten wirklich eine Menge Spaß. Als der *palacio* angegriffen wurde, waren alle anderen drüben im Stadion bei dem großen Fußballspiel. Unsere Putsche sind so, sind so« – sie suchte einen Moment nach dem richtigen Wort –, »sie sind so folkloristisch.«

Ein Zug von 500 Menschen folgte den Musikern. Die Frauen trugen ihre besten Kleider, viele auch Schärpen mit der Aufschrift DAAMA DE HONOR. Die Männer führten ihre besten Anzüge aus; ihre Schärpen gaben ihren Rang bei der Regierung an. Als ich fragte, was gefeiert wurde, erhielt ich die Antwort: »Es ist eine Bürgerfiesta!«

Die Bürgerfiesta kam auf der Plaza zur Ruhe. Ein elegant gekleideter junger Bursche von 18 sprach zur Menge, rittlings auf einem Pferd sitzend. »In dieser Zeit der ökonomischen Krise« – der Sucre hatte in dieser Woche stark an Wert verloren – »ehren wir ...« Seine Worte gingen im Getöse wahllos abgeschossener Feuerwerkskörper und eines defekten Lautsprechers unter. Damit war der offizielle Teil beendet, die Dorfbewohner liefen ziellos umher und warteten auf Los Amigos del Ritmo de Jaramijó, eine fünfköpfige Tanzband, die in der Calle 9 de Julio vor einer Ladenfront unter freiem Himmel auftreten sollte. Der Schauplatz war mit Krepppapier, Bändern und Papierkugeln dekoriert.

Ein Block weiter öffnete gerade das Geschäft Arte Típico. Es wurde von zwei Schwestern geführt, die ihrer kuriosen Erscheinung wegen als »Zigeunerladys« bekannt waren, und verkaufte modische Panamahüte und andere Strohprodukte an Touristen. Eine auf dem Ladentisch ausgestellte Fotografie zeigte die Schwestern, wie sie Scheich Jamani von Saudi-Arabien bei einem OPEC-Treffen in Ecuador einen Panamahut überreichten. Eine Sammlung zur präkolumbischen Regionalgeschichte nahm den hinteren Teil des Ladens ein. Wie bei anderen Hutgeschäften kam der Panamahut aufgerollt in Schachteln von Jorge Lucas ins Arte Típico. Lucas, ein Tischler aus Montecristi, verarbeitete dünne Lagen überflüssiges Balsaholz zu drei Dutzend Hutschachteln pro Tag. Auf den Deckel jeder Schachtel waren mithilfe einer Schablone die ecuadorianische Flagge und die Worte *Montecristi Fino* aufgemalt. Lucas verkaufte sie für 35 Cents das Stück an Zwischenhändler.

In den 1970er-Jahren, als mehr und mehr *campesinos* das Hutflechten zunehmend unprofitabler fanden, förderte ein Regierungsprogramm das Flechten kleinerer Gegenstände, die nicht so zeitaufwändig waren und etwas mehr Geld einbrachten. Zu den Gegenständen aus *toquilla* und anderen Fasern, die jetzt produziert werden, zählen Platzdeckchen, Körbe und Handtaschen, Pflanzgefäße, Puppen und Christbaumschmuck. Da sich mit diesen Kuriositäten ein höheres Einkommen erzielen lässt, plagen sich immer weniger Handwerker mit Panamahüten. Rosendo Delgado beklagte den Verlust seiner besten Flechter, die mit der Anfertigung von *sombreros de paja toquilla* aufgehört hatten.

Ein Preisrichter
auf der Durchreise

Werkzeuge und Gebrauchsgegenstände aus präkolumbischer Zeit zierten das Heim praktisch jeden Costeños, aber nur im Küstendorf Salango wurden sie systematisch zutage gefördert. Die Zentralregierung ließ dort von ein paar Ecuadorianern und vielen Arbeitskräften aus Europa und den Vereinigten Staaten eine archäologische Ausgrabung durchführen. Zunächst fuhr ich nach Jipijapa, um dort einen Bus nach Puerto López zu nehmen, wo die Salango-Expedition ein Haus unterhielt.

Ein Gringo, den ich in Quito getroffen hatte, ein weit herumgekommener Reiseveteran und Kenner drittklassiger südamerikanischer Busse und schäbiger Pensionen, hatte Jipijapa zu den hässlichsten Städten Ecuadors gezählt und damit nicht übertrieben. Der Bus hielt an der Plaza, und die Gebäude rund um den Platz waren auch schon das Beste, was Jipijapa zu bieten hatte: zweistöckige Häuser, deren obere Balkone sich unter dem Gewicht der Jahre gesenkt hatten, Wände, von denen der letzte Rest Farbe schon vor Jahrzehnten abgeblättert war, Läden, die man kaum zu betreten wagte, und Restaurants, die selbst auf den hungrigsten Reisenden abstoßend wirken mussten. Das sollte eine Stadt sein, die für ihre Panamahüte berühmt war? Ich konnte weit und breit keinen entdecken. Jipijapas Ruf war offenbar längst Geschichte. Ich verdrückte mich in eine Seitengasse, um mich zu erleichtern, bevor ich den Bus nach Puerto López bestieg. Meine Diskretion erwies sich als absolut überflüssig, denn als ich zur Plaza zurückkehrte, gab sich der Busfahrer neben dem Bus gerade der gleichen

Tätigkeit hin. Die Zeitung von Quito hatte einmal von ein paar Männern in Guayaquil berichtet, die wegen öffentlichen Urinierens eine Strafe von je fünf Dollar zahlen mussten. Die Tilgung der ecuadorianischen Auslandsschulden in Höhe von 7,5 Milliarden Dollar schien mir plötzlich ein Leichtes zu sein.

Da ich Jipijapa so schnell wie möglich wieder verlassen wollte, nahm ich einen 60-Cent-Bus, der Richtung Westen nach Puerto López fuhr. Ein Aufkleber auf der Stoßstange verkündete: GOTT WACHT ÜBER MEINEN BUS – welche Ironie in dieser Behauptung lag, hatte sich ja in der vergangenen Woche gezeigt. Obwohl die Straße nach Puerto López nicht an Schluchten und Abgründen vorbeiführt, platzte der Reifen, und der Bus kam bei hohem Tempo von der Fahrbahn ab. Die meisten Passagiere mussten ärztlich versorgt werden.

In Puerto López gibt es jede Menge Fischerboote und Netze, Hängematten auf jeder Veranda, Hunde, Kinder und Schweine, die wild durcheinander wuseln. Neben einem Open-air-Friseursalon kündigte das örtliche Kino – 30 Klappstühle, umgeben von vier durchsichtigen Wänden – einen Kung-Fu-Film an. Die etwa 3000 Einwohner der Stadt schienen vergleichsweise wohlhabend zu sein: Die Häuser waren aus Ziegeln und Bambus gebaut, viele hatten Außentreppen, Eisengitter vor den Fenstern und Balkone im zweiten Stock, von denen aus man das Meer sehen konnte. Die Geschäftsleute des Orts liefen in Badehosen und offenen Hemden herum. Arbeiter installierten gerade einen neuen Transformator. Ein Fernseher stand recht kippelig auf der Brüstung einer Terrasse, davor hatte sich eine Traube von Menschen gebildet, die das Testbild aus Guayaquil betrachteten. In Puerto López gebe es sogar eine Art Rotlichtbezirk, eröffnete mir einer der Umstehenden ungefragt. Am Strand wiegten sich ein paar Palmen in der nachmittäglichen Brise. An einer hölzernen Bank mit Blick auf den Südpazifik lehnte ein Fahrrad der Marke Schwinn.

Beim Verlassen des Busses hatte mir ein Mann geraten, zu Carmita zu gehen, einem Restaurant, das zwei Häuserblocks vom Strand entfernt lag. »Und warum?«, fragte ich ihn.

»Ja sind Sie denn nicht hier, um sich das Peace Corps anzusehen?«

Nicht zum ersten Mal stieg ich in einer kleinen Stadt aus einem Bus und wurde mit der Erwartung konfrontiert, dass ich sicher des jeweiligen Peace-Corps-Kontingents wegen hier sei. Warum sollte sich ein Gringo auch sonst in solch einen Ort verirren?

Seit 1962, dem Jahr, in dem das Peace Corps seine ersten Mitarbeiter nach Übersee geschickt hatte, ist ein nicht abreißender Strom von Freiwilligen nach Ecuador gekommen – mehr als 3000 im ersten Vierteljahrhundert des Bestehens dieser Organisation. Die gelegentlich hilfreichen und erfinderischen, manchmal aber auch nicht sonderlich effektiven freiwilligen Entwicklungshelfer sind nicht nur in abgelegenen Dörfern, sondern auch in den Großstädten zu einer vertrauten Erscheinung geworden. Mehr als 200 Freiwillige waren, über das ganze Land verstreut, zu dieser Zeit in Ecuador tätig. Eine davon war der Ausgrabungsstätte zugeteilt worden, und nach der Arbeit traf sie sich mit ihren Kollegen immer bei Carmita auf ein kaltes Bier und billige Meeresfrüchte. Zwischen fünf und sechs Uhr würden sie aufkreuzen, erklärte Carmita mir.

Angezogen von den Klängen einer Blaskapelle und dem Lärm einer Menschenmenge, lief ich zur Hauptstraße zurück und bog gerade rechtzeitig um die Ecke, um Hunderte von Menschen vorbeimarschieren zu sehen. Die ganze Stadt, so schien es, war auf den Beinen, um das Jubiläum der Highschool von Puerto López zu feiern. Die Schüler trugen selbst genähte Kostüme. Jede Gruppe in der Parade verkörperte etwas Bestimmtes. Bands lärmten in den Straßen, El Trío hieß eine, Die Acht Ponchos eine andere. Die Mitglieder einer dritten, ein Schlagzeuger, ein Gitarrist und ein Blechbläser, hatten sich groteske Perücken im 45-Grad-Winkel auf den Kopf gesetzt. »Los Hippys de Puerto López« nannte sich der nächste Trupp, zwölf Jungen mit Perücken, Bärten, Rucksäcken und sackartigen Klamotten. Sie rannten erst von einer Seite zur anderen und richteten die Linsen ihrer Spielzeugkameras auf die Gesichter der Zuschauer, dann ahmten sie Marihuanaraucher nach, fröhlich und ausgeflippt. Hinter ihnen begleitete ein Pick-up mit Lautsprechern auf seiner Ladefläche eine schnatternde Schar tanzender Clowns, welche die Straße hinunterwirbelten, mit lauter Musik. Pompon-Girls tänzelten zu den Zuschauern herüber und kicherten mit ihren Freundinnen. Mädchen tanzten mit Mädchen, Jungen mit Jungen. Einer der »Hippys« kam zu mir gerannt und drückte mir ein Eis am Stiel in die Hand.

»Verzeihung«, sprach mich ein Mann an. »Sind Sie zu Gast hier?« Er stellte sich mir als César Aguilar vor, Direktor der Schule, die gerade ihr Jubiläum feierte. »Wir haben 250 Schüler und elf Lehrer am Colegio Provincial de Manabí«, sagte Aguilar. »Unsere Schüler sind zwischen zwölf und sechzehn Jahren alt. Diese Klasse dort« – er deutete auf einige Teenager in Matrosenkostümen mit Panamahut-Attrappen aus Papier – »ist unsere älteste.« Er hielt inne, um einer Gruppe von Sträflingen in Ketten und mit geschwärzten Gesichtern zuzuwinken, die unter der Knute von Polizisten vorwärts und übereinander stolperten. Der Polizeichef hatte einen Grauen erregenden Schnurrbart. »Und auf diese hier sind wir wirklich sehr stolz.« Mit zweifarbigen Strohhüten und wadenlangen Hosen als Kolumbianer verkleidete Schüler paradierten vorbei. Neben ihnen her lief ein Lehrer, der einen Kassettenrekorder trug, aus dem kolumbianische Musik ertönte.

»Würden Sie vielleicht gerne Mitglied unserer Jury werden?«, fragte Aguilar. »Wir brauchen noch jemanden. Jeder Preisrichter wählt die Gruppe aus der Parade aus, die er für die beste hält. Wir würden uns geehrt fühlen, wenn Sie mitmachten. Wenn die Parade vorbei ist, kommen Sie in mein Büro und stimmen für Ihren Favoriten.«

Die Nachricht verbreitete sich wie ein Lauffeuer unter den

Schülern. Ich ging am Rand auf und ab und sah mir jede Gruppe mindestens zweimal an. Wer auch immer gerade an mir vorbeizog, bedachte mich mit einer Sondereinlage. Musiker spielten lauter, Tänzer tanzten wilder, Clowns führten sich noch verrückter auf. Eine auffallende Erscheinung, ein etwa fünfzehnjähriges Mädchen mit schwarzen Stilettos, einem weißen Matrosenanzug und Panamahut sah mir jedesmal, wenn es an mir vorbeikam, mit herausforderndem Lächeln in die Augen. Dieses elende kleine Dorf am Meer wirkte allmählich direkt einladend auf mich.

Am Ende entschied ich mich wie zwei der vier anderen Preisrichter für die Grupo Folklórico Consteño. Als die Gewinner am selben Abend auf dem Schulball ausgerufen wurden, zog meine Matrosin einen Schmollmund und warf mir einen Blick zu, der geeignet gewesen wäre, das Eis auf dem Chimborazo zum Schmelzen zu bringen. Ich hätte mich dafür ohrfeigen können, dass ich nicht ihre Gruppe gewählt hatte. Offensichtlich kam ich aus einem Land, in dem man Wahlen viel zu ernst nahm.

Carmitas
Peace-Corps-Bar & Grill

Ein halbes Dutzend Arbeiter von der Ausgrabung bei Salango fiel zur Happy Hour in Carmita Yanchapaxis Restaurant unter freiem Himmel ein.

Riesige Flaschen kaltes Bier wurden auf den Tisch geknallt, als die Sonne hinter dem Pazifischen Ozean langsam zu sinken begann. Carmitas Speisekarte hing an der Decke, jedes Gericht war auf eine separate Holztafel geschrieben. Wir konnten zwischen Fleisch, Hummer, Suppe, Fisch, Schnecken, Langusten und marinierten Meeresfrüchten wählen. Wenn eine Meeresbrise in Carmitas Restaurant blies, klackten die Schnecken gegen den Hummer und die Langusten gegen das Fleisch. Ich bestellte ein Glas *cristal*, Zuckerrohrschnaps, der wegen seiner fürchterlichen Stärke berüchtigt ist, doch Carmita schlug stattdessen Caña Manabita vor. »Das ist besser als *cristal*«, verkündete sie großspurig. »Er wird hier in der Provinz Manabí hergestellt. Wir sind sehr stolz darauf. Ich verkaufe ihn pro Glas oder pro Flasche.« Sie hatte eine Kassette mit der Filmmusik zu *Alexis Sorbas* eingelegt, als ein Junge vorbeifuhr, der Bananen und Orangen auf der Straße verkaufte. Zwei junge Campesinos auf Eseln folgten ihm. »Hierher, Lassie!«, befahl Carmita einem Hund, der in der Nähe umherstreunte. »Ich habe ein paar Reste für dich.« Von den Dorfkötern hier hieß jeder zweite Hund Lassie, soweit ich das feststellen konnte. Die Hunde von Puerto López, die sich wesentlich friedlicher als die meisten ihrer lateinamerikanischen Artgenossen verhielten, waren hauptsächlich damit beschäftigt, in den Straßen zu kopulieren, ohne den

Kindern, die um sie herum Fußball spielten, Beachtung zu schenken.

Gerade als die Ausgräber von Salango zur zweiten Runde Bier schritten, tauchte ein staubiger Jeep auf, und Presley Norton, ein stattlicher Mann in einer Fliegerjacke, stieg aus. Norton, ein aus Ecuador stammender Anthropologe, der seine Ausbildung im englischsprachigen Ausland erhalten hatte, war Leiter des Projekts. Seine Ankunft wurde freudig begrüßt, nicht nur, weil seine Leute ihm einen Kurzbericht darüber liefern konnten, was sie in den letzten Tagen seit seiner Abfahrt gemacht und entdeckt hatten, sondern auch, weil er ihre in Quito lagernde Post geholt und mitgebracht hatte. Von den Anstrengungen dieses Tages, der ihn durch die Luft von Quito nach Guayaquil und dann in einem drittklassigen Bus und einem Jeep die Küste hinaufbefördert hatte, entspannte sich Norton beim Aushändigen von Umschlägen aus Europa und den Vereinigten Staaten. Zwei davon enthielten Kassetten, eine von David Bowie und die andere von Vivaldi. »Sie nennen diesen Ort das Acapulco von Ecuador«, sagte ein Arbeiter aus Skandinavien. »Es gibt sogar ein Acapulco-Restaurant hier. Ist Acapulco genauso primitiv wie dieses Restaurant?« »Nein, aber es ist verdammt viel teurer«, antwortete Norton.

Eine Peace-Corps-Angehörige, dem Titel nach eine Kulturanthropologin, erklärte, sie arbeite als Mittlerin zwischen der Salango-Truppe und der Ortschaft für die Entwicklung der Gemeinde. Offensichtlich bedeutete das, dass sie als Erste bei Carmita aufkreuzte und als Letzte ging. »Hier wurde 1966 mit den Ausgrabungen begonnen«, sagte sie. »Carmita wohnt mit ihren Verwandten über dem Restaurant. Wenn es eines gibt, was wir gelernt haben, dann ist es die Tatsache, dass sie sich nicht reinlegen lässt. Eines Abends gingen wir in dieses Strandrestaurant auf der anderen Straßenseite, und Carmita strafte uns lange Zeit mit Verachtung. Wir sagten ihr, es sei uns nur darum gegangen festzustellen, um wie viel besser ihr Essen ist, aber sie glaubte uns nicht.«

Der Schmuggel, eine in allen Küstenorten in beiden Hemisphären und unter jeder Regierung verbreitete Beschäftigung, spielt auch in der Ökonomie von Puerto López eine Rolle. »Einmal oder zweimal die Woche ankert ein Boot nördlich des Ortes vor der Küste«, berichtete ein Beobachter. »Es führt keine Drogen mit sich, obwohl es aus Kolumbien kommt. Stattdessen werden elektronische Konsumgüter ausgeladen. Wir wissen, wann eine Lieferung ansteht, weil dann jedes Mal der Strom ausfällt. So können sie sicher und sorgenfrei landen. Man sagt, Carmita habe einen Revolver bei sich, den sie an den Oberschenkel geschnallt hat.«

Als die nächste Runde Bier gebracht wurde, waren wir gerade mit der Analyse britischer Schriftsteller fertig geworden. Die russischen Erzähler und argentinischen Dichter hatten wir schon abgehakt. Meine Theorie, dass Panamahüte für Ecuadors große Liberale Revolution verantwortlich waren, wurde mit höflichem Beifall quittiert. Während wir planten, die Weltressourcen in Goldbarren aufzuteilen, erzählte ich Norton, wie sehr mich lateinamerikanische Busse faszinierten. »Wissen Sie«, sagte er, »die Frau von Velasco Ibarra« – er war zwischen 1933 und 1972 fünfmal ecuadorianischer Staatspräsident gewesen – »starb in Buenos Aires, als sie im Exil lebten. Als sie versuchte, auf einen überfüllten Bus aufzuspringen, der gerade angefahren war, verfehlte sie das Trittbrett. Velasco selbst starb sechs Monate später. Man sagt, an gebrochenem Herzen.«

Eine nicht mehr ganz junge US-Amerikanerin aus dem mittleren Westen, die auf alle im Ort kursierenden Anekdoten über internationale Begebenheiten so scharf war wie auf Delikatessen, nickte. Sie arbeitete für Earthwatch, eine Tätigkeit, die jedem, der Interesse daran hatte, ein paar Wochen lang irgendwo zu helfen, und das Geld besaß, um dieses Privileg zu bezahlen, offen stand. Von ihrem Büro in der Nähe Bostons bietet die Organisation Earthwatch eine Art Lernferien an. Die »Urlauber« arbeiten ein paar Wochen lang Hand in Hand unter anderem mit Archäologen,

Astronomen, Anthropologen, Kunsthistorikern und Biologen an weltweit fast 80 Schauplätzen und zahlen für dieses Privileg pro Person mehr als 1000 Dollar. Ein Earthwatcher, den ich ein paar Wochen zuvor kennen gelernt hatte, verbrachte zwei Wochen auf den Galápagosinseln, um Schildkröten beim Defäkieren zuzusehen. »Die Earthwatcherin, die wir jetzt haben, ist uns von Nutzen«, räumte Norton ein, »aber mit manchen hatten wir Probleme. Die meisten sind unerfahren und hegen falsche Erwartungen. Manche stehen nur herum und gaffen, als wäre das Ganze ein Zuschauersport. Ein paar lassen sich frustrieren. Im Großen und Ganzen haben wir gute Erfahrungen gemacht, aber seitdem die Leute nur noch ein paar Wochen bleiben, sind sie verschwunden, kaum dass sie sich eingearbeitet haben, und wir können mit jemand Neuem ganz von vorne anfangen. Trotzdem hilft uns ihr Geld enorm weiter. Sie könnten genauso lange arbeiten, wenn sie sich einfach bei mir bewerben würden, aber selbstverständlich weiß das keiner von ihnen.«

Auf dem Rückweg zu der Bruchbude an der Küste, in der ich für anderthalb Dollar ein Zimmer gemietet hatte, hielt mich der Dorfapotheker an, um mir einen guten Abend zu wünschen. Sein Englisch, auf das er sehr stolz war, erinnerte an *Beat the Clock*, eine Fernsehshow, in der ein Kandidat ein Dutzend willkürlich auf einer Magnettafel verteilte Wörter in die richtige Reihenfolge bringen, sprich, einen Satz bauen muss. Der Apotheker schüttelte mir kräftig die Hand, schenkte mir ein Lächeln und sagte: »Entschuldigung, wir werden gestern sein, nicht wahr?«

Wir brachen früh am nächsten Morgen zur Ausgrabungsstätte ein paar Meilen südlich von Puerto López auf. Die Einwohner von Salango, die an das Kommen und Gehen der Teilnehmer dieser internationalen Expedition gewöhnt waren, winkten zur Begrüßung, als die Jeeps vorbeifuhren. Der Ausgrabungsort selbst lag direkt neben einer Sardinenfabrik, die in dieser Ortschaft mit ein paar hundert Einwohnern den einzigen weiteren Erwerbszweig darstellte. Ein Elektrozaun spannte sich um fünf große Löcher, von denen jedes zwischen 90 und 150 Zentimeter tief war. Kellen und Siebe wurden verteilt. Pro Loch wurde eine Schicht von etwa fünf bis zehn Zentimetern Erde auf einmal in einen Eimer geschaufelt und dann immer wieder durch ein Sieb geschüttet. Solide Artefakte wie Keramikscherben oder Teile von Töpferwaren blieben auf dem Sieb liegen, während zerborstene Erdklumpen durchfielen. Sobald ein signifikantes Einzelteil freilag, wurde es beschriftet und zusammen mit anderen Funden, die an derselben Stelle aufgetaucht waren, katalogisiert. Manchmal hatte ein Ausgrabungsteam das Glück, zwei frisch entdeckte Scherben zusammenfügen zu können. Am Vortag hatte die Crew ein Skelett und Überreste einer Steinmauer gefunden, die aus der Valdivia-Kultur datierten, 3000 bis 1500 v. Chr. Andere Funde stammten aus der anschließenden, fünf Jahrhunderte währenden Machalilla-Kultur. Schüsseln, Töpfe und Essgeräte vermittelten einen ungefähren Eindruck davon, wie und was diese prähistorischen Amerikaner gegessen hatten. Die Arbeit schritt langsam voran, unter jeder Erdschicht, die Kelle für Kelle abgetragen wurde, kam eine weitere zum Vorschein, die eine ältere Dekade repräsentierte. Sind diese Erdschichten von archäologischem Nutzen, so lassen sich dadurch, dass sie das Familienleben primitiver Ecuadorianer zeigen, detaillierte Informationen über Tiere und Menschen aus ihnen gewinnen. Bei manchen menschlichen Überresten findet man Musikinstrumente.

Einige der im Museum der Zentralbank in Manta ausgestellten Figuren prähistorischer Costeños trugen einen Kopfschmuck, der mehr als 30 Zentimeter von der Stirn abstand. Es sah aus, als ob sie eine eng am Schädel anliegende Vase aufgesetzt hatten. Könnten dies tatsächlich die ersten aus Toquilla-Fasern geflochtenen Hüte gewesen sein?

Wann immer der Crew in Salango einen echter Fund glückte, kam Clive, der britische Fotograf, herüber, um ein Bild für die Archive zu machen. »Bei einer anderen Ausgrabung hielt sich gewöhnlich ein kleiner ecuadorianischer Junge in unserer Nähe auf«, meinte er zwischen zwei Fotos. »Er stand herum und beobachtete, was vor sich ging. Schließlich engagierten wir ihn für anderthalb Dollar pro Tag für das Herumtragen von Sachen. Dann wurde sein Lohn auf drei Dollar pro Tag erhöht. Er war mit mehr Begeisterung bei der Sache als irgendein anderes Teammitglied.« Clive entschuldigte sich dafür, dass er durch einige Keramikscherben lief. »Ich habe die weltbesten Fotos von den Schweinen hier gemacht«, sagte er, als er zurückkam. »Sie kommen her, um sich in den Schlammmassen zu suhlen, rennen überall die Straßen entlang und werden von Hunden gejagt; sie sind im Haus und drumherum und legen sich auf die faule Haut, wo es ihnen passt. Ohne Schweine läuft hier fast nichts. Ich habe sie sehr genau beobachtet. Glauben Sie, es gibt einen Markt für einen Bildband über die Schweine von Puerto López? Ich würde meine Sammlung gern publizieren.«

Bald zogen alle sich ins Hauptquartier der Ausgrabungsstätte zurück, einen großen Altbau, in dem die Fundstücke der Ausgrabung aufbewahrt wurden und Earthwatch, der Hund der Truppe, lebte. Oben, in den Wohnräumen, machte ich eine eigene Entdeckung: ein Buch mit dem Titel *Manabí* von Marshall H. Saville, der schrieb, dass Toquilla-Fasern so widerstandsfähig seien, weil die Pflanze im salzigen, kalkigen Küstenboden wachse. »Die geschicktesten Hutflechter«, berichtet Saville, »erhalten 75 Golddollar für ihre Arbeit.« Das Buch ist 1907 erschienen.

Am nächsten Morgen nahm ich den Fünf-Uhr-Bus und fuhr wieder nach Guayaquil an die Küste hinunter, wo ich gleichzeitig mit Domingos Strohlieferung von Febres Cordero anzukommen hoffte. Der Bus mit Holzaufsatz und offenem Verdeck hatte fünf Reihen eng hintereinander stehender winziger Bänke. Mir blieb kaum Platz, um meine Beine zwischen die Bänke zu zwängen. Da der Fahrer seine Route auf die Ebbe abgestimmt hatte, konnte er den hart gebackenen feuchten Strand als Piste nutzen. Kam er von dieser Piste zu weit nach links ab, blieben wir in dem weicheren, trockeneren Sand stecken; zu weit rechts setzte die heranströmende Flut unser Gefährt unter Wasser. Als die Dämmerung hereinbrach, kamen wir an Fischern vorbei, die ihre hölzernen Boote hinaus aufs Meer ruderten. Ein erfrischender Sprühregen benetzte mein Gesicht. Ich streckte meine rechte Hand aus und berührte praktisch den Ozean. In diesem Moment wünschte ich mir, in diesem Bus, so unbequem er auch war, durch Peru und Chile und die ganzen 7000 Kilometer Küste bis nach Feuerland hinunter weiterzufahren.

Sternenbanner
und Gelbfieber

Ich kam in Guayaquil an und machte einen Spaziergang am Fluss entlang. Ecuador ist das westlichste Land Südamerikas, und Guayaquil, das auf dem gleichen Meridian liegt wie Miami, ist sein westlichster großer Hafen. Handelsschiffe legten schon immer in Guayaquil an, und in ihrem Kielwasser zog es Seeleute, Glückssucher, Piraten und Diplomaten in die Stadt. 1824, als Guayaquil fast 300 Jahre alt war, und ein Jahr nachdem Präsident James Monroe seine Doktrin verkündet hatte, welche die europäischen Mächte vor einer weiteren Kolonisierung Amerikas warnte, eröffnete das Außenministerium hier ein Konsulat. Es sollte der älteste kontinuierlich besetzte Außenposten der Vereinigten Staaten in Südamerika werden.

William Wheelright, ein Seekapitän aus Neuengland, wurde der erste Konsul. Zum Zeitpunkt seiner Ernennung war er nicht einmal 30 Jahre alt. Auch wenn sich während seiner Amtszeit nichts sonderlich Aufregendes ereignete, prägte Wheelright, der ein unermüdlicher Befürworter dampfbetriebener Motoren war, das Südamerika des 19. Jahrhunderts. Als zwei seiner Dampfschiffe an der chilenischen Küste anlegten, staunte die Zeitung von Valparaíso über die »wuchtigen Schiffe, die sich ohne Segel oder Ruder fortbewegten«. Seine Pacific Steam Navigation Company beherrschte jahrzehntelang den Seehandel. 1850 baute er Südamerikas erste Eisenbahnlinie, eine 40 Kilometer lange Güterzugstrecke durch Chiles Kupferregion.

Vertreter der Vereinigten Staaten brachten Ecuador schon immer ausgeprägte Gefühle entgegen. Delazon Smith, der erste politische Beauftragte der USA in Quito, berichtete, dass er kaum anderes gesehen habe »als Unwissenheit, Trägheit, Niedertracht, Unaufrichtigkeit und Elend bei der großen Masse der Bevölkerung und Selbstsucht, Mangel an Klugheit, gemeinen Ehrgeiz, Habgier und blutrünstigen Rachedurst bei jenen, welche die dumpfe, gedankenlose Mehrheit entweder führen oder knechten. Das Land ist fast so elend wie die, die es bewohnen ... Sie sind so schwach und wehrlos, dass 3000 ausgebildete Soldaten aus den Vereinigten Staaten durch ihre Republik marschieren und jeden Ort, jede Stadt und jede Provinz erobern, einnehmen und halten könnten.«

Matthew Palmer Game, der Mitte des 19. Jahrhunderts Konsul wurde, als der Export von Panamahüten einen zuvor nie gekannten Boom erlebte, war da schon wesentlich liebenswürdiger. Er war ein Abenteurer, der sein Elternhaus in Philadelphia schon mit siebzehn Jahren verlassen und sich Simón Bolívars Revolutionsflotte in Venezuela angeschlossen hatte. In Ecuador fand er schließlich eine zweite Heimat. Während seiner Amtszeit plünderten Walfänger aus Nantucket Ecuadors hoch geschätzte Galápagosinseln, deren strategische Bedeutung so groß war, dass Game anregte, die Vereinigten Staaten sollten die Inseln als Bunkerstation annektieren. Auch wenn nichts aus dieser Idee wurde, handelte es sich doch um den ersten von vielen inoffiziellen Vorschlägen beider Länder hinsichtlich der Besitzverhältnisse am Archipiélago de Colón, wie die Inseln offiziell heißen. Hauptsächlich hatte Game sich jedoch mit schwierigen Kapitänen, Matrosen und Kaufleuten aus den Vereinigten Staaten abzugeben. Die Kinder und Kindeskinder seiner beiden ecuadorianischen Familien bilden einen großen Familienverband, der immer noch jedes Jahr Games Grabstätte auf der Insel Puná im Golf von Guayaquil einen Besuch abstattet.

Als US-Konsul der Vereinigten Staaten in Guayaquil zu amtieren war nicht gerade ein Traumjob, gleichgültig, ob dieser Posten mit einem Berufsdiplomaten oder einem Geschäftsmann besetzt wurde, der bereits im Land lebte. Nach den Kommuniqués zu urteilen, die die Amtsinhaber nach Washington und anderswohin schickten, hatten sie fürchterliche Lebensbedingungen, eine quälend langsame Kommunikation mit der Außenwelt und ein Land zu ertragen, dessen Regierung mit alarmierender Schnelligkeit zu wechseln schien.»Yellow Jack«, wie das gefürchtete Gelbfieber genannt wurde, war nur eine der vielen Krankheiten, die hier grassierten. Die Schiffe, die Post und Versorgungsgüter aus dem Ausland brachten, pflegten Guayaquil während solcher Epidemien einfach zu meiden. Manchmal beanspruchten zwei oder mehr militärische Splittergruppen in verschiedenen Landesteilen gleichzeitig die Oberhoheit, und den Diplomaten blieb nichts anderes übrig, als zu warten, bis sich der Sturm gelegt hatte, und dann zu entscheiden, mit welcher dieser Gruppen sie verhandeln wollten. In der Zwischenzeit verbrachten sie unglaublich viel Zeit damit, dafür zu sorgen, dass die *Stars and Stripes* über dem Konsulatsportal auf dem Malecón wehten.

- »Ich bitte höflichst, dem Außenministerium mitzuteilen, dass dieses Konsulat dringenden Bedarf an einer neuen, großen Flagge hat; die im vergangenen Frühjahr gesandte Flagge war so fadenscheinig, dass sie der Wind schon nach einem Monat in Fetzen riss.« Louis V. Prevost, November 1862.
- »[Diese] Stadt befindet sich seit 15 Tagen in einem fortdauernden Unruhezustand. Die revolutionären Elemente in dieser Regierung ... bereiten gerade einen Angriff auf Guayaquil vor. Sie haben bereits einen kleinen Dampfer beschlagnahmt..., der einem amerikanischen Staatsbürger gehört und unter amerikanischer Flagge fährt ... Ich halte es für absolut notwendig, dass ein Kriegsschiff in und vor unserem Hafen kreuzt, um amerikanischen Besitz und amerikanische Interessen zu schützen.« Prevost schrieb dem Marinebefehlshaber der Vereinigten Staaten in Peru, August 1864.

- Wiederholte Bitte um eine Fahne. Prevost, Februar 1866.
- Fahne wird genehmigt. Juni 1866.
- Eine weitere Fahne wird angefordert. Charles Weile, September 1872.
- Anforderung wird wiederholt. Weile, Juni 1873.
- »Gerade erhielt ich die erschreckende Nachricht ... von einem Attentat auf Präsident García Moreno ... Die Verletzungen, die man ihm beibrachte, sollen äußerst schwer wiegend und, so steht zu befürchten, vermutlich tödlich sein ... Die politische Lage ist ernst, und im Kampf um die Macht ... wird Bürgerkrieg die unvermeidliche Folge sein.« Weile, August 1875.
- »Dieses Konsulat besitzt keine große Flagge, die, die gerade in Gebrauch ist, ist alt und verschlissen.« Phanor M. Eder, April 1878.
- »[Das] Gehalt ist unzureichend, und die klimatischen Verhältnisse sind der Gesundheit nicht zuträglich. Ich hatte schon zweimal das Fieber ... und meine ganze Familie wurde ebenfalls heimgesucht.« Alexander McLean, Mai 1880.
- »Meine Frau und meine vier Jungen haben am Fieber gelitten, und als sie kaum genesen waren, zog einer meiner Söhne sich die Blattern zu, und meine Frau steckte sich bei seiner Pflege an.« McLean, vier Monate später.
- »Unglücklicherweise erkrankte ich hier an Gelbfieber ...« Eder in seiner zweiten Amtszeit, 1881.
- Ecuador exportiert in diesem Jahr 281 616 Toquilla-Strohhüte. Konsulatsbericht des Jahres 1881.
- »Da ich in ganz Ecuador niemanden finden konnte, der den Titel des Präsidenten oder einen anderen das Regierungsoberhaupt bezeichnenden Titel trug, um ihm mein Beglaubigungsschreiben zu präsentieren ...« Martin Reinberg in seiner Erklärung, warum er sein Akkreditiv dem städtischen Zolleinnehmer übergab, August 1883.

- »Die Flagge verschleißt langsam, man sollte eine neue, 16 Fuß lange schicken.« Horatio N. Beach, Juni 1885.
- »Ich musste feststellen, dass das Mobiliar alt und wurmstichig ist und sich in einem Zustand befindet, der unserem Ruf nicht zuträglich ist.« William B. Sorsby, Juli 1891.
- »Seit einigen Wochen leide ich nun schon an den Folgen eines Fiebers, und mein Arzt rät mir zu einem Klimawechsel.« Sorsby, Februar 1893.
- »Leben und Interessen amerikanischer Staatsbürger bedroht. Seestreitkräfte unbedingt erforderlich. Präsidentschaftswahl vom 28. bis 31. Mai. Telegrafenleitungen nach Quito gekappt.« Erneut Reinberg, Mai 1895.
- »Was die durchschnittlichen Zeitungen von Guayaquil an Absurdem oder Anstößigem veröffentlichen, überrascht mich schon lange nicht mehr.« Perry M. De Leon, August 1901.
- »Es drängt mich, Ecuador zu verlassen. Ich bin das Land und die Leute leid und empfinde immer weniger Sympathie und Respekt für sie ... Die Eingeborenen, die, so glaube ich, zu 95 Prozent Indios oder Mischlinge sind, sind im Allgemeinen ungebildet und zu träge, um ihre Lage zu verbessern. Die Angehörigen der so genannten besseren Kreise sind mir inzwischen fast genauso verhasst. Von wenigen Ausnahmen abgesehen, verkehre ich so wenig wie möglich mit ihnen.« De Leon, drei Tage später.

De Leons Wunsch ging in Erfüllung, als der Präsident Theodore Roosevelt beschloss, Thomas Nast, den berühmten politischen Karikaturisten, zum Konsul zu berufen. Nasts Kreuzzug gegen die Korruption und seine Zeichnungen vom demokratischen Esel und republikanischen Elefanten hatten ihm einen Platz in der vordersten Reihe der modernen politischen Karikaturisten gesichert. Da er wusste, dass Nast, inzwischen 62 Jahre alt, gerade eine harte Zeit durchmachte, schrieb Roosevelt, er »halte es für eine nationale Pflicht, etwas für den tapferen alten Burschen zu tun«. Sein Außenminister offerierte Nast das Amt mit den Worten: »Der Präsident würde es gern Ihnen übertragen, aber wenn Sie denken, es sei zu abgelegen und biete einem Mann mit der Seele eines Künstlers wenig Erfreuliches, sagen Sie es bitte offen ...« Nast nahm an.

Wenig später schickte er dem Außenminister eine Skizze, die ihn selbst mit Tasche und Golfschlägern zeigte. »Geben Sie das Zeichen, und ich gehe«, lautete die Bildunterschrift. In seiner Abschiedskarikatur im *New York Herald* trifft er gerade am Äquator ein, während der Vulkan Cotopaxi ausbricht, Alligatoren und Dinosaurier umherschleichen und in drückender Hitze ein Totenkopf aus einer Schachtel mit der Aufschrift »Yellow Jack« emporschwebt.

Vor Nasts Akkreditierung im Juli 1902 hatte die Lokalpresse laut seinem Biografen Albert Bigalow Paine ihre Leser aufgefordert, sich gegen die Leute zu erheben, die aus den Vereinigten Staaten geschickt wurden. Nast gelang es jedoch, sie durch eine Reihe freundlicher Karikaturen, die auf der ersten Seite des Abendblatts *La Nación* abgedruckt wurden, für sich zu gewinnen. Eine zeigte ihn, wie er am 9. Oktober, dem Unabhängigkeitstag Guayaquils, vor dem Konsulat die Flagge der Vereinigten Staaten hochhielt und »*Viva el Nueve de Octubre!*« rief. In einer anderen Karikatur machte sich Nast über die Krönungsfeierlichkeiten des britischen Königs Edward VII. lustig, und eine dritte feierte die erste Fahrt der Eisenbahn ins Landesinnere.

In seinen Briefen an seine Frau schilderte Nast die Zustände, die er vorgefunden hatte. »Mäuse, Ratten, Moskitos, Flöhe, Spinnen und Schmutz gedeihen hier prächtig. Wasser ist knapp«, heißt es in einem Brief. »Ich hoffe nur, dass ich meinen Lebensabend an einem anderen Ort verbringen kann. Es ist so schon schlimm genug, auch ohne dass ich hier begraben werde«, schreibt er ein anderes Mal. »Die ›Besten‹, wie man so schön sagt, sind bereits am Gelbfieber gestorben. Die Dampfer legen nicht mehr hier an. Sie fahren weiter Richtung Süden. Das beunruhigt die Menschen hier nur noch mehr.« Nast vertrieb sich die Zeit damit, in der *Encyclopaedia Britannica* zu lesen und zu zeichnen. Wenn er aus seiner Tür blickte, sah er Hunde, »schmutzig, ausgehungert, wild«. Seinen Briefen legte er Zeichnungen von Straßenverkäufern bei, die Panamahüte feilboten. Den Kaffee fand Nast »abscheulich. Je näher man der Gegend kommt, in der er angebaut wird, desto übler wird er zubereitet.« Eine Woche später fügte er hinzu: »… heißes Wasser ist hier unbekannt, wenn man vom Kaffee absieht, der fast nur aus Wasser besteht.« Eine weitere Woche verging. »Ich musste mir einen Kaffeekessel besorgen. Schlimmer und schlimmer. Ertrug es nicht länger. Ein Spirituskocher besorgt das Kochen.«

Im November klagte er: »… meine Glieder sind steif und verkrampft«. Ende des Monats setzte die Übelkeit ein. Am 7. Dezember 1902, nicht einmal fünf Monate nach seiner Ankunft, erlag der große Karikaturist viele tausend Kilometer von seiner Heimat entfernt dem Gelbfieber. Unter seinen Hinterlassenschaften fanden sich ein Porträt des Industriellen J. P. Morgan, Reitkleidung, drei Panamahüte und ein Revolver.

Alfaro lebt

Thomas Nasts kurze Amtsperiode fiel in die Ära der rasanten Reformen im Rahmen von Eloy Alfaros Liberaler Revolution. Obwohl der General aus Montecristi vorübergehend nicht an der Macht war, hatte er starken Einfluss auf die in seinem Land bewirkten Veränderungen. Er verbrachte seine Zeit damit, zwischen Quito, wo er Leonidas Plaza Gutiérrez als Präsident eingesetzt hatte, Guayaquil, seinem Basisstützpunkt, und Mittelamerika, wo er noch Geschäftsbeziehungen unterhielt, hin und her zu fahren. Seinen Sohn Olmedo schickte er zur US-Militärakademie in West Point, doch nach einem Jahr schied Offiziersanwärter Alfaro aus dem Dienst und fuhr nach Europa. Wenn Eloy in Guayaquil war, wohnte er oft bei seiner verheirateten Tochter in Las Peñas, einem kleinen Viertel, das so nah am Guayas lag, dass Wasserstrudel an den Rückwänden der Häuser hinaufleckten. Eloy Avilés Alfaro, der Enkel des Revolutionshelden, lebt noch heute im Haus seines Großvaters in der Calle Numa Pompillo Llona.

Das Haus von Eloy Alfaros unverheiratetem Enkel ist voller Erinnerungen und Andenken. Er geht auf die 70 zu und hat es in weiten Teilen so belassen, wie es war, als sein Großvater darin wohnte. Er erschien im Unterhemd an der Tür, um mich zu begrüßen. Der groß gewachsene Mann mit Glatze und Sommersprossen im Gesicht ließ mich in einem sechs Meter hohen Salon mit Blick auf den Fluss Platz nehmen. Man musste ihn nicht lange bitten, seine Familiengeschichte zu erzählen.

»Mein Großvater war in eine Frau aus Panama verliebt, deshalb kehrte er immer wieder dorthin zurück, um *sombreros de paja toquilla* zu verkaufen, aber auch, um sie zu treffen. Meine Mutter lebte in verschiedenen Ländern Mittelamerikas, je nachdem, in welches Exilland es die Familie verschlug. Als mein Großvater Präsident wurde, zog er mit der ganzen Familie wieder hierher. Der Raum, in dem wir jetzt sitzen, war Wohnzimmer und Bibliothek zugleich. Das Esszimmer befand sich unten, und die Bediensteten wohnten auf dem Dachboden. Heute vermiete ich das Dach- und Erdgeschoss. Ein paar Dinge von historischem oder ideellem Wert haben wir noch, Fotografien zum Beispiel, aber alles wirklich wertvolle wurde gestohlen.« *El nieto*, der Enkel, holte die Jacke und den Hut einer Militäruniform aus einem Wandschrank. »Das ganze Silber ist weg. Nur die Jacke ist übrig geblieben. Dieses Möbel hier« – er pochte auf einen alten Kabinettschrank – »stammt von meinem Großvater. Und hier oben« – er langte auf den Schrankdeckel – »liegen sein Säbel und sein Stock. Der Stock ist auf allen offiziellen Fotografien zu sehen. Als mein Großvater ein Auslandsdarlehen zurückzahlte, erhielt er unerlaubterweise eine Provision. Das war schon immer so gewesen. Er schickte das Geld zurück und bekam stattdessen dieses Teeservice aus Sterlingsilber.« Er forderte mich auf, einen Blick auf das elegante Essgeschirr zu werfen, das mit dem Landeswappen und den Initialen seiner Großmutter Ana verziert war.

Wir sprachen weiter über seinen Großvater und die Liberale Revolution, die sein Heimatland verändert hatte. »Die katholische Kirche behauptete seinerzeit, mein Großvater sei ein Atheist. Als Nichtkatholik gehörte man damals nicht zum Bürgertum. Punkt. Fest steht aber auch, dass ein Atheist sich niemals so verhält, wie mein Großvater es tat. Er hatte ganz einfach etwas gegen Priester, welche die Kirche als Schauplatz für ihr Gerangel um eigene Vorteile missbrauchten.« General Alfaro wurde vom papistischen Mob umgebracht, nachdem er verhaftet und in Quitos Hauptgefängnis gebracht worden war. »Sie drangen ins Gefängnis ein und schleiften ihn durch die Straßen. Sein Körper wurde in ein *hoguera bárbara* geworfen«, auf barbarische Weise verbrannt.

»Meine Mutter führte ihren Vater immer als Beispiel an. Kaum ein Tag verging, an dem er nicht erwähnt wurde. An Karfreitag hatte er immer zwölf Bedürftige zum Abendessen eingeladen. Meine Mutter erhielt diese Tradition aufrecht. Da die Leute so arm und alt waren, waren manche von ihnen nicht sehr sauber, und wir wollten sie nicht bedienen. Doch meine Mutter sagte, wir sollten Gott danken, dass wir unser Essen teilen konnten. ›Ihr müsst bescheiden sein und sie bedienen, denn eines Tages kann das Blatt sich wenden.‹ Jetzt führe ich diese Tradition weiter.«

Dies schien mir ein günstiger Zeitpunkt für die Darlegung meiner hirnrissigen Theorie über Panamahüte und die Liberale Revolution zu sein. Niemals mehr würde ich so nah an der Quelle sitzen. Wenn *el nieto* die Theorie unterstützt, dachte ich, habe ich meinen Beitrag zur Geschichtsschreibung Ecuadors geleistet. Wenn nicht, lasse ich es damit gut sein, wie so viele Leute mir schon geraten hatten. »Und so scheint es mir auf der Hand zu liegen«, sagte ich, mich nach vorne lehnend, »dass Panamahüte verantwortlich sind für die große Liberale Revolution, die Ihr berühmter Großvater anführte.« (In Lateinamerika spreche man von erfolgreich verlaufenen Revolutionen und toten Großvätern immer im Superlativ.) »Richtig?«

Eloy Avilés Alfaro schwieg zunächst für eine Weile. Ich hatte ein Gespräch in andere Bahnen gelenkt, das er im Laufe der Jahre schon Aberhunderte Male geführt haben musste. »Nun, ja«, sagte er schließlich, »es stimmt, dass er mit dem Verkauf von Montecristi-Hüten in Panama ein Vermögen gemacht hat. Außerdem warf er für die Revolution alles zum Fenster raus, indem er Schiffs- und andere Projekte finanzierte. Also ja« – sein Mund verzog sich zu einem kauzigen Grinsen –, »Sie haben Recht. Unter diesem Gesichtspunkt habe ich es noch nie betrachtet.«

El nieto goss uns Drinks ein. »Im Jahr 1896 stand hier alles in

Flammen. Die Stadt war damals sechs von zwölf Monaten ein einziges Pulverfass, und gewöhnlich brannte alle 20 bis 30 Jahre alles nieder. Nach dem Feuer von 1896 wurde Guayaquil originalgetreu wieder aufgebaut. Damals war der Kolonialstil dominierend, die Straßen vor den Häusern waren gepflastert. Direkt bei Las Peñas gediehen Wildpflanzen – Heilpflanzen und -kräuter und Chinarindenbäume. Ein tuberkulosekranker Mann konnte sich mithilfe der hiesigen Kräuter so weit kurieren, dass die Leute ihn zu konsultieren begannen. Er wurde ein berühmter *curandero*« – ein Heiler – »und stellte Betten zur Krankenpflege auf. Leute aus der Stadt bauten hier Häuser für die Regenzeit, wenn die Gelbfieberepidemien am heftigsten wüteten. Hier war es kühler als mitten in der Stadt.«

Gelbfieber, Malaria, die Hakenwurmkrankheit, Ruhr, Beulenpest, Typhus und andere Erkrankungen suchten Guayaquil regelmäßig heim. Das Fehlen von Rinnsteinen, Bürgersteigen, einer Kanalisation und Frischwasser begünstigte die Ausbreitung der Krankheiten; viele Straßen standen das halbe Jahr lang fußtief unter grünem, schlammigem Wasser. Moskitonetze waren vorgeschrieben. Ratten rannten unbehelligt durch die größten Häuser, oft schleppten sie brennende Kerzen fort, um sie in ihren Bauen geräuschvoll aufzufressen. Als der Bau des Panamakanals Fortschritte machte, übten die Vereinigten Staaten diplomatischen und ökonomischen Druck auf Ecuador aus, um eine Gesundheitskampagne in Guayaquil zu erzwingen. Wenn ihr jetzt nicht in unserem Sinn handelt, lautete die versteckte Drohung, werden Schiffe, die durch den Kanal gefahren sind, vor unserer Küste mit Quarantäne belegt. General Alfaro forderte zur Unterstützung der US-amerikanischen Pläne auf, doch erst als ein privates Medizinerteam der Rockefeller Foundation eintraf, war die für kurze Zeit drohende Säuberung einer ecuadorianischen Stadt durch Ärzte der US-amerikanischen Regierung abgewendet.

»Als mein älterer Bruder Colón Konsul in San Francisco war,

zog ich zu ihm und studierte an der Universität in Berkeley«, fuhr Avilés fort. »Ein paar Jahre lang habe ich in einer Konservenfabrik gearbeitet. Als ich zurückkam, ging ich ins Import-Export-Geschäft und arbeitete für die Union Oil Compagny of California. Im Zweiten Weltkrieg bin ich in die Staaten zurückgekehrt, um mich bei der Air Force zum Piloten ausbilden zu lassen.«

Sr. Avilés nahm seine Bifokalbrille ab und bat mich, ihm den in englischer Sprache verfassten Brief eines europäischen Forschers vorzulesen, der am Vortag angekommen war. Er war adressiert an den »Enkel von Eloy Alfaro, Guayaquil, Ecuador«. »Wissen Sie, eigentlich hat die Familie keinen Anspruch mehr auf den Namen Alfaro. Er gehört dem Land. Politische Parteien, Schnapsläden und Schulen benutzen ihn. Bei der letzten Präsidentenwahl habe ich den Kandidaten der Radical Alfaro Front unterstützt. Ich habe bei der Eröffnung einer nach unserer Familie benannten Wohnbaugenossenschaft gesprochen und angekündigt, im Falle, dass dieses Projekt genauso korrupt ausginge wie alles andere, einen Antrag auf Namensänderung einzureichen.« Eine im Entstehen begriffene Guerillatruppe, welche die Ziele der Liberalen Revolution durch jahrzehntelange Oligarchie verraten sieht, hat sich ebenfalls des Familiennamens bemächtigt: »*Alfaro Vive Carajo*« – was frei übersetzt heißt: »Alfaro lebt, ihr Hurensöhne«.

El nieto ging, um seine Abendgarderobe anzuziehen, und ließ mich am Fenster zurück. Eine sanfte Brise wehte vom Guayas herüber, und das Geräusch des an der Mauer entlangplätschernden Flusses legte über alles einen heiteren Zauber. »Meine Mutter sagte, dass sie von diesem Fenster aus oft Piratenboote gesehen hat«, rief Avilés aus dem Nebenzimmer herüber. »Gewöhnlich sahen wir Passagierschiffe und Öltanker auf dem Fluss. Lastkähne beförderten Melasse, die von den Bauern im Inland stammte. Der Fluss war nahezu ihr einziger Transportweg. Vom Balkon aus können Sie Schwalben und Schwärme von Kleinpapageien beobachten. An klaren Nachmittagen wird für etwa 20 Minuten der Chimborazo sichtbar. Die schneebedeckten Gipfel sind von der Sonne rot und gelb gesprenkelt. In der Regenzeit können wir die Schatten der Anden sehen.«

Mein Gastgeber kam frisch rasiert und in einem frisch gebügelten weißen Hemd aus dem Nebenzimmer. Als Manschettenknöpfe benutzte er Knöpfe von der Militäruniform seines Großvaters. »Folgen Sie mir. Ich möchte Ihnen etwas zeigen.« Wir gingen zurück in sein Schlafzimmer, wo eine Hängematte zwischen zwei Wänden baumelte, und er zog vorsichtig eine Plastiktasche von einem Regalbrett herunter. »Das ist mein Panamahut. Er stammt aus demselben Ort wie mein Großvater.« Ich bewunderte sein Kopfteil mit Schmuckband und das engmaschige Geflecht. »Nun ja, ich habe ihn eine Weile nicht getragen.«

Wir setzten uns wieder ans Salonfenster. »Jedes Jahr am 9. Oktober lade ich ein paar Freunde ein, um Guayaquils Unabhängigkeit zu feiern. Wir schöpfen eine Tasse Wasser aus dem Fluss und trinken im Gedenken an meinen Großvater.« Ich erinnerte mich daran, dass ich bei Edward Whymper, der in ganz Ecuador berühmt war, weil er in den 1890er-Jahren die schwierigsten Gipfel des Landes erklommen hatte, und in William E. Curtis' Jahrhundertwendebericht *Between the Andes and the Ocean* etwas über Krokodile im Guayas gelesen hatte. Whymper schrieb, dass die Nähe der Krokodile »die Einheimischen ... offenbar nicht beunruhigt, obwohl sie zugeben, dass [die Tiere] gelegentlich leichtsinnige Kinder verschlingen«. Curtis hatte Guayaquileños gesehen, die – bis auf ihre wagenradgroßen Hüte aus Toquilla-Stroh und lange Messer zwischen den Zähnen splitternackt – Krokodile aus ihren Verstecken im Guayas jagten. »Sie schwimmen zwischen den Krokos rum, und wenn eins der Reptile die Kiefer aufsperrt und sich nähert, taucht der Schwimmer schnell unter, lässt dabei seinen Hut auf der Wasseroberfläche schwimmen, damit das Krokodil etwas zum Beißen hat, und stößt das Messer in die lebenswichtigen Organe des Monsters.« Avilés schien über die Schilderung amüsiert, glaubte aber nicht, dass von den Krokodilen oder ihren Jägern gegenwärtig irgendeine Gefahr ausginge. »Wir haben hier eine Redensart: ›Lieber mein Hut als mein Körper.‹«

Wie die anderen Guayaquileños, die ich kennen lernte, ärgerte sich Avilés darüber, wie die Regierung in Quito seine Stadt behandelte. »Die Landesregierung missbraucht uns. 80 Prozent des Landeseinkommens werden hier erzielt, und was bekommen wir? Vielleicht fünf Prozent davon. Wir sollten 20 Prozent an das Land abführen und 80 behalten, um etwas für unsere Stadt zu tun. Die Leute hier sind desillusioniert. Egal, wie hart sie arbeiten, fast das ganze Geld geht nach Quito. Die *serranos* werden sauer auf uns. Tja, ich bin stolz darauf, ein *mono* zu sein. All das Geld, das der Staat aufgrund seines Monopols mit Öl verdient, landet auf Schweizer Bankkonten. Dies ist ein herrliches Land mit einem wunderbaren Klima. Das ganze Jahr über haben wir Obst und Gemüse. Aber die Menschen sind nicht gut. Sie wollen einem so viel Geld aus den Rippen leiern wie nur möglich.«

Ungefähr 40 Häuser säumen die schmale Straße von Las Peñas. Das Viertel gleicht in vielerlei Hinsicht den vornehmeren Straßenzügen von Georgetown in Washington D.C. in ruhigeren Tagen. Zu Ehren der vier ecuadorianischen Präsidenten, die hier lebten, wurden Gedenktafeln angebracht. Abgeschirmt von dem Lärm und dem Verkehr, die für den Rest der Stadt charakteristisch sind, hat Las Peñas seine architektonische Integrität und Würde bewahrt. »Die Leute hier wollen nicht, dass das Viertel vor lauter Kommerzialisierung etwas Vulgäres bekommt. Ich möchte, dass ein paar Familien hier leben wie in alten Zeiten. Vielleicht könnten einige kleine Restaurants, Kunstgalerien und Antiquitätenläden hier eröffnen, aber das soll in der Umgebung nicht bekannt werden, damit hier kein Touristenmekka entsteht, das zum Trinken und zu öffentlichen Skandalen einlädt.« Zu diesem Zweck leitet Avilés das Komitee für die Erhaltung und Entwicklung von Las Peñas und Cerro Santa Ana, dem benachbarten, dicht bevölkerten

Unterschichtsviertel. »Wir kämpfen darum, die Umgebung zu erhalten. Die Reichen besitzen Häuser in Las Peñas, doch viele lassen sie zerfallen, damit sie Wolkenkratzer bauen können und noch mehr Geld verdienen. Sie sollten ein wenig Bürgerstolz haben und zum Schutz dieser Gegend beitragen. Wenn ein Mensch, ob reich oder arm, intelligent oder nicht, keine Tradition hat, dann hat er nichts. Die einzige Tradition, welche die Menschen hier pflegen, ist *ichingo!* – der Klang des Geldes. Wer diesen Klang hört, schaut hin. Genau das wollen alle hier. Das ist ihre Tradition.«

Der Enkel fuhr fort mit seinem Bericht: »Die Straße runter wohnt ein Mann, der die Fassade seines Hauses umgestalten und ein altes Appartement in eine Garage umbauen will. Das hieße mehr Autos auf der Straße und wäre schrecklich. Er sagte, er habe eine Genehmigung von der Stadt, aber ich habe das überprüft, und er hatte keine. Ich reichte eine *denuncia* gegen ihn ein« – eine Art Zivilklage –, »und er wurde wütend. Er drohte, mein Haus zu demolieren und mich mit dem Messer aufzuschlitzen.«

Avilés brachte einen edlen Glasflakon mit Eau de Cologne Jean Marie Farina herbei, abgefüllt von Roger et Gallet. Er war halb voll. »Meine Großeltern benutzten es, und meine Eltern ebenso. Es riecht rein und zugleich frisch.« Er zog ein akkurat gefaltetes Taschentuch aus der obersten Schublade einer dunklen Holzkommode und befeuchtete es mit ein paar Tropfen des französischen Parfüms, das Revolutionsgeneral Eloy Alfaro höchstpersönlich gehört hatte. Mit einer majestätischen Geste reichte er es mir: »Hier. Jetzt gehören Sie zum Alfaro-Clan.« Als wir aus der Tür traten, steckte er eine Derringer in die Tasche. »Man kann nie wissen heutzutage. Dieser Kerl hat mich bedroht, und Cerro Santa Ana ist ein raues Viertel.« Er klopfte auf seine Tasche. »Zurzeit nehme ich sie überallhin mit.«

Zweiter Teil

Auf dem Markt

Der mit Domingos Toquilla-Fasern fast bis zum Platzen gefüllte Sack war vor mir in Guayaquil angekommen. Er war zusammen mit einem Dutzend anderer Säcke aus Febres Cordero und einigen Nachbardörfern auf einen Lastwagen geladen und zu Victor González' Bodega nahe der Kreuzung Colón/Pedro Moncayo transportiert worden. Das Lagerhaus, das González sich mit einem Zwischenhändler aus der Getreidebranche teilte, lag in einer lauten, betriebsamen Gegend voller muskelbepackter Männer, die schwere Karren schoben, giftiger Dämpfe, schwitzender Arbeiter, barfüßiger Indianer, Busladungen von Neuankömmlingen vom Land, Zeitungsverkäufer, grobknochiger Frauen, die Schalen mit Früchten auf ihren Köpfen balancierten, und erfüllt mit dem Geschrei vernachlässigter Straßenkinder. An den meisten Kreuzungen gab es weder Ampeln noch Stoppschilder; eine Kreuzung zu überqueren kam jedes Mal einer Mutprobe gleich. Fußgänger schlängelten sich durch den rollenden Verkehr und umrundeten hier ein Taxi, dort einen Lastwagen. Die wenigen funktionierenden Ampeln lieferten eine schöne Definition der ecuadorianischen Nanosekunde: die Zeitspanne zwischen dem Augenblick, in dem eine Ampel auf Grün schaltet, und dem Augenblick, in dem der erste Fahrer seine Hupe betätigt. González zeigte auf das Stroh aus Febres Cordero. »Das geht morgen per Bus nach Cuenca«, brüllte er durch das Getöse hindurch. »Ich fahre mit demselben Bus, falls das möglich ist.«

Ein paar Tage später brachte Victor González die gebündelten

Toquilla-Fasern in sein Haus in Cuenca und lagerte sie im Erdgeschoss, in einem Raum auf der Vorderseite des Gebäudes. Gemeinsam mit einer Hand voll weiterer Zwischenhändler versorgte González Zehntausende von Flechterinnen und Flechtern in Cuenca und Umgebung mit dem Rohmaterial für ihren Broterwerb. Wie das Stroh von der Küste verteilt wird, hängt von der verfügbaren Menge ab, die wiederum von der Infrastruktur, dem Klima, dem Arbeitskräftepotenzial und den Preisen beeinflusst wird. Um das *paja toquilla* zu den Flechtern zu bringen, hatten Victor und seine Kollegen ein zugleich einfaches und wohl durchdachtes System entwickelt.

Die wichtigste Schleuse in diesem Verteilungssystem sind die wöchentlich stattfindenden Märkte, die von praktisch allen Flechtern aufgesucht werden, um die Hüte zu verkaufen, die sie in der Woche zuvor geflochten haben, und Rohfasern für die folgende Woche zu erstehen. Die *feriu de paja*, die fast immer in Verbindung mit einem größeren Markt abgehalten wird, ist eine Art inoffizielle Versammlung von Indianern, Campesinos, *cholos* (nichtindianischen Kleinbauern) und anderen, die dort Lebensmittel und Vorräte für die kommende Woche kaufen und verkaufen. Und, was noch wichtiger ist: Die *feria* bringt für einen geschäftigen Tag pro Woche Kleinhändler, Flechter und Bauern zusammen, die Vieh züchten und auf dem fruchtbaren Teil ihres steinigen Landes Feldfrüchte anbauen. Neuigkeiten und Gerüchte machen unter Verkäufern und Käufern, Händlern und Kunden die Runde. Immer häufiger sieht man Frauen in Hosen, die meisten allerdings tragen immer noch den traditionellen weiten, wadenlangen Rock, dessen Saum mit bunter Stickerei verziert ist. Die Röcke heißen *cholas* – wie die Frauen, die sie tragen. In Banden operierende Taschendiebinnen sind auf dem großen Markt von Cuenca nichts Ungewöhnliches; meist arbeiten drei *cholas* zusammen: Zwei rempeln einen Marktbesucher an und lenken ihn ab, während die dritte den Geldbeutel des nichts ahnenden Opfers aufschlitzt und das Geld herauszieht.

Toquilla-Stroh, das von der Küste kommt, wird von Cuenca aus per Lastwagen nach Azogues, Sígsig, Biblián und in kleinere Städte transportiert. Wenn es den Wochenmarkt erreicht, ist das in Febres Cordero und anderen Küstendörfern gebündelte Stroh bereits in drei Qualitätsstufen sortiert und in kleinere Partien aufgeteilt worden. Etwa 3000 *tallos* – trockene Palmwedel, jeder mit ungefähr einem Dutzend Blattfasern an einem gemeinsamen Stiel – ergeben einen *bulto*. Victor González hat etwas mehr als anderthalb Pennys für jeden *tallo* bezahlt. Für fast zwei Cents pro *tallo* verkauft er sie weiter. Sein Profit – die Ausgaben für sein Lagerhaus in Guayaquil und Transportkosten für das Stroh und für seine eigenen Fahrten nach Cuenca sind noch nicht abgezogen – liegt bei ungefähr 13 Dollar pro *bulto*.

Jeden Donnerstagmorgen kommen sie mit ihren Erzeugnissen, ihren Kindern und manchmal sogar mit ihren Tieren auf dem Rücken vom *campo* – Indianer und *cholos* auf ihrem mühseligen Marsch nach Cuenca. Sie strömen von den Hügeln herunter und aus den Tälern und zerfurchten Höhenzügen der Anden, sie halten Busse und Lastwagen an, die in Richtung Stadt fahren. Die meisten, selbst die Kinder, tragen lacküberzogene Panamahüte.

Der erste Eindruck vom Strohmarkt in Cuenca trügt. Selten sieht man dort mehr als 75 Menschen zur gleichen Zeit, doch es herrscht ein ständiges Kommen und Gehen. Frauen sitzen hinter kleinen Strohhaufen auf dem Boden und verhandeln mit Flechtern und Flechterinnen, die ihren Wochenvorrat kaufen wollen. Mit dem scharfen Blick eines Juweliers prüfen die Flechter das Stroh in jedem Haufen jeder Verkäuferin. Sie achten auf den Feinheitsgrad, die Länge und Färbung des Strohs und auf Fehler. Erst ziehen sie vorsichtig an den Enden der Fasern, um deren Stärke und Geschmeidigkeit zu prüfen, dann testen sie sie auf ihre Flexibilität. Da sie wissen, dass ihr Einkommen der nächsten Tage von diesem Kauf abhängt, befühlen, ja streicheln sie das Stroh fachmännisch (die Wendung *hacerse la paja*, wörtlich: »sich selbst das

Stroh machen«, ist tatsächlich ein Slangausdruck für »masturbieren«).

Eine 1,20 Meter große *chola* mit einer Plastiktüte voller Eier in der Linken und einem Korb voll Früchten auf dem Rücken kniete barfuß vor einem Haufen *paja* wie vor einem Altar. Da es erst sieben Uhr morgens war, konnte sie noch aus einem reichhaltigen Strohangebot wählen. Nachdem sie die Hälfte der angebotenen Fasern mit ihren schmutzigen Fingern befühlt hatte, handelte sie mit einer Verkäuferin den Preis für fünf *tallos* aus – genug, um einen einfachen Panamahut zu flechten. Da es ihr nicht gelang, den Preis von zweieinhalb Cents das *tallo* zu drücken, kramte sie schließlich in ihrer Börse nach Kleingeld. Während der gesamten Transaktion war ihr Gesicht vollkommen ausdruckslos geblieben. Sie hatte einen sechsjährigen Jungen mit den Gesichtszügen eines Greises bei sich, der die Tüte mit den Eiern nahm, als sie aufbrachen.

Azogues, die Hauptstadt der Provinz Cañar, liegt gut 45 Fahrminuten nordöstlich von Cuenca. Es ist Ecuadors Krähwinkel, die Kleinstadt schlechthin, ein Ort voller träger Bauerntrottel. In dieser Provinz, heißt es, wird mehr Alkohol als Milch getrunken. Samstags herrscht reger Betrieb an jeder Straßenecke und auf dem städtischen Markt. In einem fort laden Lastwagen, die vom Land kommen, ihre menschliche Fracht ab und auf. Ein geradezu unanständig betrunkener *cholo* in dunklem Anzug und Filzhut kam mit einem Neigungswinkel von ungefähr 45 Grad die Hauptstraße heruntergetorkelt. Er hatte seinen rechten Arm um den Hals seiner Frau geschlungen, die ihn Schrittchen für Schrittchen voranzerrte. Mit glasigem Blick aus einem wässrigen Auge starrte er zum Himmel, die andere Augenhöhle war leer. Alle drei Meter prallte er gegen eine Hauswand, was seinem Gang noch mehr Schlagseite verlieh. Die Passanten ignorierten das Paar, bis der Mann endgültig zusammenbrach. Dann halfen sie seiner Frau, ihn aus der Gosse und buchstäblich aus dem Verkehr zu ziehen. Ein paar Meter weiter hatte sich eine größere Menschenmenge um den Stand einer Frau versammelt, die Sucre-große Blechtiegel mit Lippenbalsam verkaufte. Sie pries ihre Ware durch einen tragbaren Lautsprecher an, als handelte es sich um das größte Heilmittel seit Simón Bolívar. Drei Männer gingen vorüber, die einen hölzernen Jesus auf ihren Schultern trugen. Einer streckte den Gläubigen, die herbeikamen, um die Dornenkrone zu berühren, den Mantel zu küssen und auf die Knie zu fallen, eine Sammelbüchse aus Blech entgegen. An den Mantel der Jesusfigur war ein polizeiliches Papier geheftet, demzufolge es dem Trio gestattet war, Geld zu sammeln.

Dutzende barfüßiger Frauen saßen hinter ihren Strohhaufen, erzählten sich Witze und brachen darüber in ein kratziges, hohes Ketchuan-Gegacker aus. In Azogues kostet das Stroh zwischen zwei und dreieinhalb Cents das *tallo*, das feinere und gleichmäßigere *paja* rangiert am oberen Ende der Skala. Die Frauen, die den Flechtern Stroh verkaufen – für gewöhnlich selbst Flechterinnen –, verdienen an jedem verkauften *tallo* ungefähr einen halben Penny. An einem guten Markttag kann ihr Gewinn einen Dollar oder auch mehr betragen. An den restlichen Tagen der Woche sitzen sie oft in den Eingängen ihrer Häuser und flechten Hüte, während sie auf Käufer für ihr Stroh warten, das sie vor sich auf dem Bürgersteig ausgebreitet haben. Flechter, die nur fünf *tallos* für einen einfachen Hut brauchen, kaufen oft eine Menge, die für drei oder mehr Hüte ausreicht. Für ein feineres Geflecht sind zehn, manchmal auch mehr *tallos* vonnöten, für die *finos* aus Montecristi noch mehr und wesentlich hochwertigere Fasern.

Biblián erreicht man nach einer zwanzigminütigen Fahrt Richtung Norden. Der Markt in Biblián war zwar kleiner, aber ansonsten dem Markt in Azogues sehr ähnlich. Die Hüte, die hier geflochten werden, sind im Allgemeinen von besserer Qualität, und die Fasern, die Victor González liefert, sind entsprechend feiner. Außer Stroh können die Bibliáneros auf ihrem Wochenmarkt folgende Waren kaufen: Bananen, Kartoffeln, Kochbananen, Bohnen, Früchte, Tomaten, Brot, Mais, Avocados, Zwiebeln, Knoblauch, Karotten, Kompott, Körbe, Pfeffer, Salat, *choclos*, Fleisch, Blumen, Käse, Seile, Verbandsmaterial, Alka-Seltzer, Garn, Messer, Sonnenbrillen, Scheren und Zahnpasta. An einem Sonntag um acht Uhr morgens sorgte die städtische Band, die aus drei Klarinetten, zwei Trompeten und drei Trommeln bestand, für die Unterhaltung der Markthänder. Jedes der Instrumente spielte offenbar ein eigenes Stück. Ein Mann in Stiefeln, dem seine Flasche *aguardiente* aus der Tasche fiel, erfreute die Zuschauer, indem er neben der Band hertanzte. Nach ein paar Minuten hatte er den Takt gefunden, dann fand er auch einen Genossen, und schließlich tanzten die beiden Männer hinter den Musikern her, die die unbefestigten Straßen von Biblián hinuntermarschierten.

Auf dem Marktplatz unterbrach eine sechs Mann starke Volleyballmannschaft ihr Spiel, um eine Chola, welche die Spieler keines Blickes würdigte, mit ihrem ausgemergelten Hund über das Spielfeld laufen zu lassen. Die Bibliáneros wirkten weniger rastlos als die Menschenmassen in Cuenca oder Azogues, sie mäanderten durch ihr primitives Einkaufszentrum und begrüßten Freunde aus abgelegenen kleinen Orten. Von den Hügeln im Osten blickt die weiße, der Jungfrau von Rocío geweihte Kirche auf Biblián hinab, eine immerwährende Mahnung an die Dürre im späten 19. Jahrhundert, die an dem Tag endete, an dem die Einwohner von Biblián besonders inbrünstig zur Jungfrau Maria gebetet und um Regen gefleht hatten. Laut Victor VonHagen werden jedem Besucher des Heiligtums »100 Tage Ablass« gewährt, »besagter Ablass kommt den Seelen im Fegefeuer zugute«.

Unter den vielen hundert Besuchern des Sonntagsmarkts von Biblián war auch die 51-jährige Isaura Calderón Encalada de Ojeda, die Lebensmittel für sich und ihre siebenköpfige Familie – ihre 90 Jahre alte Mutter und ihren vierjährigen Enkel mitgerechnet – einkaufte und für etwa 20 Cents Stroh erwarb, um einen *sombrero de paja toquilla* im *Brisa*-Stil zu flechten, der in den Vereinigten Staaten beliebtesten Flechtart. Im selben Monat orderte ein Hutladen in San Diego, Kalifornien, bei Resistol und einigen weiteren Firmen Frühjahrs- und Sommerhüte, die ein halbes Jahr später geliefert werden sollten. Auf der Bestellliste standen auch ein paar Dutzend echte ecuadorianische Panamahüte im *Brisa*-Stil.

Wer sich in den
Sombrero-Handel einmischt ...

Weder Isaura Calderón de Ojeda noch Victor González, noch irgendein anderer von den zehntausenden Menschen in der Umgebung von Cuenca, die ihren Lebensunterhalt zumindest teilweise mit dem Flechten von Panamahüten bestreiten, wären überhaupt in dieser Branche tätig, hätte es nicht B. Ugalde und Bartolomé Serrano gegeben. Das erste Toquilla-Stroh kam 1835 nach Cuenca, aber die Kunst des Hüteflechtens setzte sich zunächst nicht durch. Nur wenige Menschen beherrschten dieses Handwerk, die Strohlieferungen von der Küste dauerten quälend lange und waren hoffnungslos unberechenbar, und waren die Hüte erst einmal fertig, so erwiesen sich die Zwischenhändler, die sie per »Maultierkarawane« für den Export an die Küste brachten, als unzuverlässig. Der einzige blühende Geschäftszweig in Cuenca und den umliegenden Orten war die Religion, und die römisch-katholische Hierarchie war sehr wählerisch, wenn es darum ging, jemanden gnädig in ihren Kreis aufzunehmen. Die meisten Indianer und *mestizos* waren an das Land und seine Eigentümer gebunden. Als Besitzlose, die ihrem Grundherrn dienstverpflichtet waren und miserabel behandelt wurden, bestand für sie wenig Hoffnung auf Entkommen und unabhängiges Einkommen.

Auf der Suche nach einem Industriezweig, der der Region wenigstens ein Minimum an Geld einbringen würde, verabschiedete der Stadtrat von Cuenca im Jahr 1844 einstimmig eine Resolution zur Gründung einer Hutflechter-Schule samt einer Fabrik zur Weiterverarbeitung der Rohlinge. Die Gegend war für dieses

Handwerk wie geschaffen: Die Luft war trockener als an der Küste, wo hohe Luftfeuchtigkeit die Fasern spröde machte; es war kälter, sodass die Zeit, die man pro Tag mit Flechten verbringen konnte, nicht auf wenige Stunden beschränkt blieb; und – das Allerwichtigste – die Leute waren bereit, niedrigere Löhne in Kauf zu nehmen. Die Stadt Cuenca stellte das Gebäude zur Verfügung, kaufte das Stroh und verpflichtete als ersten Direktor der Schule B. Ugalde. Für die Anwerbung von jeweils zehn Lehrlingen erhielt er eine Provision und dazu den halben Gewinn aus dem Verkauf der Hüte.

Im Jahr darauf sorgte Bartolomé Serrano dafür, dass Ausbilder aus Jipijapa nach Azogues kamen, um den Leuten das Hutflechten beizubringen. Als Bürgermeister des Ortes war Serrano nicht nur ermächtigt, in seinem Verwaltungsbezirk Ausbildungsplätze *anzubieten*, sondern auch »die Herumtreiber, die keine Lust haben, sich eine Arbeit zu suchen oder das Flechten zu lernen, zu verfolgen und zu bestrafen«. Als Folge davon wurden 20 »wichtige Männer« aus Azogues inhaftiert und gezwungen, das Hutflechten zu erlernen. »Die erlesensten Hüte«, heißt es in einer Chronik, »wurden in Biblián geflochten und in Cuenca und Guayaquil sehr geschätzt.«

Serrano hätte seinen Einsatz beinahe mit dem Leben bezahlt. Eines Tages näherte sich ein Fremder – Ponciano García – Serrano unter dem Vorwand, ihn verhaften zu wollen, und ging dann mit einem Messer auf ihn los. Serranos Leibwächter, heißt es weiter, habe sich daraufhin Garcías Messer geschnappt – worauf der verhinderte Mörder zugab, dass er von der Küste gekommen und damit beauftragt worden sei, Serrano zu ermorden, weil er sich in den Sombrero-Handel eingemischt habe.

Die Nachfrage nach feinen Toquilla-Strohhüten explodierte, als der Isthmus von Panama zur Drehscheibe des Handels zwischen Mittel- und Nordamerika wurde. Um 1850 produzierten Flechter in der Provinz Azuay mehr als 2000 Hüte pro Jahr, um einer scheinbar unbegrenzten Nachfrage nachkommen zu können. Ein Franzose, der in Panama lebte, brachte die Hüte, die in den Vereinigten Staaten bereits Berühmtheit erlangt hatten, 1855 zur Weltausstellung nach Paris. Napoleon III. erhielt das edelste Exemplar und gab überall mit seinem Hut aus Panama an. In dem Jahr, in dem der ecuadorianische Revolutionär und Hutexporteur Eloy Alfaro 21 wurde, verließ eine halbe Million *sombreros de paja toquilla* den Hafen von Guayaquil. Sowohl in Nordamerika als auch in Europa waren sie allgemein unter dem Namen »Panamahüte« bekannt.

Wie der Zufall es wollte, erhielt ich einen großen Teil dieser Informationen von Doktor Ernesto Domínguez, einem Einheimischen aus Azogues, der bei der Industrie- und Handelskammer von Cuenca arbeitet. Als dieser ernst wirkende Mann erfuhr, wofür ich mich interessierte, begannen seine Augen zu leuchten. »Warten Sie hier«, befahl er mir und ließ die Arbeit Arbeit sein. »Ich hab's«, sagte er, als er ein paar Minuten später wiederkam. Er wedelte mit einem Blatt Papier, auf dem er in sauberer Handschrift Statistiken eingetragen hatte, die bis ins 19. Jahrhundert zurück genaue Auskunft darüber gaben, wie viele Hüte Jahr für Jahr in welche Länder exportiert worden waren. 1977 – das Spitzenjahr seit Beginn der Aufzeichnungen – waren mehr als fünf Millionen Strohhüte aus Cuenca ausgeführt worden. »Wir berechnen alles in Dollar, weil die Exporteure in Dollar bezahlt werden, unabhängig davon, in welches Land sie liefern. Das ist der Hauptgrund dafür, dass das Geschäft in den letzten Jahren nicht mehr so gut läuft – die Währungen in Brasilien und Mexiko sind so stark abgewertet worden, dass man in beiden Ländern kaum noch an Dollar kommt. Damit sind zwei unserer wichtigsten Handelspartner weggebrochen.«

Henry Millers Neffe

Der Dollar ist die alles beherrschende Währung, nicht nur im internationalen Handel, sondern auch im kleinsten Lebensmittelladen. Gleichgültig, wie vertraut man mit einer lateinamerikanischen Stadt und ihren Menschen ist – man wird immer mit dem »Gringodollar« identifiziert. Ohne Zögern stellt jeder einem Fragen über die Vereinigten Staaten: Wie hoch ist dein Einkommen? Was kostet eine Armbanduhr? Ein Fernseher? Ein Auto? Ein Haus? Ein Hut? Ein Flugticket von den Vereinigten Staaten nach Ecuador? In der kurzen Pause zwischen der Frage und der Antwort kommt der wissbegierige *mestizo* dieser materialistischen Welt einen winzigen Schritt näher. Einen Augenblick lang kann er in seiner Fantasie den Dollar und alles, wofür er steht, berühren.

»Wie ist es, in den Vereinigten Staaten zu unterrichten? Glauben Sie, wir könnten dort Jobs finden?« Diese Fragen kamen von Studenten der Universidad Estatal de Cuenca, in deren Seminar »Kultur und Zivilisation der englischsprachigen Länder« ich ein zweites Mal zu Gast war. Da die Lehrveranstaltungen erst am Tag zuvor wieder wegen einer politischen Kundgebung ausgefallen waren, schien es mehr als wahrscheinlich, dass dieser Tag ohne Störungen verlaufen würde. Auf dem Weg zur Universität legte ich einen Zwischenstopp in einer Buchhandlung ein, deren große Auswahl an Büchern aus Argentinien, Mexiko und Spanien mich erstaunte. Unter den wenigen heimischen Publikationen fand sich auch der Titel *The Responsibility of the United States Government in the Territorial Mutilation of Ecuador*, den die Universität von Guayaquil publiziert hatte.

Die meisten Studenten hatten das erklärte Ziel, Englisch zu unterrichten, die herrschende Sprache. Gerade hatten sie über die Beziehungen zwischen Herman Melville und Nathaniel Hawthorne diskutiert. Jetzt fragten sie nach zeitgenössischen nordamerikanischen Autoren. »Kennen Sie Norman Mailer?« Mein Nachname klang in ihren Ohren recht ähnlich. Ihr besonderes Interesse galt Saul Bellow. »Mögen Sie John Steinbeck?« Sie kannten *Früchte des Zorns*, ein Werk, das oft mit Jorge Icazas *Huasipungo* verglichen wurde, einem Roman über die entsetzlichen Lebensumstände indianischer Sklaven im Hochland von Ecuador. »Kennt man in den Vereinigten Staaten irgendwelche unserer Autoren?« Die ecuadorianischen Schriftsteller, deren Werke ins Englische übersetzt worden waren, konnte ich an den Fingern einer Hand abzählen. Die Stimmung wurde besser, als ich über das steigende Interesse an lateinamerikanischer Literatur sprach, das zumindest teilweise auf die Verleihung des Literaturnobelpreises an Gabriel García Márquez zurückzuführen war. Man stelle sich vor: Ein südamerikanischer Schriftsteller – praktisch ein Nachbar, der über das Leben an der Pazifikküste schreibt! – wird mit der höchsten literarischen Auszeichnung der Welt geehrt.

»Wir würden gern etwas über den Niedergang der Moral in Amerika wissen. Stimmt das wirklich?« »Stimmt *was*?«, fragte ich zurück. »Na, Sie wissen schon, dass ihr in den Staaten keine Werte mehr habt.« Getroffen. Zur Strecke gebracht. Ende. Wieder war ein grandioses Experiment gescheitert. Meine Antwort, eine ungeschickte Verteidigung der Vereinigten Staaten, ging in einem Hagel von Fragen unter. »Wir haben von der Umweltschutzbewegung gehört. Wie groß ist sie?« »Wir haben etwas über die Indianer in der US-Geschichte gelesen. Werden sie jetzt gut behandelt, oder geht es ihnen wie unseren Indios hier?« »Wo liegen Ihrer Meinung nach die Unterschiede zwischen dem Familienleben in

Amerika und dem in Ecuador?« »Ist der Einfluss östlicher Religionen sehr groß?« »Warum gibt es bei Ihnen so viele Vegetarier?« »Was geschieht mit den Mexikanern und anderen, die illegal in die Vereinigten Staaten kommen und geschnappt werden? Und die, die nicht geschnappt werden – mit welchen Jobs können sie rechnen?« »Glauben Sie, dass John F. Kennedys Bruder bei der Präsidentschaftswahl antritt?« »Was halten die Amerikaner von unserem Präsidenten?« Dieser Frage wich ich aus. Die Wahrheit ist, dass nördlich des Panamakanals kaum mehr als eine Hand voll Menschen weiß, wo Ecuador liegt, geschweige denn seinen Präsidenten kennt.

Die amerikanische Innenpolitik stieß auf besonders großes Interesse. »Sie haben ein Zweiparteiensystem in einem Land mit 200 Millionen Einwohnern. Gibt es irgendwelche kleinere Parteien? Wir haben noch nie etwas davon gehört. Hier leben weniger als zehn Millionen Menschen, aber wir haben 17 politische Parteien.« »Was ist der Unteschied zwischen Republikanern und Demokraten? Von hier aus betrachtet, wirken sie sehr ähnlich.« Ich gestand, dass sie sich auch aus der Nähe nicht sehr unterschieden.

In einem der städtischen Kinos war gerade *La Fuerza del Cariño (Zeit der Zärtlichkeit)* angelaufen. »Ist Amerika wirklich so?« »Nun, teilweise ja«, sagte ich. Langsam begann ich mich mit meiner Beraterrolle anzufreunden. »Das ist tatsächlich ein empfehlenswerter Film. Er zeigt einige Feinheiten der amerikanischen Kultur, die man hier nicht in vielen Filmen findet.« »Oh, über die amerikanische Kultur wissen wir Bescheid«, antwortete ein Student. »Ja«, pflichtete ihm ein anderer bei, »wir sehen uns immer *Dallas* an!« »Und den *Denver-Clan*«, fiel ein anderer ein. »So lernen wir eure Kultur kennen.«

Am folgenden Nachmittag war ich eingeladen, als Beisitzer an einer Prüfung teilzunehmen. Drei Professoren nahmen eine Studentin in die Mangel, die Englisch als Hauptfach gewählt und eine Abschlussarbeit mit dem Titel »Thomas Hardy: Vorläufer des

Drehbuchs« verfasst hatte. Sie wollte Cuenca im nächsten Herbst verlassen, um ihre Ausbildung an einem exklusiven College in Neuengland abzuschließen. Noch am selben Abend gab ihre Familie für sie eine Party. Kommilitonen mischten sich mit Fakultätsangehörigen, Verwandten und Freunden der Familie, Dienstboten servierten ein fantastisches Essen, und wir alle stießen mit chilenischem Wein auf den Erfolg der Gefeierten an. Die Elite von Cuenca hatte sich wieder einmal versammelt, um die Aufnahme einer Kandidatin in ihre Reihen zu feiern.

»Entschuldigen Sie«, sprach mich ein Mann an und stellte sich vor. »Sind Sie mit Glenn Miller verwandt?« Ältere Ecuadorianer, die einmal in Salinas an der Küste gewesen waren, erinnern sich noch an den Bandleader. Während des Zweiten Weltkriegs unterhielt Miller dort die US-Truppen. Die Tatsache, dass Glenn und ich nicht miteinander verwandt waren, schien ihn nicht im Geringsten zu enttäuschen. Fünf Minuten später kam er lächelnd zurück. »Ah, jetzt weiß ich Bescheid. Gerade habe ich erfahren, dass Sie mit dem Schriftsteller Henry Miller verwandt sind.«

Seit meinem Besuch auf dem Campus hatte sich das Gerücht verbreitet, ich sei Henry Millers Neffe, der sich in Cuenca aufhalte, um Interviews zu führen. Als ich mit dieser Geschichte konfrontiert wurde, was nur ein paarmal geschah, dementierte ich sie, was ihr natürlich nur noch mehr Glaubwürdigkeit verlieh. Inzwischen schien die halbe Fakultät einer der prestigeträchtigsten Universitäten des Landes überzeugt zu sein – ja, sich geehrt zu fühlen –, dass der Neffe des bekannten amerikanischen Schriftstellers ihrem Campus die Gnade seines Besuchs gewährt hatte. Immerhin trug ich denselben Namen und hatte denselben Beruf, und ich schrieb über das Leben irgendwo zwischen dem Wendekreis des Krebses und dem Wendekreis des Steinbocks. Was brauchten sie da noch Beweise? Es gab nichts, was ich hätte sagen können, um sie von dieser Idee abzubringen.

»Nun?«

Das Geplauder in meiner unmittelbaren Umgebung verstummte schlagartig. Die Gäste warteten auf meine Antwort. Eine Weile lang Henry Millers Neffen zu spielen wäre keine schlechte Aufgabe, dachte ich. Sicherlich wusste niemand hier irgendetwas über seine wirklichen Neffen, falls Miller überhaupt welche hatte. Wenn ich meine Karten geschickt ausspielte, würde ich möglicherweise Onkel Henry zu Ehren monatelang zum Essen eingeladen. Zuerst würde ich einige Wochen in Cuenca verbringen und meiner Lügengeschichte den letzten Schliff verpassen, und dann würde ich mit meiner Show durch den ganzen Kontinent tingeln – Lima! La Paz! Buenos Aires! Rio! Caracas! Bogotá! Und der CIA, die ihre unerfahrensten Beamten auf mich ansetzen würde, wäre ich immer gerade einen Schritt voraus. Was mich schließlich bewog, auf meinen Prominentenstatus zu verzichten – und das innerhalb von fünf Sekunden –, war weniger die Stimme meines Gewissens als vielmehr die Vorsicht. Meine Bekanntschaft mit Henry Miller und seinen Werken war eher flüchtiger Natur. Ich wollte niemanden enttäuschen.

Hutflechter aus Biblián

Die 75-minütige Bustour nach Biblián am nächsten Morgen verlief so geruhsam, dass ich die ganze Fahrt verschlief. Mittlerweile wusste ich, wie man sich bei plötzlichen Fahrtunterbrechungen, häufigen Ausweichmanövern oder einem Riesentohuwabohu verhielt. Biblián, auf dessen Sonntagsmarkt ich gewesen war, hatte es mir angetan, weil es auf dem Land und damit abgelegen genug lag, um sich den Ausschweifungen Cuencas zu entziehen, aber nahe genug an der Stadt, um es problemlos erreichen zu können. Seine weniger als 15000 Einwohner führten das konventionelle Leben von Kleinstädtern, die nur über ein geringes Einkommen verfügen, auf eine nicht dem Standard entsprechende Gesundheitsversorgung angewiesen sind und nur begrenzt lesen und schreiben können. Um sämtliche Straßen abzugehen, brauchte man weniger als eine Stunde. Freundlich blickende Menschen luden mich zu Smalltalk und Instantkaffee in ihre Ein-Zimmer-Häuser ein. Häufig wurde mir ein Platz in dem einzigen – wackeligen – Sessel angeboten, der neben dem einzigen – ebenfalls wackeligen – Tisch stand. In vielen Häusern trennte ein Vorhang aus Sackleinen, der über eine Reihe von Garderobenhaken drapiert war, die Küche vom Schlafzimmer. »Sehen Sie das Haus auf der anderen Straßenseite?«, fragte eine Frau und zeigte den Hügel hinauf. »Dort wohnt der beste Hutflechter der Stadt. Er ist gerade zu Hause. Warum besuchen Sie ihn nicht einfach?«

César Vicuña saß in der oberen Etage seines zweistöckigen Hauses, dessen Wände aus Lehm und Heu bestanden. Der erste

Stock war von Katzen und Ferkeln bevölkert, die mitten im Zimmer umherwuselten. An einem ausgefransten Stück Kabel hing eine leere Lampenfassung von der Decke. Eine Reihe instabiler Planken bildete die Treppe, die zu einem Loch in einer Ecke des zweiten Stocks führte. An einer Wand stand ein Doppelbett mit einer zerschlissenen Tagesdecke. Ein kleineres Bett lehnte an der Wand daneben. Darüber hing an einem Nagel ein abgelaufener Kalender, hinter dem ein verblichenes Jesusbild hervorlugte. Direkt daneben befanden sich zwei kleine Spiegel und ein Plakat mit Multiplikationstabellen für die vier Kinder, die hier lebten. Eine Pappkiste in der Ecke diente als Kleiderschrank. Eine Wärmflasche und ein kleiner Kanister Allzwecköl standen einsam auf einem Regal. Durch die zwei Fensterlöcher, die das einzige Möbelstück dieses Stockwerks einrahmten, strömte Licht herein. Auf dem Stuhl saß der Meisterflechter von Biblián.

Señor Vicuña trug einen Wollponcho über einer abgetragenen Hose, einen Panamahut und alte Turnschuhe. Vornüber gebeugt saß er da. Ein flaches Brett mit einer hölzernen Hutform lag auf seinem Schoß. Nur noch wenige Leute brächten seiner Flechterei Interesse entgegen, sagte er. »Ich flechte schon mein ganzes Leben. Keiner in der Stadt macht mehr *finos* wie diese hier.« Der Hut auf seinem Schoß – er war ungefähr halb fertig – sah aus, als sei er aus cremeweißem Leinen. Hunderte haarfeiner Fasern hingen von seinem Rand herunter. Vicuña flocht beim Reden weiter, den Blick scharf auf die Fasern gerichtet, die seine Hände ununterbrochen übereinander, untereinander und umeinander herumführten. »Für die ersten 15 Zentimeter dieses Hutes habe ich zwei Wochen gebraucht. Das ist der schwierigste und wichtigste Teil. Für den Rest des Hutkörpers braucht man drei Wochen. Bis der Hut fertig ist, dauert es noch einmal drei Wochen.«

Als er eine feine Faser noch weiter aufspaltete, um sie bei seinem Meisterstück an der richtigen Stelle unterzubringen, sah man, dass seine Fingernägel so dünn wie Messerklingen waren.

»Ich habe drei Hüte für Velasco Ibarra gemacht, als er Präsident war.« Er nahm einen entkernten Maiskolben aus einer kleinen Schüssel Wasser und kämmte damit das lose Stroh. »Ein Hut kostete 3000 Sucres«, das waren seinerzeit mehr als 750 Dollar. Der Hut, an dem er während unserer Unterhaltung arbeitete und der genauso filigran geflochten war wie jedes beliebige Exemplar aus Montecristi, würde ihm mehr als 50 Dollar einbringen, schätzte er. »Ich bin jetzt 71 Jahre alt. Ich trage keine Brille. Ich brauche eine, aber ich kann mir keine leisten.«

Er unterbrach seine Arbeit und nahm sein im Entstehen begriffenes Werk vorsichtig von der Form. Die Toquilla-Stränge waren so dünn, dass sie aussahen wie eine blonde Perücke, als er den Rohling hochhielt. »Dieser Hut lässt keinen einzigen Tropfen Wasser durch«, prahlte er. Er drehte den Hut um, hielt ihn an den losen »Haaren« fest und goss eine kleine Schüssel Wasser hinein. »Sehen Sie?«

Bevor ich ging, fragte ich ihn, wo ich das *excusado* finden könne. »Das Bad?« César und seine Frau lachten. »Wir haben kaum ein Dach überm Kopf.« Bretter, Dachziegel, Plastik und Planken lagen in wildem Durcheinander auf den verfaulenden Querbalken über unseren Köpfen herum. Der Himmel war durch das Dach deutlich zu sehen.

Ich lief wieder hügelabwärts. Auf der anderen Seite der Panamericana saß Isaura Calderón de Ojeda in ihrem kleinen Lebensmittelgeschäft und wartete auf Kundschaft. Der Minimercado El Rocío versorgt Leute aus dem Viertel, die ein, zwei Sachen brauchen, um die Zeit bis zum nächsten Sonntagsmarkt zu überbrücken, mit Lebensmitteln und Getränken. Eine Gegend mag so einsam sein, wie sie will – wann und wo auch immer drei Familien nebeneinander wohnen, übernimmt eine von ihnen offenbar immer die Rolle des Lebensmittelhändlers. Leben mehr als fünf Familien in der Nachbarschaft, so eröffnet eine zweite *tienda* und konkurriert mit der ersten darum, wer die höheren Preise verlangen kann.

Das gesamte Angebot des Minimercado El Rocío bestand aus zwei Dutzend verschiedener Waren.

Beim Warten auf die Kundschaft flocht Señora Calderón ihren ersten Hut für diese Woche. Ihre Mutter Catalina, die ihren ersten Panamahut zur Zeit von Eloy Alfaros Liberaler Revolution angefertigt hatte, saß daneben und tat es ihr gleich. Einst hatte sie sechs oder mehr Hüte pro Woche geschafft, doch mit zunehmendem Alter war ihre wöchentliche Ausbeute auf zwei und manchmal einen Hut geschrumpft. Auch die dreizehnjährige Janet, die zum Basketballteam des örtlichen Colegio Femenino gehörte, nahm sich jede Woche Zeit, ein paar Hüte zu flechten. Ihre fast doppelt so alte Schwester Eulalia hatte schon lange keinen Hut mehr geflochten. Wenn die Regierung sie bezahlen konnte, war sie als Sozialarbeiterin tätig und informierte die *campesinos* in der Gegend über Ernährung und Geburtenregelung. Die drei Jahre jüngere María Elena flocht ebenfalls Hüte, wenn sie sich gerade nicht um ihren vierjährigen Sohn Dany (»wie Daniel Boone!«) kümmerte. Die achtzehnjährige Carlota Beatríz errötete, als ich sie fragte, ob sie ebenfalls Hüte flechte. »Sie ist gerade erst aus den Flitterwochen zurück«, erklärte ihre Mutter lachend und gab ihr einen Klaps auf den Allerwertesten, »und sie verbringt ihre Abende nicht mehr mit Flechten.«

Isauras Ehemann vervollständigte den Acht-Personen-Haushalt. Er fuhr täglich einen Kleinbus auf einer festgelegten Route zwischen Azogues und Cuenca hin und her. Auf seinem Armaturenbrett stand ein Keramikjesus; am Fenster klebte die Anzeige einer Reiseagentur in Hyde Park, New York. Seine Garage neben dem Laden war leer bis auf ein Fahrrad, das kopfüber aufgehängt war. »Als Flechter arbeiten fast nur Frauen«, sagte María Elena, »zumindest in der Gegend von Biblián. Die Männer verdienen mit anderen Arbeiten mehr.«

Ich war beeindruckt von der Intelligenz und dem Fleiß Isauras und ihrer Familie. Ich kam oft auf einen Schwatz bei ihnen vorbei

– dafür hatten sie immer Zeit –, und sowohl ihnen als auch mir machten die gemeinsam verbrachten Stunden, in denen sie ununterbrochen weiterflochten, immer mehr Freude. Sonntags brachten sie ihre fertigen Hüte ein paar Häuserblocks weiter zu Adriano González, einem *comisionista*, der alle Hüte, die im Cantón von Biblián hergestellt wurden, aufkaufte und an die Exportfirmen in Cuenca weiterveräußerte. Aberhunderte von Flechtern stehen sonntagsmorgens bei González Schlange, um ihre handgefertigten Produkte zu Geld zu machen, mit dem sie sich dann mit Lebensmitteln für die folgende Woche eindeckten. »Die wirklich armen Leute«, erläuterte Isaura, »veräußern ihre Hüte unter der Woche an Señor González, damit sie sich Reis kaufen können.« Fünf Minuten später kam als buchstäblich lebendiger Beweis für diese Theorie eine Frau durch die Tür. Sie bezahlte ein paar Sucres für eine Menge Reis, die gerade ausreichte, um eine kleine, zerknitterte Papiertüte zu füllen.

Inkas und Indianer

Am nächsten Tag fuhr ich, statt die Ojedas zu besuchen, nach Norden, wo die Cañari und andere Indianer lebten. Existiert wohl irgendwo auf dieser Erde eine Gruppe von Menschen, die noch schlechter behandelt, noch massiver unterdrückt wird als die Indianer der Anden? Den Launen der jeweiligen Regierung unterworfen, leben sie in baufälligen Hütten, arbeiten bis zur völligen Erschöpfung und werden entsetzlich schlecht bezahlt, und die jüngsten Fortschritte in der Landwirtschaft, im Handelswesen und bei den Bürgerrechten sind zumindest an den meisten von ihnen spurlos vorübergegangen. Im Laufe von fünf Jahrhunderten mussten die Hochlandindianer sich mit Inkaherrschern, dem spanischen Joch, der Macht der katholischen Kirche und seit der Unabhängigkeit des Landes auch mit ausbeuterischen Lokal-, Provinz- und Zentralregierungen herumschlagen. Von jeder dieser Institutionen haben sie nur wenig profitiert und viel gelitten. Das fruchtbare *hacienda*-Land, das sie bestellten, hat den Reichtum seiner Besitzer gemehrt; das steinige Land, auf dem sie selbst leben, hat dafür gesorgt, dass sie arm blieben. Gesetze, die ihnen ein gewisses Maß an Unabhängigkeit zusicherten, waren kaum das Pergament wert, auf dem sie geschrieben standen. Die Aufforderungen von Priestern, doch Nächstenliebe zu üben, trafen selbst bei Angehörigen des Klerus auf taube Ohren.

Die Indianer seien »zu elendigster Sklaverei und Knechtschaft gezwungen«, stellte der Franzose Laurent Saint-Criq fest, der in den Siebzigerjahren des 18. Jahrhunderts durch die Anden reiste.

»Diesen unglücklichen Wesen, denen man das Land geraubt hat, wird kaum die Möglichkeit gewährt, darin zu existieren.... Doch ohne ihre Arbeit könnten die Plünderer nur eine dürre Wüstenei ihr Eigen nennen.« Saint-Criqs Ansichten über die Indios und das Land, das sie bearbeiteten, könnten durchaus aus dem 20. Jahrhundert stammen. Die Indios seien, so schrieb er, »die degradierten ursprünglichen Besitzer, die der Fluch der Eroberung mit all seinen Begleiterscheinungen des Elends und der Not getroffen hat«.

Ecuador schaffte die Sklaverei 13 Jahre früher ab als die Vereinigten Staaten, doch faktisch gab das Gesetz nur den kaum 2500 Schwarzen ihre Freiheit zurück. Für die Indios galten weiterhin andere Formen der Zwangsarbeit. Die vertraglich geregelte Leibeigenschaft, *concertaje* genannt, war nicht viel besser als die *huasipungaje*, ein System, das die Kleinbauern im Würgegriff immerwährender Schuldknechtschaft hielt, indem es sie zwang, während eines festgelegten Zeitraums für den Besitzer einer *hacienda* zu arbeiten – im Tausch für ein Stückchen Land, auf dem sie leben und das sie bewirtschaften konnten. Dieses Stück Land war für den Ackerbau häufig ungeeignet und die Hütte darauf zu windschief, um es länger als ein paar Jahre darin auszuhalten. Starb der Landarbeiter, so ging seine Schuld auf seine Kinder über. Wurde Hacienda-Land verkauft, war der Anspruch auf die Indios im Kaufpreis enthalten. Zwar hat es in all den Jahren auch aufgeklärte Landbesitzer gegeben, doch sind sie rühmliche Ausnahmen geblieben; im Allgemeinen waren die Indios dem Hacienda-Verwalter und seinen Untergebenen unterworfen und gezwungen, dem Gemeindepriester Tributzahlungen zu leisten, Prügelstrafen zu ertragen und ihr Leben in äußerstem Elend zu fristen. Sie befanden sich auf der untersten Stufe eines Kastensystems, das so allgegenwärtig wie unsichtbar war. Während seiner gesamten Geschichte hatte Ecuador diesem System regelrecht gehuldigt.

Von Zeit zu Zeit hatte man im Rahmen der nationalen Gesetzgebung Anstrengungen unternommen, die offenkundigeren Formen der Sklaverei abzuschaffen, doch erst 1964, unter einer Militärregierung, änderte sich wirklich etwas. Auch wenn das Gesetz über eine Agrarreform hauptsächlich aufgrund innenpolitischer Notwendigkeiten zustande kam, dürfte der Druck der *Alliance for Progress* sein Teil dazu beigetragen haben. Diese Allianz war eine Maßnahme der Kennedy-/Johnson-Regierung, um jene lateinamerikanischen Länder zu unterstützen, die mit den Vereinigten Staaten sympathisierten. Das Gesetz untersagte, Land gegen Arbeit zu tauschen, und setzte den Mindestlohn für männliche Landarbeiter in der *sierra* auf umgerechnet 40 Cents am Tag fest.

Die Neuverteilung des Landes ging schleppend und planlos vonstatten. Den Tagelöhnern, die niemals Land besessen hatten, fehlte das Know-how, um Feldfrüchte anzubauen, Vieh zu züchten und ihre Produkte zu vermarkten. Viele erhielten schlechtes, unfruchtbares Land oder eine Parzelle, die abseits aller Verkehrswege lag. Einige Landbesitzer umgingen den Verlust ihres Besitzes, indem sie ihre *haciendas* in kleinere Parzellen aufteilten und jedem ihrer Kinder einen Anspruch auf eines dieser Stücke zusprachen. Noch immer warten Zehntausende von Campesinos darauf, dass eine wenig effiziente und oft auch gleichgültige Regierungsbehörde ihnen zu ihrem Recht auf Land verhilft. Und obwohl die Sklaverei seit einer Generation abgeschafft ist, setzen halbwüchsige Nachkommen ehemals dienstverpflichteter Landarbeiter die Sklaventradition ihrer Vorfahren fort und küssen die Hand der Landbesitzer, die sie einstellen. »*Sí, patroncito.*« Ja, lieber Herr.

Dass die Misere der Indios sich nicht als ein Kapitel der neueren Geschichte abtun lässt, stellte ich fest, als ich nach Ingapirca fuhr, das nördlich von Biblián liegt und in einer Stunde Fahrt zu erreichen ist. Ingapirca ist eine Ansammlung von Steinmauern aus der zweiten Hälfte des 15. Jahrhunderts. Je mehr ich mich El Tambo näherte, wo die Straße zu den Inka-Ruinen abzweigt, desto zerklüfteter wurde das Gebirge, aus dessen Schluchten Wasserläufe herabströmten – und Indios. Das Sonnenlicht erreichte nur die unterhalb liegenden Täler. Soeben hatte sich der Anhänger eines Traktors quer gestellt und verstopfte die Straße; Autos, Viehherden und Campesinos mussten den Umweg durch eine Wasserrinne nehmen. Eine Schar Indios schaute zu, wie ein riesiger Abschleppwagen den beschädigten Anhänger aus dem Graben zog, in dem er gelandet war. Je weiter ich in die Provinz Cañar vordrang, desto länger trugen die Indios, Männer wie Frauen, ihr Haar. Die meisten schritten langsam, aber stetig auf kräftigen Beinen voran, nur wenige hatten Schuhe an den Füßen.

Es schien mir, als schleppten diese gebeugten Gestalten mit ihren vom Wetter gegerbten, alterslosen Gesichtern immerzu schwere Lasten auf dem Rücken. Im Verlauf einer Woche sah ich sie beladen mit Kleidungsstücken, Hühnern, Schweinen, Rindern (lebenden und geschlachteten), Babys, Großeltern, Feuerholz, Stroh, Getränkekästen, Spinden, Milchkannen, Möbeln, Fahrrädern, Bauholz, Schlackensteinen, Zuckerrohr, Wasserkesseln, gebündelten Zeitungen, Kartoffeln, Werkzeugen und Reifen. Ende des 19. Jahrhunderts, schrieb ein Historiker, hatte ein Adliger in Cuenca »ein großes Piano aus Frankreich importieren und auf dem Rücken von Indios vom Hafen in Guayaquil über den Molleturu-Pass transportieren lassen«, und im 20. Jahrhundert wurde »das erste Auto auf dem Rücken von Indios nach Cuenca getragen«. Von der Taille aufwärts neigen ihre Körper sich in einem 45-Grad-Winkel nach vorne, als blase ihnen unentwegt ein starker Wind entgegen. Sogar wenn sie bergab gehen, wirkt ihr Schritt, als schleppten sie sich bergauf. Manchmal scheint es, als trügen die Indios die Anden selbst auf ihrem Rücken.

In El Tambo führt ein Abzweig rechts nach Ingapirca. Wenige Kilometer vor den Ruinen bildeten Dutzende indianischer Bauarbeiter in Ponchos entlang der unbefestigten Straße eine schier endlose Brigade. Sie reichten große Steine an den jeweils nächsten

Arbeiter weiter. Die Kette zog sich einen Hügel hinauf, dessen Spitze kaum sichtbar war. Schließlich kam Ingapirca in Sicht. Die Ruinen von Ingapirca sind beispielhaft für die Bauweise und Architektur der Inka – Steinquader, die mit einer solchen Präzision gefertigt und aneinander gefügt wurden, dass lediglich eine Rasierklinge dazwischenpasst. Seit Generationen haben die sorgfältig behauenen Steinblöcke den in der Umgebung lebenden Menschen als Baumaterial gedient. Bislang sind nur Teile der Ruine freigelegt worden, und erst vor kurzem hat die Regierung beschlossen, den Ruinenkomplex zu erhalten, zu schützen und weiter auszugraben.

Innerhalb des Komplexes befinden sich die Grundmauern einer Art Burg, deren Vorhof eine Terrasse mit neun Ebenen bildet. Andere Gebäude dienten vermutlich als Vorrats- und Schlafräume, außerdem ist man auf etwas gestoßen, das eine Sitzbank oder vielleicht eine kleine Badewanne gewesen zu sein scheint. Es gibt auch einen Steinkreis, unter dem sich eine Grabstätte befinden soll. Feuchtkalte Winde fegten über das Plateau. Die Inka-Straße windet sich hier herauf, und es verschaffte mir eine besondere Genugtuung, anderthalb Kilometer auf den Überresten der einst über 5000 Kilometer langen Straße der Sonne zu laufen, die fünf Jahrhunderte zuvor Tupac Yupanqui, Huayna Cápac, Atahualpa und andere Inka beschritten hatten. Folgt man dieser Straße 1600 Kilometer weit Richtung Süden, so erreicht man die bedeutendste Stadt des Inkareiches, Cuzco in Peru. Laut Hernando de Soto war die Straße einst breit genug »für sechs meiner Männer, hoch zu Ross und Seite an Seite reitend«. Ein achtjähriges Kind, das offensichtlich in der Nähe zu Hause war, kam auf mich zu und sprudelte unaufgefordert eine Zwei-Minuten-Version der Geschichte dieser Region hervor.

In Sichtweite der Ruinen bestellten Bauern mit ihrem Ochsen ein abschüssiges Feld, während andere hinter ihnen säten. Um zwölf Uhr mittags ertönte eine Glocke, und die *campesinos* ließen sich auf den Boden nieder, wickelten sich die Schals von den Gesichtern und holten ihr Mittagessen hervor. Die Terrassen, die sich dicht an dicht über die Berge zogen, sahen aus wie die Sitzreihen eines Amphitheaters. Kinder, die in Bauernhöfen entlang der Inka-Straße lebten, kamen nach der Schule herbeigesprungen und beschäftigten sich mit Kieseln, die als Murmelersatz dienten, spielten Himmel und Hölle oder Fußball – der Ball bestand aus einem Pappkarton. Ingapircas Platzaufseher, der einzige Angestellte hier vor Ort, kam auf mich zu, als ich gerade einen Laufgang betreten hatte, der etliche der Bauten miteinander verband. »Nehmen Sie doch bitte den anderen Weg, wenn es Ihnen nichts ausmacht«, empfahl er mir. »Dieser hier ist älter, und wir versuchen ihn so gut wie möglich zu erhalten.« Er war ziemlich aufgeregt, weil in ein paar Wochen einige Archäologen aus Spanien kommen und mit neuen Ausgrabungen beginnen sollten. »Wer weiß, was sie finden werden? Es gibt hier noch so viel zu entdecken.«

Eine Fremdenführerin des staatlichen Fremdenverkehrsamts zeigte mir ein paar nahe gelegene Felsen. Einer habe die Form eines Lehnstuhls, ein anderer sehe aus wie eine Schildkröte, ein dritter wie ein Affe, und in einem weiteren könne man das Gesicht eines Inka erkennen. »Sehen Sie es?«, fragte sie, strahlte mich an und winkte mich zu der Stelle, von wo man die Felsformen am besten erkennen konnte.

Ich zögerte. »Nicht so richtig.«

»Kommen Sie hierher«, schlug sie vor. Ich kam ein paar Schritte näher und betrachtete die Felsen erneut. »Doch, ja, natürlich«, sagte ich mit einem Lächeln. »Dort ist die Schildkröte, das ist der Affe, der Lehnstuhl ist oberhalb davon, und das Inka-Gesicht ist dort drüben.« Sie war sichtlich erfreut, dass ich die Formen identifiziert hatte. In Wirklichkeit hatte ich nicht einmal eine einzige erkannt, doch mittlerweile war mir die ecuadorianische Angewohnheit, unter allen Umständen höfliche Zustimmung zu heucheln, in Fleisch und Blut übergegangen.

Die Tatsache, dass niemand wirklich weiß, was genau Ingapirca war, macht die Stätte sowohl für Archäologen als auch für die Tourismusbranche so unwiderstehlich. Fest steht lediglich, dass Ingapirca ein *tambo* war, ein Rastplatz an der Inka-Straße, in dem die Häuptlinge und ihre Untergebenen die Nacht verbringen konnten. Einer Theorie zufolge war der Ruinenkomplex einst ein Depot für Getreide, nach einer anderen Hypothese handelt es sich um ein religiöses Monument. Eine dritte, ebenso durchdachte wie einleuchtende Theorie besagt, dass Ingapirca ein Mondheiligtum gewesen ist.

Ein paar Tage nach meinem Besuch in Ingapirca fuhr ich nach Biblián zurück und schaute im Minimercado El Rocío vorbei. Alles lief gut, Isaura beendete gerade den zweiten Hut für diese Woche und hatte bereits für 45 Cents Stroh gekauft, um ein zweites Paar zu flechten. Während meines kurzen Besuchs erstanden drei Kunden Waren für insgesamt 70 Cents.

Um nach Cuenca zurückzukommen, stellte ich mich am südlichen Ende des Ortes gegenüber einer Polizeistation an den Straßenrand, in der Hoffnung, von einem Lastwagen oder Bus mitgenommen zu werden. Gerade fand ein inoffizielles Volleyballmatch zwischen zwei *policías rurales* statt. Ohne ein Wort zu verlieren, fingen sie an, mir den Ball zuzuspielen, und ich schlug ihn zurück. Wir spielten ein paar Minuten so weiter, bis einer der uniformierten Beamten auf die Fahrbahn trat, um einen alten Pick-up anzuhalten und den Fahrer nach seinen Papieren zu fragen. Der Mann, der eine geradezu unheimliche Ähnlichkeit mit Moe aus dem Komikertrio *The Three Stooges* hatte, suchte seine Zulassungsbescheinigung heraus. Ich befand mich zwar außer Hörweite, aber ich konnte ihre Gesten deuten. Der Fahrer wollte wissen, warum er angehalten worden sei – er habe nichts Unrechtes getan, seine Papiere seien in Ordnung, und er habe es eilig. Der Cop hörte höflich zu, nickte, schüttelte dann den Kopf und nahm den Fahrer schließlich beim Arm. Sein Partner kam hinzu, und sie führten den unglücklichen Mann über die Straße in ihr Büro. Seine Frau auf dem Vordersitz des Pick-ups sah mit dem Ausdruck hilfloser Verachtung zu; ihre Kinder beobachteten das Geschehen von der Ladefläche aus.

Ein paar Minuten später kamen die drei wieder aus der Polizeikaserne. Einer der Cops steckte ein paar Scheine in seine Tasche, während der Fahrer unter Protesten zu seinem Wagen zurückging. Während der Pick-up davonfuhr, nahmen wir unser Volleyballspiel wieder auf.

Als ich wieder in Cuenca war und die Abreiseformalitäten in meinem Hotel regeln wollte, geriet ich in eine Situation, die ich eigentlich hätte vorhersehen müssen. Ich hatte mir auf die Empfehlung eines Regierungsbeamten in Quito hin ein Zimmer in diesem Hotel genommen. Der Mann hatte mir versichert, dass ich umsonst dort wohnen könne, zumindest jedoch würde mir der Manager – ich denke, das waren seine genauen Worte – »*un descuento sustantial*«, einen beträchtlichen Preisnachlass, gewähren. Friedrich Hassaureks Bericht in *Vier Jahre unter den Spanisch-Amerikanern* stammt zwar aus den Sechzigerjahren des 19. Jahrhunderts, enthält aber eine sehr zutreffende Beschreibung meines Dilemmas: »Die Angewohnheit, großartig klingende Versprechungen zu machen, die man nicht zu halten gedenkt, ist unter den Ecuadorianern der Sierra weit verbreitet.« James Orton, der das Gebiet zehn Jahre später bereiste, pflichtete ihm bei: »Ein Neuankömmling aus der Fremde wird mit Versprechungen überhäuft: Häuser, Pferde, Diener, wahrhaftig alles stehe zu seiner Verfügung.« Ganz offensichtlich gehörte das Versprechen der Gastfreundschaft zum nationalen Erbe.

Der Hotelmanager war zum Fischen gegangen, und der Empfangschef, der auch als Page fungierte, wusste nichts von einem solchen Arrangement – genau wie der Manager, wie sich bei dessen Rückkehr herausstellte. Um Orton noch einmal zu zitieren: »Aber ach! Der Reisende bemerkt sehr bald, dass auf diese beredten Gesten der Höflichkeit keine Taten folgen. Man erwartet nicht, dass er die Dienste, die ihm so großartig angeboten wurden, auch in Anspruch nimmt.« Hier lag mein Fehler – ich wollte die Dienste in Anspruch nehmen, die mir so großartig in Aussicht gestellt worden waren. Als ich das nächste Mal in Quito war, machte ich mir die Mühe, den Wichtigtuer aufzusuchen, der mir diese Dienste so generös angekündigt hatte. Das Hotel sei zu meiner Zufriedenheit gewesen, erklärte ich, aber es habe einige Verwirrung wegen der Rechnung gegeben. »Nun, ja«, antwortete er forsch, »es scheint allerdings ein wenig Verwirrung gegeben zu haben, nicht wahr?« Mehr gab es nicht zu sagen.

»Wir haben nur uns selbst und unser Stroh«

Nachdem ich ein anderes Hotel gefunden hatte, nahm mich Adriano González in seinem Transporter noch einmal nach Biblián mit. Der 55-jährige *comisionista* würde mich gleich an der entscheidenden Transaktion in Sachen *sombrero de paja toquilla* teilhaben lassen: den Geschäften zwischen Flechtern aus der ganzen Gegend und den Exporteuren, bei denen er als Zwischenhändler fungierte.

González, der in Biblián geboren und aufgewachsen ist, zog nach Cuenca, als er 25 wurde. Vier Tage pro Woche verbringt er in Biblián; die restliche Zeit beliefert er die Exporteure mit Hüten und widmet sich der Finanzierung. Mit seinen mehr als 1,80 Meter überragt er die Hunderte von Flechtern, mit denen er jede Woche verhandelt. An diesem Morgen trug er unter einer Strickjacke und einem grauen Jackett ein Hemd mit Druckknöpfen. Während der ganzen Fahrt saß eine Frau auf dem Rücksitz, die den Eindruck machte, als wäre sie gar nicht da; weder sagte sie ein Wort, noch wurde sie angesprochen. Mehr als eine Stunde lang wurde dieser *chola* weniger Aufmerksamkeit gewidmet als einem lateinamerikanischen Sicherheitsgurt. Sogar beim Blick in den Rückspiegel nahm González keine Notiz von ihr. Als wir in Biblián ausstiegen, begann sie Gegenstände in Adrianos Haus zu tragen. Ich deutete auf sie und flüsterte: »Wer ist das?«

»Ach, sie.« González schien überrascht, dass ich sie überhaupt bemerkt hatte. »Das ist meine Dienerin«, sagte er abfällig.

»Wie heißen Sie?«, fragte ich sie später.

»Ich bin die Dienerin«, antwortete sie.

Ich stellte mich vor. »Und Sie sind –«, sagte ich und ließ den Satz in der Luft hängen.

»– *para servirle*«, antwortete sie. Zu Ihren Diensten. Im Hochland von Ecuador, das wurde immer offensichtlicher, hatte man entweder Dienstboten oder war selbst einer. Dazwischen gibt es nur sehr wenig.

Eine lange Eingangshalle führte von Adrianos Vordertür in eine Küche. Nebenan lag ein dunkles Wohnzimmer, das auch als Büro diente. Zwischen Wohnzimmer und Küche erstreckte sich ein großer, offener Raum, der durch ein paar niedrige Tische vom Flur abgetrennt war. Neben dem Gebäude bot eine Zufahrt Platz für den Transporter, Stapel von Hüten und einen Hund. Adrianos Haus unterschied sich von den meisten Häusern Bibliáns dadurch, dass es über fließendes Wasser verfügte. Wir parkten das Auto und setzten uns in den offenen Raum. In der Zwischenzeit hatte die Dienerin schon heißes Wasser für einen Kaffee bereitet und war dabei, Brot aufzubacken, das sie in einer Bäckerei am Ende des Blocks gekauft hatte.

Ein leichter Nieselregen setzte ein. Auf der anderen Straßenseite begann Humberto, der vor seinem Haus auf dem Boden gesessen und *toquilla-tallos* verkauft hatte, sein *paja* aufzusammeln, um es vor der Nässe in Sicherheit zu bringen. Isabel, eine Nachbarin, die einen Block weiter wohnte, hielt ihn auf, um sich 26 *tallos* auszusuchen, genug Stroh, um drei oder vier Hüte zu flechten. Sie gab ihm 65 Cents, 25 weniger, als er verlangte. »Am Sonntag, wenn ich Geld bekomme, zahle ich dir den Rest«, sagte sie und wies dabei mit dem Kopf auf González' Haus.

»Wissen Sie«, sagte González, »meine Arbeit ist sehr hart, und ich beherrsche sie jetzt wirklich aus dem Effeff. Die Hauptsache ist, dass man keinen Monat, keine Woche, keinen Tag locker lässt. Ich kenne die meisten Flechter seit ihrer Kindheit. Ich weiß, wer mir die Hüte liefert, die ich verlangt habe, und wer unzuverlässig arbeitet. Und ich kann Ihnen sagen, aus welchen Kindern mit der Zeit gute Flechter werden. Ich unterstütze sie. Das macht mir am meisten Freude.« Ich erzählte ihm, wie sehr die Familie Ojeda mich beeindruckt hatte. »Ja, und sie sind außerdem zuverlässig. Das ist das Allerwichtigste.« Wir begannen Brot und Käse zu essen.

»Die Flechter kommen sonntags entweder vor oder nach der Kirche zu mir. Dann gehen sie auf den Markt, um Stroh für die folgende Woche und den Rest ihres täglichen Bedarfs zu kaufen. Manche meiden den Menschenauflauf hier und bringen mir ihre Hüte unter der Woche.« Man hörte die Vordertür aufgehen. Der Klang hallte bis ans Ende der Halle wider.

»Mein Erfolg gestattet es mir, mir mehrere Häuser zu leisten: hier in Biblián besitze ich acht, in Cuenca vier und in Quito ein Haus. Ich wünschte, ich hätte Zeit, Sie heute mit hinaus auf mein Landgut zu nehmen. Ich habe hier in der Nähe eine Rinderfarm und eine Apfelplantage.« Er rief der Dienerin zu, sie solle mir einen Apfel bringen, und wartete, bis ich gekostet hatte. »Schmeckt er nicht gut?«

Eine barfüßige Frau kam mit ihrer kleinen Tochter herein. Der Schlamm, den sie ins Haus trugen, hatte die gleiche Farbe wie ihre Haut. Auf dem abgetragenen Strohhut der Frau saß als Regenschutz eine dreieckige Plastiktüte, die aussah wie eine Narrenkappe. Sie zog einen weiteren Panamahut aus einer anderen Plastiktüte und fasste ihn an seinen losen Enden. Wartend stand sie mit ihrer Tochter auf der einen Seite des Tischs, während wir schwatzend auf der anderen saßen. Bewegungslos, still, fast unsichtbar würde sie geduldig so lange wie nötig ausharren. Adriano ging sogleich hinüber und nahm den Hut. Er zog einen kurzen Zollstock aus der Tasche und hielt ihn ein paar Sekunden lang an die Krempe, wobei das eine Ende den Hutkörper berührte und das andere über den Rand hinausragte. Dann maß er die Höhe des Hutkörpers und dann dessen Durchmesser.

»Fünfzig Cents«, sagte er. Das war eher eine Feststellung als ein Angebot. Das kleine Mädchen schaute zu seiner Mutter auf, und die Mutter sah González an. Schüchtern sagte sie dann: »Ich dachte, Sie –«

»Für einen solchen Hut stehen Ihnen eigentlich sechzig Cents zu«, unterbrach González, »aber er ist nicht weit genug. Schauen Sie.« Er holte den Hut, den er ihr und den anderen Flechterinnen in der Woche vorher als Modell gezeigt hatte, und zückte erneut das Lineal. »Sehen Sie den Unterschied?«, sagte er weder drohend noch vorwurfsvoll, sondern eher in einem Ton, den ein Vater gegenüber einem Kind oder ein Lehrer gegenüber einer Schülerin anschlägt. »Wenn Sie nächste Woche einen Hut in der richtigen Größe abliefern, bekommen Sie die volle Summe.« Sie nickte und streckte die Hand aus. Der *comisionista* zog ein Bündel Geldscheine aus der Tasche und klaubte 50 Cents in Sucres zusammen; der Tochter schenkte er ein paar Sucre-Münzen und ein Lächeln und tätschelte ihren Kopf. Die Mutter nickte, murmelte etwas Unverständliches, drehte sich um und ging mit ihrer Tochter wieder hinaus. González warf den Hut in die Ecke.

Juan Peñafiel Verdugo kam herein. Er arbeitet ausschließlich für González und gehört zu den zehn Personen, die Tür für Tür die ganze Gegend abklappern, um Hüte zu kaufen. Leute wie er werden von allen *perros*, Hunde, genannt, weil sie knurrend durch die Gegend stromern und ihrem Herrchen Hüte apportieren. Die Bezeichnung ist nicht als Kompliment zu verstehen, aber schon so lange gebräuchlich, dass sich von ihrer ursprünglichen Bissigkeit nicht mehr viel erhalten hat. Peñafiel lieferte 28 hochwertige Hüte aus Barrio Nuevo in Guapán ab, einer kleinen Stadt im Osten, wo er Woche für Woche jeden Mittwoch und Freitag dieselben Flechter aufsucht. Adriano zählte die Hüte, stapelte sie in der Ecke neben dem Erzeugnis der barfüßigen Lady und ging ins Büro, um Juans Ausbeute in sein Geschäftsbuch einzutragen und ihm Bargeld für die folgende Woche vorzuschießen.

Die *perros* stehen an Markttagen auch an den Straßenecken, um Flechter abzufangen, die zu den *comisionistas* unterwegs sind. *Perros* bezahlen geringfügig weniger für Hüte als *comisionistas*, doch ersparen sie den Flechtern die Mühe, González und die anderen Zwischenhändler aufzusuchen und viel Zeit in der Warteschlange verbringen. *Perros* stellen sich jede Woche am gleichen Tag an dieselbe Straßenecke und kaufen oft von denselben Frauen.

»Wenn Sie sich im Hinterland eine kleinere Ortschaft anschauen möchten, in der Toquilla-Hüte geflochten werden«, sagte Juan, »kommen Sie mit mir raus nach Guapán oder fahren Sie nach Paute oder Déleg.« Von Déleg hatte ich schon gehört; es ging das Gerücht, dass die meisten männlichen Einheimischen in den Vereinigten Staaten lebten. »Das trifft nicht nur auf Déleg zu«, fuhr Juan fort. »Jeder hier kennt einen, der in die USA gegangen ist. Aber es heißt, die meisten kommen aus Déleg.«

Am Nachmittag machte ich eine Stippvisite bei den Ojedas. Ich blieb etwa eine Stunde, und ihre fast rituell zu nennende Art des Hüteflechtens erschien mir immer faszinierender. Dieses Handwerk, das sie so geschickt und doch so mechanisch ausübten, bildete die Konstante in ihrem Leben. Doch nur höchst selten brach der Stolz auf ihre Kunstfertigkeit durch. Der Wert eines Panamahutes wird im eigenen Land unterschätzt. Erst wenn er in anderen Gefilden gelandet ist, wird ihm die ihm gebührende Anerkennung zuteil. María Elena hielt ein Auge auf Dany, während sie flocht und dabei jede einzelne Faser fortlaufend in einem bestimmten Winkel über – oder unter? – die vorausgehende Faser führte. Ihre Mutter Isaura legte nach dem Flechten des Kopfteils eine Pause ein, um Waren im Ladenfenster neu zu arrangieren, bevor sie sich der Krempe zuwandte. Großmutter Catalina lauschte dem Gespräch, nickte, lächelte, plauderte in einem Spanisch, das ich nicht verstand, und bewegte dabei unablässig mit beiden Händen Fasern zwischen Zeigefinger und Daumen. Wären diese *Paja-toquil-*

la-Stränge die Saiten eines Musikinstruments gewesen, hätte der Klang einer Sinfonie den Laden der Familie Ojeda erfüllt.

»Gibt es einen Heiligen oder eine besondere Messe oder eine *fiesta* zu Ehren der Hutflechter und -flechterinnen?«, fragte ich.

»¡No! ¡No hay nada!« Nein, gibt es nicht!, antworteten sie wie aus einem Mund. Aber jeder Art von Arbeit und jeder Ernte erweise man mit irgendeiner Zeremonie seine Hochachtung, hielt ich dagegen. Wollt ihr damit sagen, es gibt überhaupt keine Feier im Zusammenhang mit dem *sombrero de paja toquilla*?

»Nun, wir haben wirklich nichts zu feiern. Die anderen haben mächtige Gewerkschaften im Rücken. Aber wir? Wir haben nichts. Nur uns selbst und unser Stroh.«

Wie viele Köpfe hatte Catalina »behütet«, seitdem sie ihren ersten *sombrero* geflochten hatte? Nehmen wir einmal an, sie hat zwischen ihrem achten und siebzigsten Lebensjahr durchschnittlich vier Hüte pro Woche angefertigt, in den folgenden zwei Jahrzehnten drei Hüte wöchentlich, und gegenwärtig schafft sie noch einen pro Woche. Ziehen Sie für Krankheitszeiten und Freizeitvergnügungen nach Gutdünken eine bestimmte Anzahl von Hüten ab, und runden Sie diese noch einmal auf das nächste Hundert ab. Seit ihrem achten Geburtstag im Jahr 1903 hat Catalina Encalada Martínez de Calderón also insgesamt 14000 Hüte geflochten.

»Darf ich es mal probieren?«, platzte ich heraus. Ich weiß nicht, welcher Teufel mich geritten hatte, diese Frage zu stellen – jedenfalls sorgte sie für großes Gelächter. »Nein, wirklich«, versicherte ich, »ich meine es ernst.« Lächelnd sahen sie einander an. »Selbstverständlich«, sagte die Señora. »Setzen Sie sich hierher.« Ich nahm ihren Platz auf dem niedrigen Stuhl ein. Janet gab mir acht Toquilla-Fasern. Sie waren mit einem Maiskolben, der in einer kleinen Zinnschüssel mit Wasser schwamm, frisch befeuchtet worden. Die Familie bildete einen Halbkreis, um mich, den Fremden, dabei zu beobachten, wie dieser sich zum ersten Mal zaghaft an etwas wagte, das ihnen in Fleisch und Blut übergegangen war.

»Nehmen Sie je zwei Fasern und legen Sie die Paare kreuzförmig übereinander«, instruierte mich Isaura. Ich legte ein Fasernpaar hin, platzierte ein weiteres im 90-Grad-Winkel darüber und darüber ein drittes in derselben Richtung wie das erste. Als ich gerade das vierte Paar darauflegen wollte, verschob sich das erste, sodass auch die beiden anderen verrutschten. Ich konnte von vorne anfangen.

Meine Ungeschicktheit brachte die Mädchen zum Kichern. »Ich bin Linkshänder«, erklärte ich. »*El diablo*, der Teufel, wisst ihr. Alles kommt verkehrt herum heraus. Vielleicht ist es deshalb auseinander gefallen.« Isaura nahm meine Hände, als wären sie Verlängerungen ihrer eigenen, und brachte die acht Fasern wieder in Position. »Als Nächstes nehmen Sie die kurzen Enden auf. Das wird der Mittelpunkt des Hutkörpers. Er heißt *la rosita*.« Die Señora vollendete die *rosita* für mich und gab sie mir zurück.

Inzwischen war ich schon viel weniger aufs Weitermachen versessen. »*Siga no más*«, insistierten sie. Machen Sie weiter. »Als Nächstes führen Sie den linken Strang nach unten und halten den oberen fest.« »Gut.« »Einen drunter, einen drüber. Mit dem obersten Strang links ganz runter und mit dem folgenden linken unter zwei Strängen durch.« »So ist es richtig – einmal rauf, einmal runter.« »Na, na – passen Sie auf, dass die überkreuzten Stränge nicht verrutschen.« Ich verstand so gut wie nichts, und angesichts der wenigen Fasern, die ich zu verflechten hatte, sah ich nur einen winzigen Fortschritt. »Ziehen Sie an den Enden, um das Geflecht etwas fester zu zurren.«

Doch jedes Mal, wenn ich einen Strang am äußeren Rand mit einem anderen kreuzte, verrutschte einer in der Mitte. Das hier war sehr viel schwieriger, als ich mir vorgestellt hatte. Es wurde schnell klar, dass meine Mühe vergebens war. Meinen ungeschickten Fingern gelang es nicht, die Fasern in eine erkennbare Ordnung zu bringen. Je weiter ich mit dem Hut kam, desto offensichtlicher wurde mein Scheitern. Als sie das Ergebnis sahen, begannen drei Generationen eingeborener Panamahut-Flechterinnen zu lachen, zuerst mit den Augen, dann laut. Schließlich gab ich mich geschlagen und stimmte in ihr Lachen ein. Mein Panamahut glich eher dem Panamakanal.

Das Dorf
der Spezialitätenköche

»Wo fährt der nächste Bus nach Déleg ab?« Ein älterer Indianer deutete mit dem Kinn auf einen alten, grün-weißen Schulbus, der in gefährlicher Position an einem steilen Hügel parkte. Dieses Gefährt, auf dem »Trans Panamericano« stand, würde Azogues in 45 Minuten verlassen, ich hatte also mehr als genug Zeit, um in der Filanbanco, einer größeren Bank, Dollars in Sucres zu tauschen. Ecuadors Währung befand sich weiter auf Talfahrt, zum Schaden aller, wenn man von den ausländischen Touristen absah. Die Fahrt kostete keine 50 Cents, wie mir der Assistent des Busfahrers verraten hatte, während er einen Viertelquadratzentimeter Dreck an der Seite des Busses vom Lack wischte. Auf der Frontscheibe klebten Mickymaus-Aufkleber.

Es wurde eine klassische südamerikanische Busfahrt dritter Klasse mit allem, was dazugehörte: Hühner, Ziegen, Eimer voller Abfälle für die Schweine, Jutetaschen voller Gemüse, Säcke mit Maismehl und Kartoffeln, ramponierte Koffer, schreiende Kinder, vor sich hin schnarchende Erwachsene, ungezogene Fünfzehnjährige, die bereit schienen, es mit der ganzen Welt aufzunehmen, und betrunkene Zwanzigjährige, die genau das offenbar bereits versucht hatten. Der Bus fuhr bergab zum Krankenhaus, dann quälte er sich die endlos scheinenden Windungen einer Bergstraße hinauf, bis wir schließlich nach mehr als einer Stunde Déleg erreichten. Wir durchquerten unterwegs nur eine einzige Ortschaft, Cojitambo, in der es kaum Zeichen von Leben, aber umso mehr Zeichen der Armut gab. Die unbefestigte Bergstraße war gerade breit genug für den Bus und führte mitten durch liebliche Wälder, die auf einer Seite in saftig-grüne Täler übergingen. Immer wieder stiegen Passagiere aus, sodass wir nur noch zu viert waren, als wir das Dorf hoch oben in den Anden erreichten.

Die Häuser, die man auf den letzten paar Kilometern sah, waren keineswegs elende, zugige Bruchbuden, wie man mit Fug und Recht hätte erwarten können, sondern verrieten einen gewissen Wohlstand. Einige waren sogar aus Ziegelstein erbaut, und bei den Holzhäusern hatte die langwierige und sorgfältige Arbeit eines Fachmanns dafür gesorgt, dass jedes Brett passgenau an das nächste anschloss. Die Türen hingen in Angeln und waren mit Drehknöpfen zu öffnen und zu schließen. Echtes Glas füllte die Fensteröffnungen. Viele Gebäude waren offenbar war erst kurz zuvor frisch gestrichen worden, manche waren eingezäunt und hatten Toreinfahrten, die bei den Eingangstüren endeten. Nicht dass Déleg mit seinem Wohlstand geprotzt hätte; es war eher die Abwesenheit von Armut, die auffiel. Für ein Dorf, das viele Kilometer vom nächsten größeren Ort trennten, widersprach Déleg allen kulturellen und ökonomischen Gesetzmäßigkeiten. Der Bus umrundete die *plaza*, fuhr an ein paar alten, aber stabil wirkenden zweistöckigen Häusern vorbei und hielt mit quietschenden Bremsen direkt vor einer Gemischtwarenhandlung. In einer abgelegenen kleinen südamerikanischen Stadt, 3700 Kilometer von den Vereinigten Staaten entfernt, verkündete ein Schild der Filanbanco stolz: *compramos dolares* – Wir akzeptieren Dollars.

Ein schmalerer, weniger befahrener Weg ging vom gegenüberliegenden Ende der *plaza* ab. Männer mit ihren Ochsen, Frauen, die zum Markt wollten, und Schulkinder auf dem Heimweg waren dort unterwegs. Ein Mann blieb stehen und stellte sich mir als Samuel Guzmán vor.

»Sie kommen aus den Vereinigten Staaten? Tatsächlich?«, fragte er verwundert, als hätte sich der König von Spanien gerade auf ein Bier blicken lassen. »Wir hatten noch nie Besucher aus den

Vereinigten Staaten. Viele von unseren Leuten sind dort. Ich habe eine Schwester, die in Brooklyn lebt. Die andere wohnt in der Bronx. Sie sind der erste Mensch aus den Vereinigten Staaten, der uns besucht!« Dabei schüttelte er ununterbrochen den Kopf, als übersteige diese Tatsache sein Fassungsvermögen. Er lud mich zu einem Rundgang durch die Stadt ein und präsentierte mich ohne Rücksicht auf meine halbherzigen Proteste jedem, dem wir unterwegs begegneten. »Seht her! Aus den Vereinigten Staaten!«

Wir ließen uns auf der Plaza in der Nähe des leeren Springbrunnens nieder. »Die Ersten aus dieser Gegend sind um 1960 herum in die Vereinigten Staaten gezogen. Wir haben Elektrizität hier, weil so viele von unseren Leuten dorthin gegangen sind. Alle fünf Jahre ungefähr kommen sie zurück, manchmal auch früher, wenn es einen Notfall gibt, zum Beispiel, wenn jemand aus der Familie stirbt. Unser ganzer Ort verdankt seinen Wohlstand den Vereinigten Staaten. Diese Betonhäuser wurden mit Geld aus Ihrem Land gebaut. Wir fahren immer nach Cuenca, um unsere Schecks aus den Vereinigten Staaten einzulösen. Früher haben wir unser Wasser aus Ziehbrunnen geholt und in Fässern aufbewahrt. Jetzt haben wir Wasserleitungen – dank des geschickten Geldes.«

Wir kehrten zu Samuels Haus zurück, in dem er auch eine Fahrradwerkstatt betrieb. »Im Moment«, sagte er und deutete auf seine kahle Werkbank, »gibt es keine Fahrräder zu reparieren.« Poster der Fluggesellschaft American Airlines, die für San Francisco, Los Angeles und Disneyland warben, zierten eine Wand, daneben war ein sieben Jahre alter Kalender befestigt, unter dem eine Chevrolet-Kappe neben einem *sombrero de paja toquilla* hing. Die ganze Zeit über arbeitete Samuels Frau an einem Panamahut. Wann immer ich sie ansprach, schnitt Samuel ihr das Wort ab und antwortete an ihrer Stelle.

»Wir haben da eine bestimmte Methode, um in die Vereinigten Staaten zu kommen. *Falsificando.*« Urkundenfälschung. »Ein Reisebüro in Cuenca hilft uns dabei. Es kostet mindestens 3000 Dollar. Wir müssen uns Fotos besorgen und nach Guayaquil fahren. Von da aus fliegen wir nach Mexiko, wo wir dann über die Grenze gehen.« Er verließ das Zimmer und kehrte mit einem Prospekt des Reisebüros zurück. »Gewöhnlich holt ein Mann nach zwei oder drei Jahren seine Frau und den Rest seiner Familie nach.«

Wir machten uns wieder auf den Weg. Über einem kleinen Laden hing noch ein *compramos-dolares*-Schild. Jeder schien Familienmitglieder in dem Land auf dem anderen Kontinent zu haben, und alle kamen gelaufen, um mir die Absender kürzlich erhaltener Briefe zu zeigen. Dank meines Begleiters, der mein Kommen wie ein Herold hinaustrompetete, verbreitete sich die Nachricht schneller, als ich laufen konnte. Bald warteten sämtliche Mütter vor ihren Häusern, um mir einen Briefumschlag in die Hand zu drücken, als sei ich gekommen, um die Gewinnabschnitte von Preisausschreiben einzusammeln.

Samuel führte mich zu dem einzigen Restaurant am Platze. Als ich nach dem Türknopf greifen wollte, stellte sich heraus, dass es sich gar nicht um einen Türknopf handelte, sondern um Fliegen, die so dicht nebeneinander saßen, dass sie als kompakte Masse erschienen. Die Zubereitung von Suppe und Reis war in vollem Gange. »Wir öffnen erst in einer halben Stunde«, sagte die Besitzerin. Sie wandte sich ab, um die Gasflamme unter einem Topf mit braunem Schlamm anzuzünden, auf dem noch mehr Fliegen saßen. Ich fragte, welche Suppe es geben würde. »Oh, das weiß ich nicht. Es gibt das, was in diesem Topf ist.«

»Ich habe eine Zeit lang in den Vereinigten Staaten gelebt«, eröffnete mir Carlos Vélez Flor, der örtliche Polizeichef. »Wie alle hier. Meine fünf Kinder sind jetzt allesamt dort. Unsere Enkelkinder sind US-Bürger! Ich bin vor ein paar Jahren zurückgekommen, weil ich Arthritis hatte.« Samuel unterbrach uns, um zum zehnten Mal zu verkünden, dass ich der erste *norteamericano* sei, der Déleg je besucht habe. »Nun ja«, antwortete Carlos, »einmal hatten wir einen vom Peace Corps aus Azogues hier, der uns geholfen hat, unsere Trinkwasserversorgung aufzubauen.«

Dora Vélez, Carlos' Frau, ist die Postmeisterin. Zu ihrem Bezirk gehören etwa 9000 Menschen. Mit ihrem dunklen Lidschatten und den schwarzen Kleidern wirkte sie wie eine Blinde in Trauer. Zweimal wöchentlich komme die Post nach Déleg, erklärte sie, mittwochs um acht und sonntags um neun Uhr morgens. »Die Poststelle ist immer brechend voll, wenn die Post eintrifft. Wir erhalten jede Woche etwa 300 Briefe aus den Vereinigten Staaten. Es dauert ungefähr zwei Wochen, bis sie hier ankommen. Die meisten sind versichert, das heißt, es ist Geld drin. Ich habe schon erlebt, dass Schecks über 2000 Dollar hier eintrafen.«

Nach ihrer Ankunft in New York begeben sich die meisten der Männer aus Déleg zu einer Jobvermittlungsstelle in der West Fourteenth Street, die zwischen Fifth und Sixth Avenue liegt. Dort finden sie Arbeit als Tellerwäscher oder Hilfskellner in italienischen Restaurants. An Werktagen ist das Vorzimmer dieser Behörde voll mit Ecuadorianern, und immer stammt eine Hand voll aus Déleg. Obwohl sie keine gültigen Papiere besitzen, erteilt das US-Department of Labour ihnen eine Arbeitserlaubnis für Jobs, die nicht auf normalem Wege besetzt werden können – in ihrem Fall ist das eine Anstellung als »Koch für italienische Spezialitäten«. In New York firmieren die Männer aus Déleg auch dann unter der Rubrik »Koch für italienische Spezialitäten«, wenn sie nur den Küchenfußboden schrubben. Mit den vom Arbeitsministerium ausgestellten Dokumenten versehen, kehren sie dann zurück nach Ecuador, wo das US-Konsulat in Guayaquil verpflichtet ist, ihnen Visa für ihre – nun legale – Rückkehr in die Staaten auszustellen. Die Methode hat schon Tradition.

»Wenn wir sie fragen, wie sie denn italienisches Essen wie Spaghetti oder Ravioli zubereiten«, berichtete ein Angestellter der Visaabteilung des Konsulats, »starren sie uns nur mit großen Augen an. Sie haben überhaupt keine Ahnung, wovon die Rede ist. Blöderweise müssen wir ihnen ein Visum ausstellen, wenn sie eine Arbeitserlaubnis vorweisen können, selbst wenn wir wissen, dass die ganze Sache ein einziger Schwindel ist. Nach einer Weile holen sie dann ihre Familien nach. Am schlimmsten sind die, die noch nie in den Vereinigten Staaten waren. Wenn wir sie fragen, wo sie denn zu wohnen gedenken, antworten sie: ›Oh, im Sheraton in New York.‹ Sie sind noch kein einziges Mal über Déleg hinausgekommen, und alles, was sie wissen, ist, dass Sheraton der Name eines Hotels ist. Fragen wir sie, womit sie ihr Geld verdienen, antworten sie: ›Als Geschäftsmann.‹ Welche Art von Geschäft? ›Oh, Kaufmann.‹ Welche Art Kaufmann? Dann stellt sich heraus, dass sie Straßenverkäufer sind oder auf dem Markt mit Kartoffeln handeln. Wenn wir von ihnen wissen wollen, warum sie die Vereinigten Staaten besuchen möchten, sagen viele von ihnen: ›*Quiero conocer a Disney World.*‹ – ›Ich möchte Disney World kennen lernen.‹»

Auf der Rückfahrt nach Azogues saß ein junger Mann hinter mir im Bus. Sein frisch gebügeltes Hemd hatte er sorgfältig in seine Polyesterhose gesteckt. Die Schuhe waren auf Hochglanz poliert, und sein sauber gekämmtes Haar war noch feucht von einer offenbar erst kürzlich erfolgten Wäsche. Ein kleiner, alter Koffer stand neben ihm auf dem Boden. »Ich fahre nach Guayaquil«, sagte er, »und dann, so Gott will, in die Vereinigten Staaten.« Die ganze Fahrt über schaute er aus dem Rückfenster.

Mythos Hut

Bei Resistol Hats in Texas hatte der Verkauf von Panamahüten nicht mit dem Wachstum des Unternehmens Schritt gehalten. Als der Experte für Strohhüte, Irving Marin, in Rente ging, gab es niemanden mehr in der Firma, der jemals in Ecuador gewesen, den dortigen Exporteuren von Angesicht zu Angesicht gegenübergetreten war und die Transportwege mit eigenen Augen gesehen hatte. Seit 1952, als Resistol die ersten Strohhüte verkaufte, warb die Firma damit, wie gut ihre Produkte auf dem Markt Fuß gefasst hätten. Doch die Verkaufszahlen stagnierten, und immer wieder gab es Probleme mit den Hüten aus Südamerika. Bestellte Hüte wurden im falschen Stil, in der falschen Größe oder Qualität geliefert. Sie trafen entweder zu spät oder zu früh ein, es waren zu viele oder zu wenige. Gelegentlich erhielt das Unternehmen Hüte, die es nie bestellt hatte. Nur selten wurden die georderten Hüte in korrekter Anzahl und zur vereinbarten Zeit geliefert. Die Ware war qualitativ nicht einheitlich. Häufig entsprachen zehn Prozent einer Lieferung nicht den firmeninternen Qualitätsstandards. Sie wurden als »Ausschuss« deklariert. Manchmal ging mit dem Papierkram zwischen beiden Ländern etwas schief. Bestellungen und Auftragsbestätigungen wurden wechselseitig nicht ganz verstanden. Im Firmenhauptsitz in Garland, Texas, herrschte Unklarheit über das internationale Akkreditivsystem; die Exporteure in Cuenca konnten sich nicht verständlich machen. Resistol tröstete es wenig, dass es den Konkurrenzunternehmen nicht besser ging.

Die gesamte Produktion ging wesentlich reibungsloser vonstatten, als Panamahut-Imitate aus dem Orient auf den Markt kamen. Sie sahen genauso gut aus wie die Originale aus Südamerika und verursachten – bildlich gesprochen – viel weniger Kopfschmerzen. Und sie ließen sich wesentlich kostengünstiger herstellen und damit auch billiger verkaufen. Nur ein gewiefter Kunde konnte den Unterschied zwischen einem ecuadorianischen Strohhut und einem Papierprodukt aus Taiwan oder China erkennen. »Bei Panamahüten aus Papier ist das Flechtwerk gleichmäßig, und sie sind farbechter«, erklärte mir Tommy Massie, ein drahtiger Mann aus Oklahoma, der bei Resistol die Abteilung »Strohhüte« leitet. »Aber sie atmen nicht, und nach ein paar Jahren sind sie verschlissen.« Es hatte die Ecuadorianer mit großem Stolz erfüllt, dass die ganze Welt bei den Olympischen Sommerspielen in Los Angeles 1984 Panamahüte auf den Funktionärsköpfen hatte bewundern können. Allerdings wussten die Südamerikaner nicht, dass diese Hüte nicht aus *paja toquilla* geflochten, sondern Imitationen aus dem Orient waren. »Es ist wie bei der Frage: Polyester oder Baumwolle?«, sagte Massie, der die Produktion der olympischen Kopfbedeckungen überwacht hatte. »Es sind bloß nicht so viele Leute bereit, es einmal mit Baumwolle zu probieren.« Für die Verkaufsrepräsentanten der Hutfirmen ist es viel schwieriger geworden, den Einkäufern von Einzelhandelsgeschäften klar zu machen, welches Prestige mit einem echten Panamahut verbunden ist.

»In den meisten Fachgeschäften ist die Einkäuferin eine junge Frau von 22 Jahren ohne jede Berufserfahrung, die auf eine Beförderung wartet. Sie glaubt, sich mit Hüten auszukennen, weil ihr Vater einen Hut trug. Doch Einkäufer haben gewöhnlich keine blasse Ahnung von Hüten.« Diese Meinung vertritt Mike Gibbons, der Resistol bis zum Herbst 1985 als Generaldirektor vorstand. Damals verkaufte Levi Strauss das Unternehmen an Irving Joel, den Besitzer einer Hutfirma in Virginia. »Wir wollen den Leuten den Wert unserer Montecristis ins Bewusstsein bringen«, sagte Gibbons. »Das Problem ist, dass unsere hochwertigsten Hüte bereits samt und sonders zugeteilt sind, bevor die Strohhutsaison überhaupt beginnt. Wir können jedes Jahr nur so und so viele bekommen, und während die Nachfrage steigt, bleibt die Lieferquote gleich. Es gibt Tätigkeiten, die niemals von Maschinen übernommen werden können. Das Flechten eines Panamahutes ist eine davon.«

Gibbons hatte sich zu einem führenden New Yorker Hutmacher in der Madison Avenue begeben und zugehört, wie eine Verkäuferin einem Kunden gegenüber Erklärungen zu einer Mütze abgab.»Sie sagte, das gute Stück sei aus 100 Prozent Biberfell und dass sie nur die ausgesuchtesten Biberfelle aus Europa verwendeten. Dann fügte sie hinzu, dies sei eine sehr hochwertige Biberfellmütze, die, ganz nebenbei bemerkt, immer wieder in ihre ursprüngliche Form zurückschnelle, wenn man sie ein wenig knautsche. Schließlich sagte sie ihm, wie gut die Mütze ihm stehe.

Nun, sie lag hundertprozentig falsch. Erstens war es überhaupt keine Biberfellmütze. Zweitens kommen Biberfelle nicht aus Europa. Und drittens gibt Knautschen überhaupt keinen Aufschluss darüber, ob es sich um eine Biberfellmütze handelt oder nicht. Wie auch immer, der Typ glaubte alles, was sie sagte, und kaufte die Mütze für 90 Dollar. Wir wollen, dass unsere Verkäuferinnen und Verkäufer in der Lage sind, den Einkäufern für den Einzelhandel die Geschichte des Panamahutes zu erzählen. Wir wollen dem Hut etwas Mystisches verleihen. Etwas Faszinierendes. Genau das machen unsere Verkäufer – sie verklären den Hut.«

Gibbons schickte Massie von der Abteilung »Strohhüte« und Al Luiz, den Produktionsleiter, nach Ecuador, wo sie mehr über die Hüte in Erfahrung bringen und die Lieferwege in Augenschein nehmen sollten, um, wenn möglich, manche der Probleme zu lösen. »Setzen sie die Preise nach anderen Kriterien fest als wir?«, fragte Gibbons, bevor sie abreisten. »Wie formen sie die Hüte auf dem Hutstock? Stellen wir unzumutbare Forderungen an sie? Unserer Ansicht nach liefern sie ständig schlechte Hüte. Sie wiederum denken, wir meckern andauernd. Apropos Qualität: Wenn wir

X verlangen, verstehen sie dann dasselbe darunter wie wir? Hätten sie gerne großzügigere Lieferpläne? Wollen sie mehr Vorlaufzeit oder weniger?«

Die beiden Repräsentanten des Unternehmens hatten ihre eigene Meinung darüber, wie Resistol sich auf dem Panamahut-Markt profilieren konnte. Luiz trug einen todschicken ecuadorianischen Strohhut im Safaristil. Die Firma Stetson hatte Resistol ziemlich übel mitgespielt, indem es ihr gelungen war, für einen Hut gleichen Stils den Namen »Modell Indiana Jones« durchzusetzen – nach dem Filmhelden, dessen Hutfetischismus zu einem Markenzeichen Hollywoods geworden war. »Als wir diesen Stil vor einiger Zeit auf den Markt brachten, sagte Mike, es gebe nur eine Möglichkeit, diesen Hut totzukriegen: ihn mit Gewalt zu beseitigen. Nun, genau das tat unser Verkäufer, aber es war der populärste Hut weit und breit. Er steht sowohl Männern als auch Frauen jeden Alters und jeder Hautfarbe.«

»Wenn wir uns dem Markt nicht anpassen, schaufeln wir uns unser eigenes Grab«, fügte Massie hinzu. »Klassische Hüte kommen schneller wieder in Mode als Westernhüte, und wir bringen Jahr um Jahr das Gleiche heraus. Wir verändern nicht *ein* Detail. Wir sollten aber.«

Die beiden flogen zuerst nach Quito, dann nach Cuenca und setzten sich dort mit ihrem Hauptlieferanten Gerardo Serrano zusammen. »Für uns ist Ihre Firma die beste«, sagte Serrano. »Wenn wir Hüte bekommen, von denen wir wissen, dass Sie sie wollen, halten wir sie für Sie zurück. Wir liefern sie nicht an Stetson oder Miller Brothers oder irgendjemanden sonst auf unserer Liste. Wir bewahren sie für Sie auf.« Stolzes Schweigen erfüllte den Raum, bevor Serrano die die Katze aus dem Sack ließ: »Wir wollen nur, dass Sie sich dafür revanchieren.«

Luiz und Massie rutschten auf ihren Stühlen hin und her. »Selbstverständlich«, fuhr der Exporteur fort, »müssen Sie eine gewisse Toleranzbreite hinsichtlich der Menge und Qualität in Erwägung ziehen. Uns wäre es am liebsten, wenn Sie keine zu großen Mengen bestellen und pro Lieferung lediglich zwei Qualitätsstufen ordern würden. Auch das Risiko, das Sie durch den Verkauf hochwertiger Hüte eingehen, muss bedacht werden. Bedenken Sie: Diese Hüte hier sind handgeflochten. Für die Herstellung unserer hochwertigsten Produkte beschäftigen wir eine exquisite Gruppe Flechterinnen und Flechter, denen wir Toquilla-Fasern und Hutformen zur Verfügung stellen. Diesen Flechtern strecken wir Geld für die Hüte vor.«

Auch ihrem zweiten großen Lieferanten Kurt Dorfzaun, einem in Deutschland geborenen Unternehmer, der die meiste Zeit seines Lebens in Ecuador verbracht hatte, opferten die beiden Repräsentanten Zeit. »Jetzt sagen Sie mir«, fragte Dorfzaun, nachdem das Thema »Hüte« abgehakt war, »was mit meinem Onkel ist. Gibt es ein Problem?« Karl Dorfzaun, Kurts betagter Onkel, vertritt seinen Neffen in den Vereinigten Staaten von seinem mitten in Manhattan gelegenen Büro am Broadway aus. Importeure, die bei Kurt in Ecuador einkaufen, müssen ihre Geschäfte über Onkel Karl abwickeln, der die Bestellungen nach Südamerika weiterleitet und Kurts Lieferungen aus Ecuador zur Übermittlung an die Einkäufer erhält. Für Kunden ist er eine unerschöpfliche Quelle der Frustration, eine Tatsache, von der Kurt nur eine schwache Ahnung hatte.

Eines Morgens trafen sie sich mit Moisés Bernal Bravo, einem anderen Exporteur, der mir seine Tätigkeit schon einmal erläutert hatte. Als Nächstes suchten die Resistol-Repräsentanten seinen Erzrivalen und Bruder Eloy auf, den *patrón* und Hauptunternehmer in Recaurte. Praktisch der ganze Ort war auf den Beinen, um die Würdenträger aus *gringolandia* zu begrüßen.

»Es bedeutet ihnen so viel, Sie zu sehen«, sagte der beleibte Eloy zu seinen Gästen, als die Leute sich wie zu einer lautstarken Willkommensparty versammelten, um den Gästen die Hand zu schütteln. »Wenn sie wissen, dass am anderen Ende der Lieferkette jemand die Hüte entgegennimmt, hebt das ihre Moral enorm.«

Unter Mühen und Qualen

Die Flechterinnen, deren Hüte bei Serrano, Dorfzaun oder anderen Exporteuren landen, erhalten heute nicht wesentlich mehr Lohn für ihre Arbeit als vor zehn, 15 oder 25 Jahren. Keiner der zögerlichen Versuche, einen Flechter-Verband zu gründen, konnte gegenüber den *perros, comisionistas* und Exportfirmen durchgesetzt werden. Gelegentlich haben auch Behörden, sowohl der Provinz- als auch der Zentralregierung, Maßnahmen in die Wege geleitet, die materielle Situation der Flechter zu verbessern, doch letztlich vermochten sie ebenso wenig zu bewirken, wie die Versuche der Flechter, sich zu organisieren, von Erfolg gekrönt waren. Bei einer Heimarbeit wie dem Flechten von Panamahüten bestimmt die Industrie, was in den Hütten zu geschehen hat.

1944 schrieb Dr. Luis Monsalve Pozo: »Tausende von Händen, weiße, weiche, zarte Frauenhände, Mädchenhände, die Toquilla-Stroh verflechten, und mit den Fasern auch die Illusion, sich ihr Brot und ihr Wasser verdienen zu können. Die Wirklichkeit macht aus dieser Illusion ein paar *centavos* für die Flechterinnen, doch für andere macht sie daraus Paläste, Cadillacs, Villen, Reisen und andere Dinge...« Die Flechter und Flechterinnen, so Monsalves Essay weiter, »leben verstreut in den Städten und auf dem Land. Ihnen fehlt der Geist einer vereinten Klasse. Sie sind sich ihres Problems nicht bewusst; sie fühlen es, sie leben damit, aber das Wagnis einzugehen, es zu lösen, ist ein Gedanke, der ihnen völlig fern liegt. Dieses fehlende Band zwischen den Arbeitern, das Fehlen eines Klassenbewusstseins und die diesem Gewerbe eigentümliche

Vereinzelung der Arbeiter, die sich irgendwo im Brombeerdickicht der Anden verlieren ... haben dazu beigetragen, dass den Arbeitern nicht das leiseste Wort des Zorns oder der Anklage über die Lippen kommt.«

Über mehr als 50 Seiten spürt Monsalve seiner eigenen Panamahut-Fährte nach. Er beginnt beim »Boden, der die Faser in Fülle hervorbringt« und folgt dem Weg des Strohs »in unsere Städte, den stummen Zeugen der Schmerzen, die die Menschen bei der gewissenhaften Ausübung ihrer Tätigkeit leiden« bis zur Ankunft der Hüte »in New York, wo sie Millionen von Häuptern bedecken«. Monsalves marxistische Polemik bemüht Tabellen, Statistiken, Emotionen, Steuern und Umsatzzahlen, um die Hintergründe des Vermarktungssystems darzustellen. Er analysiert Einnahmen, Ausgaben und Gewinne der Flechter, *perros*, *comisionistas* und Exporteure. In dem Jahr, in dem sein Essay veröffentlicht wurde, exportierte Ecuador 4,3 Millionen *sombreros de paja toquilla* ins Ausland, was den Exporteuren einen Gewinn in Höhe von fünf Millionen Dollar einbrachte.

1953, als Monsalve seinen Aufsatz überarbeitete und erneut veröffentlichte, hatte sich die Mode geändert, und die Hutexporte nach Übersee waren um fast eine Million Stück pro Jahr zurückgegangen. Diesmal reagierten die Exporteure mit einer eigenen Propagandaschrift, in der sie den Autor beschuldigten, er fälsche Statistiken, gebe die Kosten nicht korrekt wieder, führe aus der Luft gegriffene Gewinne an und verbreite »beleidigende Unwahrheiten«. Sie untermauerten ihren Angriff mit eigenen Statistiken, die Monsalves Behauptungen widerlegten. Alles in allem handelte es sich um eine lautstarke Verteidigung der speziellen Sorte Kapitalismus, die im Panamahut-Gewerbe blühte und gedieh. Mehr als die Hälfte der 15 Exporteure, welche die Widerlegung von Monsalves Analyse unterschrieben, sind noch immer im Geschäft.

Monsalve war nicht der Erste, der sich in dieser Zeit über die Hutindustrie ereiferte. 1939, am Vorabend des Zweiten Weltkriegs, schrieb G. H. Mata ein Gedicht von epischen Ausmaßen, das den Titel *Juan Cuenca – Biografía del Pueblo Sombrerero* trug, was so viel heißt wie »Juan Cuenca – Biografie des Hutmachervolkes«. Der Protagonist dieser bemerkenswerten Saga ist eine Art Jedermann aus Cuenca. Er wird in eine Familie hineingeboren, die in dem bitterarmen Ort El Chorro bei Cuenca lebt, wo die Frauen Hüte flechten und spinnen. Voller Anklagen gegen jene, die aus der Handarbeit der Hutmacher Profit schlagen, kämpft Juan Cuenca unermüdlich gegen die Arbeitsbedingungen und den Wucher, die in diesem Gewerbe herrschen. Das Gedicht wimmelt nur so von gallenbitter gezeichneten Klischeefiguren: *perros, comisionistas*, Fabrikbesitzer und Gringos aus den Vereinigten Staaten und Europa, die Ex- oder Importfirmen besitzen. Doch zunächst zu Juan Cuencas Eltern:

> Sein Vater war Hutmacher, ein immer hungriger,
>   schlecht bezahlter Akkordarbeiter
> In den Toquilla-Hutfabriken der Gringos.
> Zu jeder Zeit schwang er den Arbeitshammer,
> Als schaufele er sein eigenes Grab ...
>
> ... das Wehklagen seiner Mutter,
>   die trüben Blickes flicht und flicht ...

Juan schuftet inzwischen als Endbearbeiter. Er zieht die kurzen Faserenden an den Krempen der fertig geflochtenen Hüte fest und verknüpft sie.

> Oft schnitt das Stroh, das harte und schlüpfrige,
> Ihm in die Finger, einem Messer gleich,
> Und hinterließ auf seinen müden Fingern
> Den Abdruck glühendheißer, gelber Fasern ...

Anschließend schildert Mata das Los der ausgebeuteten Flechterin, die nach all den Jahren, die sie mit gekrümmtem Oberkörper über dem Hutbrett verbracht hat, schaumigen Speichel und Schleim hustet und schließlich an Schwindsucht leidet:

> Die *chola* flicht Fasern,
> flicht Tuberkulose und Hunger hinein
> Und Blutarmut und den Verfall ihres Körpers,
> während ihr Brustkorb einsinkt ...
> Und ihr Rückgrat sich krümmt, das stets gebeugte ...
>
> *Carludovica palmata*
> Der Scharfrichter trägt einen weißen Anzug ...
> Der vornehme Mörder der Braunen Jungfrau
>   des Rosenkranzes
> Trägt einen hübschen *sombrero*, geflochten von
>   einer *chola*
> Deren Leben dem Tod gleicht.

Schließlich fordert Juan Cuenca zur Gründung eines Hutmacher-Syndikats auf. Das Gedicht endet mit einem Schlachtruf für »die Proletarier dieser Welt«.

El Chorro, das oben erwähnte, für seine Flecht- und Spinnarbeiten bekannte Städtchen, dient auch als Kulisse für *Los hijos* (»Die Kinder«), einen Roman von Alfonso Cuesta y Cuesta. Dort wird ein kleines Mädchen geboren, dessen Schicksal schon bei seiner Geburt besiegelt ist – durch den Spitznamen, den man ihr gibt: *la tejedorita* – die kleine Flechterin. »Kleine Mädchen werden mit *paja toquilla* in den Händen geboren«, stellt einer der Nachbarn fest.

»Und mit einem angefangenen Hut!«, ergänzt ein anderer.

»Natürlich wäre es besser gewesen«, sagt der erste Nachbar, »wenn es ein Junge geworden wäre. *Más gana el hombre silbando que la mujer hilando.* Ein Mann, der pfeift, ist mehr wert als eine Frau, die spinnt.«

Später gibt es einen Hutflechter-Wettbewerb, und jede Flechterin reicht ihren besten Toquilla-Hut ein, in der Hoffnung, dass man ihn für die Jungfrau Maria und das Jesuskind auswählt. Die Kirche kassiert alle eingereichten Hüte ein, um sie zu exportieren, und die Frauen überlegen, wie viel Geld ihre Hüte wohl einbringen werden:

»›In New York mindestens hundert Dollar. Die Patres brauchen mehr Geld.‹

Darauf bemerkt eine andere: ›Bald werden wir die Hüte im Kino sehen, berühmte Leute werden sie tragen, ein Präsident vielleicht oder ein Ölbaron.‹«

Am nächsten Tag stattete ich dem Krankenhaus einen Besuch ab, weil ich wissen wollte, ob an diesem Gerede über Tuberkulose etwas dran war. Gab es tatsächlich einen klaren Zusammenhang zwischen Tuberkuloseerkrankungen und dem Flechten von Hüten? Waren diese eleganten Strohhüte, welche die Models zu den Frühjahrs- und Sommerkollektionen zu tragen pflegten, wirklich die Ursache für die Schmerzen und Krankheiten der unterbezahlten Flechterinnen? Um das herauszufinden, besuchte ich das Rote Kreuz im zweiten Stock eines Stadthauses, dessen erster Stock gerade im Bau war. (Südlich des Äquators werden Gebäude von oben nach unten fertig gestellt.) Um die Stufen, die zum zweiten Stock hinaufführten, zu erreichen, hatte der entschlossene Besucher zunächst einige hölzerne Absperrungen zu überwinden, dann auf Zehenspitzen nassen Zement und trocknenden Putz zu umkurven, ohne dabei mit offen liegenden Kabeln und mit Nägeln in Berührung zu kommen, die mit der Spitze nach oben wiesen, und schließlich eine Flucht enger, mit Schutt übersäter Treppen ohne Geländer und manchmal auch ohne Trittflächen zu bewältigen. Die meisten Besucher wollten zur Blutbank am Ende des Flurs. Das Rote Kreuz schickte mich zum Tuberkulosekrankenhaus. Mein geruhsamer Blick auf einen unschuldigen Hut entwickelte sich allmählich zu einer richtigen Detektivgeschichte.

»Wir haben die Tuberkulose hier praktisch ausgerottet«, erklärte mir der Chefarzt, der schon seit 1957 in der Klinik arbeitete. »Es stimmt, dass wir vor allem in den ländlichen Hutflechterorten viele Fälle von Tuberkulose hatten. Also haben wir eine Untersuchung in Sígsig durchgeführt, wo es damals in fast jeder Familie mindestens eine Flechterin oder einen Flechter gab. Es stellte sich heraus, dass 80 Prozent der Menschen, die an TB erkrankt waren, sich zwischen März und Oktober als Saisonarbeiter an der Küste aufgehalten hatten. In einer anderen Gegend mit hohen Tuberkuloseraten fanden wir überhaupt keine Flechter. Daraus haben wir geschlossen, dass die irgendwie verdrehte Arbeitsposition mancher Flechter nicht für das Auftreten von Tuberkulose verantwortlich war.

Wir fanden jedoch heraus, dass Menschen, die zweimal jährlich eine drastische Klimaveränderung durchgemacht hatten, sehr viel häufiger unter Atemwegserkrankungen litten als die Flechter. Das hat kurz nach dem Ende des Zweiten Weltkriegs angefangen. Als damals der internationale Panamahut-Markt einbrach, änderte sich die Lebensweise hier in den Provinzen Azuay und Cañari – die Menschen, die auf dem Land gelebt hatten, strömten nach Cuenca, und viele wanderten in die Küstengebiete ab, in der Hoffnung, dort Arbeit zu finden.«

Der gute Doktor wusste seine These mit eindrucksvollem Zahlenwerk zu untermauern. Ich dankte ihm für die Zeit, die er mir geopfert hatte, und er fuhr mich zurück ins Hotel. Es schien, als sei mein Gastspiel als Detektiv hiermit beendet.

Cuy für zwei

Ich hatte wieder die Unterkunft gewechselt – nicht weil das neue Hotel mir seine Dienste so großartig angeboten hätte, sondern vielmehr, weil es dem Begriff »Hotel« nicht gerecht wurde. Als ich eincheckte, fragte ich den Nachmittagsportier, ob das Hotel VISA-Karten nehme, wie an der Tür angeschrieben stand.

»*Sí*«, antwortete er.

»Nein«, sagte der Morgenportier, als ich ein paar Tage später auschecken wollte. »Wir nehmen keine VISA-Karten.«

»Nun, Ihr Kollege sagte, dass Sie welche nehmen«, protestierte ich.

»Tut mir Leid, ich kann keine VISA-Karte aktzeptieren.« Mit dem hastig herbeizitierten stellvertretenden Manager führte ich das gleiche Gespräch noch einmal. »*No*«, bedauerte er scheinheilig. »Hier muss ein Irrtum vorliegen. *No aceptamos VISA aquí.* Wir haben hier noch nie VISA-Karten genommen.«

»*Mira*«, sagte ich und zerrte ihn am Ellbogen zur Eingangstür. »Schauen Sie. Was steht hier?« Ich zeigte auf das Abziehbild einer Kreditkarte, auf dem ACEPTAMOS VISA stand. »Und da? Und da? Und da?« An der Glastür waren so viele ACEPTAMOS-VISA-Aufkleber angebracht, dass man kaum noch durchsehen konnte. »Und Sie besitzen die Unverschämtheit, mir zu sagen, dass Sie keine VISA-Karten nehmen?«

Wie das Hotel, in dem Ludwig Bemelmans in Riobamba abgestiegen war, schienen auch Cuencas Unterkünfte einem Film der Marx Brothers entsprungen. Wäre dies tatsächlich ein Film gewesen, hätte ich den stellvertretenden Manager mit dem mickrigen kurzen Hals gewürgt, bis ihm die Augen aus den Höhlen getreten wären. Stattdessen sagte ich mir zur Beruhigung, dass ich dieses doppelzüngige Faktotum mit seinen eigenen Waffen geschlagen hatte. Kaum hatte ich meinen Punkt gemacht, gab ich nach, und wir zogen uns in sein Büro zurück, wo wir uns auf eine Zahlungsweise einigten. Als ich das Hotel verließ, war der Portier damit beschäftigt, die Aufkleber von der Tür zu kratzen.

Als Nächstes zog ich ins Hotel Crespo, dessen Zimmer einen Ausblick auf den Rio Tomebamba bieten und dessen Belegschaft die Launen von Reisenden aus dem Ausland toleriert. Das Crespo gefiel mir immer besser, und von dort aus ging ich zusammen mit einem ecuadorianischen Freund ins Tres Estrellas, um dort *cuy* zu Abend zu essen. Diese Delikatesse aus den Anden ist bei ländlichen *fiestas* sehr beliebt.

Cuy bedeutet Meerschweinchen. Meerschweinchen sind kostbare kleine, wollige Tiere, die mit Maiskolben, Alfalfa, Gras und Salat aufgezogen und im Alter zwischen einem halben und einem Jahr geschlachtet werden. Den Namen *cuy* haben sie wegen der Quietschtöne, die sie ausstoßen: kwieh, kwieh! Ich musste ernsthafte kulturelle Vorurteile überwinden, bevor ich mich dazu durchringen konnte, eines zu essen.

Das Estrellas grenzt an das Haus seines Besitzers Victor Toral, der sein erstes Meerschweinchen im Jahr 1953 servierte. Das Restaurant verteilt sich über die zwei Stockwerke des Gebäudes, das neben der Eingangstür außerdem eine kleine Bar besitzt. Jede der voneinander abgeschirmten Nischen enthält einen Holztisch, an dem acht oder mehr Personen Platz finden. Von den Nischen im zweiten Stock aus kann man durch große Fenster in den Flur hinuntersehen. Nackte Glühbirnen baumeln von der Decke. »Die Leute kommen auf einen Drink rein und fangen an zu randalieren«, erklärte Señor Toral, während er zum Restaurant in den ersten Stock hinaufstieg. »Deshalb ist es besser, wenn man eine gewisse Privatsphäre bietet.« Wir wählten eine Nische im Erdgeschoss und bestellten Meerschweinchen für zwei.

Señor Toral gestattete mir, dem Koch beim Zubereiten unserer Mahlzeit zuzusehen. Auf dem Weg in die Küche hörte ich einen seltsam vertrauten Klang, auf den das hohle Krachen von berstendem Holz folgte. Ein paar Teenager spielten im Hinterzimmer Bowling. Auf der Bahn, die aus den USA stammte, konnten sich die Gäste die ungefähr 45 Minuten Wartezeit vertreiben, welche die Zubereitung eines *cuy* in Anspruch nahm. Seit ihrer Installation 1962 waren die beiden Bahnen bis auf gelegentliche Säuberungsaktionen mit Besen und Wischmopp nicht gewartet worden, und das Holz hatte sich stark verzogen. Es war von kleinen kleinen Kratern verschandelt, die davon herrührten, dass unfähige Spieler die Kugeln geworfen hatten. Beide Bahnen hatten starke Ähnlichkeit mit Ecuadors Topographie: in der Mitte die vulkanischen Anden, die rechts und links in Dschungel und Meer übergingen.

Während ein Junge die Bowlingkugel schob, betätigte sich der andere als Kegeljunge, brüllte seinem Freund zu, wie viele Pins umgefallen waren, räumte die gefallenen Pins weg und schob ihm die Kugel zurück. Doch die Bahnen waren in einem so Mitleid erregenden Zustand, dass sogar ein perfekter Wurf durch einen Splitter, eine unverhoffte Beule oder eine Neigung der Laufflāche in Richtung Rinne abgelenkt werden konnte. Andererseits konnte eine Kugel, die auf die Seite zusteuerte, mitten in die Kegel hineinkrachen. Die Bowlingspieler konnten zwischen vier Kugeln wählen, die im Laufe der Jahre so gelitten hatten, dass sie eher auf die Kegel zuwackelten als -rollten. Wohin sie auch gerade unterwegs sein mochten – die Kugeln liefen stets Gefahr, auf die Nebenbahn oder darüber hinaus zu schlingern: in Richtung fast eines Dutzends Hühnchen, die dem Spiel aus ihren Käfigen vom Rand aus zusahen.

Als ich in der Küche angelangt war, hatte der Koch, eines von Torals elf Kindern, ein Meerschweinchen am Bauch aufgeschlitzt und ihm die Pfoten abgeschnitten. Ein sehr langer Spieß wurde dem Nagetier durchs Maul gesteckt und weitergeschoben, bis er am anderen Ende wieder herauskam; dann wurde das Meerschweinchen eine halbe oder Dreiviertelstunde über glühenden Holzkohlen gegart. »Am besten nimmt man einen Holzspieß«, sagte Torals Junge, während er den Braten etwa acht Zentimeter über der Glut drehte. »Auf Elektrogrills mit ihren Metallspießen werden die Meerschweinchen nicht gut.« Ein regionales Kochbuch, das ich erworben hatte, gab folgende Anweisungen: »Das kleine Tier wird gebraten und am Tag, bevor es verspeist wird, gehäutet und in Knoblauch, Salz und Gewürzen mariniert. Später wird es mit gebräuntem Schweinefett übergossen und langsam über einem offenen Feuer geröstet. Gewöhnlich reicht man dazu Kartoffeln, die auf besondere Art zubereitet und *ají de cuy* genannt werden.« Mit dieser Beilage wurden Kartoffeln bezeichnet, »die zusammen mit dem Kopf eines Meerschweinchens gekocht und mit gebräuntem Schweineschmalz oder Schweinefett gegart werden. Sie werden mit Scheiben hart gekochter Eier garniert.«

Schließlich brachte Señor Toral unser gebratenes Meerschweinchen herein und stellte es auf den Tisch. Von der gleichen Größe wie sein Vetter, die Ratte, sah unser *cuy* aus wie das Opfer eines Waldbrandes. Es war am Bauch quer durchgeschnitten worden, sodass jeder von uns sich eine Hälfte nehmen konnte. Haarstoppeln ragten aus seiner gerösteten Haut hervor. Winzige, spitz zulaufende Zähne verliehen dem Gesicht des toten Meerschweinchens ein verschlagenes, geradezu unheimliches Grinsen. Ich nahm die hintere Hälfte.

Die Haut war so knusprig und kross wie die einer gebratenen Ente, schmeckte aber nach nichts. Im Inneren gab es so viele kleine Knochen und so viel Fett und Knorpel, dass es sich als schwierig erwies, genießbares Fleisch zu finden. Trotz seiner Größe ist *cuy* definitiv *finger food*; Gabeln und Messer waren nutzlos. Das Fleisch – einmal fand ich welches – schmeckte matschig wie zu lange gekochtes Kaninchen. Alles troff nur so vor Fleischsaft; Meerschweinchen ist ein Gericht, für das man fünf Servietten braucht.

Cuy wird in manchen Teilen Südamerikas traditionell bei Trauergottesdiensten gegessen und spielt auch bei religiösen Festen eine Rolle. Auf dem Land reiben Heiler ein lebendiges Meerschweinchen an dem von einer Krankheit befallenen Körperteil eines Patienten, damit die Krankheit auf das Tier übergeht. In Quito war es im 16. Jahrhundert Brauch, Meerschweinchen im Rahmen der Sterbesakramente bei lebendigem Leib das Herz herauszunehmen und es, solange es noch schlug, Sonne und Mond darzubieten. Mein Meerschweinchen taugte allerdings weder zu zeremoniellen noch zu medizinischen Zwecken. Es lag einfach nur da, als ich darin herumstocherte.

Ein lautes Pfeifen gellte durch die Luft, gefolgt von heftigem Klatschen. Der Barkeeper sauste nach draußen auf den Bürgersteig und reckte den Kopf nach oben. Ein angeheiterter Gast lehnte sich im oberen Stock gefährlich weit aus dem Fenster seiner Nische und schwenkte eine leere Flasche Zuckerrohrschnaps. »*Sì, señor*«, sagte der Barkeeper mit einem Nicken. Er ging zurück zur Bar, nahm eine volle Flasche und rannte die Treppe hinauf, um den Vorrat des Pfeifers wieder aufzufüllen. Unsere Rechnung belief sich auf 8,40 Dollar und 7,50 Dollar für zwei Portionen Meerschweinchen sowie 15 Cent pro Glas für das Zeug, das wir getrunken hatten, um es herunterzuspülen.

Die 10 000 Hüte
des Adriano González

Adriano González wirkte ausgesprochen müde, als er am Sonntagmorgen um sechs Uhr in Begleitung seiner Frau daherkam, um die Eingangstür ihres Hauses in Biblián aufzuschließen. Sie waren erst drei Stunden zuvor von einer Hochzeits-*fiesta* zurückgekehrt und im Morgengrauen von Cuenca hierhier gefahren, und nun stand Adriano der anstrengendste Tag der Woche bevor. Schnell schob er seiner Frau einen Stuhl hin, stellte den Tisch auf, über den die Geschäfte laufen sollten, und, das war am wichtigsten, einen kleinen Hocker, auf den er seine Brieftasche legte. Darin befanden sich 650 000 Sucres – fast 7000 Dollar – in knisternden Scheinen, frisch von der Bank. Es dauerte nur zehn Minuten, bis das Geräusch schlurfender Sandalen in der Halle das Erscheinen der ersten Frau ankündigte. Die nächste Flechterin, keine anderthalb Meter groß, hatte ihr Baby in einem Tragetuch auf dem Rücken. Ihr folgte eine noch kleinere Frau. Das leise Gemurmel aus Spanisch und Ketschua würde etwa eine Stunde lang stetig lauter werden, sich dann, gelegentlich abflauend, im Großen und Ganzen auf konstanter Lautstärke halten, um am frühen Nachmittag schließlich allmählich zu verebben. An diesem Sonntag begann und endete das Wirtschaftsleben von Biblián – wie an jedem Sonntag in den letzten Jahrzehnten – im Haus von Adriano González.

»Wie viel, glaubst du, ist dieser hier wert?«, fragte González eine halbe Stunde später eine Flechterin, die ihm gerade einen Hut zur Beurteilung gereicht hatte. Die Schlange reichte nun bereits um die Ecke bis in den Gang. »80 Sucres?«, fragte sie zurück (zu dieser Zeit etwa 85 Cents).

»75«, entgegnete er mit großer Entschiedenheit, dann untersuchte er den zweiten der beiden Hüte, die sie ihm gegeben hatte. »Ah, hier ist einer, der 80 wert ist.« Seine Frau händigte der Flechterin 155 Sucres aus, während er sich vorbeugte, um die fünf Hüte der nächsten Flechterin in der Schlange entgegenzunehmen.

»Was willst du dafür?«, fragte er die Frau.

»60 Sucres das Stück«, antwortete sie mit breitem Lächeln. Er lachte über ihre absurde Forderung, während er jeden Hut flüchtig prüfte. »Diese bringen je 55«, sagte er, indem er vier Panamas zur Seite schob, »aber dieser hier – der ist genau das, was ich suche. Er weist keine Unregelmäßigkeiten auf wie die anderen.« Er hielt ihn in die Höhe, damit die in der Schlange wartenden Flechterinnen ihn ebenfalls sehen konnten, und wandte sich an seine Frau. »60 für den einen und 55 für die anderen vier.« Dann schleuderte González die gerade erworbenen Hüte im Wert von 280 Sucres in die hintere Ecke des Raums.

Nun war eine kleine, knochige Frau an der Reihe, ihre Handarbeit zu verkaufen. »Früher habe ich immer neun Hüte in der Woche gemacht«, sagte sie, »jetzt schaffe ich nur noch drei. Meine Augen sind schlecht geworden. Alle kriegen vom jahrelangen Flechten schlechte Augen.« Sie glaubte, ihre Hüte, die aus gröberen Fasern und lockerer geflochten waren, würden 65 das Stück bringen. Gleichmütig akzeptierte sie 60. González erkundigte sich, wie bei allen anderen auch, nach ihrer Familie. Er kannte die Namen ihres Ehemannes, ihrer Schwester und ihrer fünf Kinder. Die Frau machte einen kleinen Knicks, bevor sie ging.

Für Stunden schien es, als hätten sich praktisch alle Frauen – und einige Männer – aus dem Cantón Biblián bei Señor González eingefunden, um ihm ihre fertigen Hüte zu verkaufen. In kleinen Grüppchen warteten sie darauf, dass der Mann, dem sie auf Gedeih und Verderb ausgeliefert waren, ihnen den wöchentlichen

Hungerlohn zuteilte. Einige schwiegen, andere unterhielten sich, manche blickten ernst drein, und ein paar waren ganz offensichtlich betrunken.

Ich ging um den Tisch herum, um mir das anzuschauen, was die Flechterinnen sahen. Aus dieser Perspektive wirkte der schlanke, 1,80 Meter große González noch etliche Zentimeter größer. Von hier aus betrachtet, hatte er klar die Oberhand – tatsächlich hatte er sogar alles in der Hand. Seine Augen, sein Teint, seine Kleidung, sein Haus, sein Geschlecht, seine Ausdrucksweise, seine Größe, seine Brieftasche – er war in jeder Hinsicht im Vorteil. Viele Flechterinnen kauten rohes Zuckerrohr, während sie in der Schlange warteten; ihre Zähne – oder was davon übrig war – waren so gelb wie ihre Hüte. Ich fragte ein paar Frauen, wie viele Stunden sie für ihre Hüte gebraucht hätten. »Wer weiß? Wir messen die Zeit nicht in Stunden.«

Die Frühmesse war gerade zu Ende, und die Schlange reichte nun schon fast bis zur Tür. Die zwei Dutzend Flechterinnen, die am nächsten beim Tisch standen, drängelten und wedelten mit ihren Hüten vor González' Nase herum wie durchgedrehte Aktienbroker beim Parketthandel. »Dafür habe ich keine Verwendung«, teilte González einer Frau Anfang 20 mit. Er hatte den finsteren Gesichtsausdruck eines gestrengen Vaters aufgesetzt.

»Aber Señor, letzte Woche sagten Sie doch –«

»Wenn du versuchen möchtest, diese Hüte hier nächste Woche in Cuenca zu verkaufen, bitte sehr. Aber für mich sind sie nicht mehr als 25 Sucres wert.«

»Señor«, flehte sie, »Sie haben gesagt –«

»Dann hast du dich eben verhört. Wahrscheinlich hast du zu viel getrunken.« Dafür, dass es ein Sonntagmorgen und erst halb zehn war, wirkte sie tatsächlich ziemlich alkoholisiert. »Hier. Nimm sie wieder mit. Und lass mich in Ruhe.« Zum ersten Mal blitzte so etwas wie Verärgerung in seinem Gesicht auf.

»Dieses Stroh ist wertlos«, sagte er zu einer verzweifelt aussehenden Flechterin. »Seht euch das mal an!« Er hielt den Hut hoch, damit die anderen ihn betrachten konnten. Die Frau lächelte verlegen und begann nervös zu kichern. »Bei diesem hier ist die Krempe nicht breit genug.« Er griff nach seinem Zollstock. »Ja, dieser hier ist gut.«

Und wieder begann der immer gleiche Dialog: »Wie viel, glaubst du, ist er wert?« 55, sagte die Flechterin; González konterte mit 50. Seine Frau war zur zweiten Messe entschwunden, und Adriano verteilte die Sucres selbst. In den Sekunden, bevor seine Finger die gebündelten Scheine berührten, wagte jede Flechterin flüsternd eine letzte verzweifelte Bitte um ein paar Sucres extra. Wenn Mütter mit ihren kleinen Kindern gekommen waren, gab González jedem Kind einen Sucre. Junge Mädchen ermunterte er, ins Hutflechtergewerbe einzusteigen, indem er ihnen ein wenig mehr bezahlte, als der Hut üblicherweise eingebracht hätte.

Auf der Straße ertönte plötzlich das ohrenbetäubende Krachen explodierender Feuerwerkskörper, doch niemand schien sich daran zu stören. Immer wenn González eine Flechterin vor ihren *compañeras* bezichtigte, schlechte Arbeit abgeliefert zu haben, errötete diese, besonders, wenn ihre Kinder sie begleiteten. Seine Beurteilung folgte stets einem ganz bestimmten Muster: Er griff nach dem nächsten Hut, sobald er mit dem letzten fertig war, hielt ihn ans Licht, wirbelte ihn ein- oder zweimal auf der Spitze seines Zeigefingers herum, »handelte« mit der Flechterin und schleuderte den Hut in die Ecke. Einseitige Scherze gehörten ebenso zu diesem Ritual wie die Bezahlung am Schluss. Alle fünf Minuten hielt er inne, um die immer höher werdenden Berge von Hüten in der Ecke säuberlich gerade- und umzustapeln. Die unterschiedlichen Qualitätsstufen landeten auf verschiedenen Stapeln. Zwei Hüte hier, fünf dort, noch einmal drei auf den letzten Stapel und sechs weitere auf den mittleren. Das Ganze vollführte er mit der Geschicklichkeit eines Hütchenspielers. Manchmal ließ er die Hüte quer durch den ganzen Raum auf einen der Haufen zusegeln, und meistens traf er sein Ziel. Im Hintergrund lauerte González' Katze Nagetieren auf, die das trockene, weiche *paja toquilla* für einen idealen Tummelplatz hielten.

»Der ist ja furchtbar. Komplett wertlos«, sagte er zu einer Flechterin. »Wie wäre es mit zehn Sucres?«, fragte sie mit einem schüchternen Grinsen als Eingeständnis ihrer schlampigen Arbeit.

»Ah, diese Krempen sind schön geworden!«, lobte er die nächste Frau, und wieder hielt er die Hüte hoch, damit die anderen sie bewundern konnten. Bei diesem Kompliment errötete die Frau wie ein Schulmädchen bei einem schwärmerischen Lob ihres Lehrers. Als der *comisionista* 130 Sucres aus seiner offenen Brieftasche zog, zählte die Flechterin anhand der Farben der Scheine mit. Jeder Nennwert hatte eine andere Farbe, sodass auch Analphabeten den ausgezahlten Lohn kontrollieren konnten.

Immer noch warteten Dutzende geduldig darauf, ihre Arbeit zu verkaufen. Dabei redeten sie übereinander, über ihre Flechtarbeit und den Preis, den sie damit, so Gott wollte, zu erzielen hofften, auch wenn sie wussten, dass dies eine Illusion war. Vorne am Tisch schimpfte González gerade mit einer Frau mittleren Alters, weil sie nicht, wie versprochen, bessere Arbeit geliefert hatte. »Wenn deine Hüte besser werden, bekommst du fünf bis zehn Sucres mehr für jeden. Aber dann müssen sie auch so aussehen wie dieser.« Er zog ein Musterexemplar heraus. In diesem Moment kam ein kleiner Junge hereingerannt, der sichtlich aufgeregt war, weil er gerade seine Erstkommunion empfangen hatte. González fuhr ihm spielerisch durchs Haar und gab seiner Mutter ein paar Sucres extra.

»Oohh, diese Rückenschmerzen.« González streckte sich, nachdem er vier Stunden lang in vorgebeugter Haltung mit den Flechterinnen verhandelt hatte. »Ich glaube, ich werde jetzt eine Pause einlegen.« Er kam zu mir herüber und setzte sich neben mich, die geduldigen Frauen ließ er in der Schlange stehen. »Wenn sie mir einen Hut bringen, sehe ich mir die Dichte des Geflechts an, die Qualität des Strohs, die Einheitlichkeit der Färbung, die Größe der Krempe und des Kopfteils. All das muss stimmen und zum Rest passen. Grobe Fasern zum Beispiel dürfen nicht zu dicht geflochten sein.« In seiner klaren und gewinnenden Art schien González darauf bedacht, nicht aus seiner Rolle als Zahlmeister von Biblián zu fallen.

»Ich zahle momentan etwas mehr für die Hüte, weil die Maisernte dieses Jahr so gut ausfällt. Diese Leute hier können 150 Sucres am Tag verdienen, wenn sie auf dem Feld arbeiten, außerdem bekommen sie zu essen, und die Fahrtkosten werden ersetzt. Das ist mehr als das, was sie mit dem Flechten von Hüten verdienen.

Morgen mache ich die Runde bei den Hutfabriken in Cuenca. Dann muss ich genau wissen, wie viel ich heute gezahlt habe. Donnerstags fahre ich noch mal hin und kassiere von jedem einen Scheck über die Summe, die ich heute ausgezahlt habe, plus sechs Prozent. Das ist meine Provision. Sechs Prozent für jeden Hut. Tja, wenn man in Sucres rechnet, bin ich ein Multimillionär!«

Die *perros*, die draußen auf der Straße arbeiten, gehen nach einem ähnlichen Schema vor, allerdings hat die Preisspirale hier eine Windung mehr. Diese Straßenecken-Dandys tragen Krawatten, saubere weiße Hemden und dunkle Anzüge mit Zollstöcken in den Brusttaschen und halten praktisch jede Frau an, die mit einem frisch geflochtenen Hut unterwegs ist. In Biblián, Azogues, Cuenca und in den Provinzen Cañar und Azuay spielt sich dann das schon seit Generationen immer gleiche Ritual ab: Zunächst schlägt die Flechterin einen Preis vor, dann verzieht der *perro* das Gesicht, weist die kleinen Fehler des Hutes hin und kontert mit einem Angebot, das halb so hoch ist wie der geforderte Betrag. Nun feilschen sie eine Weile miteinander. Die Umstehenden beobachten das Geschehen und versuchen zu erraten, was der *perro* diese Woche bietet. Die Flechterin zieht einen zweiten Hut hervor und schlägt einen Kompromiss vor. Der *perro* findet noch mehr kleine Fehler. Die Flechterin nennt ihr letztes Angebot. Der *perro* lehnt ab und macht Anstalten, ihr den Hut zurückzugeben. Entweder akzeptiert die Frau nun das Angebot des *perro,* oder sie geht weiter. An Markttagen sieht man zurückgewiesene Flechterinnen mit ihren Hüten in der Hand langsam von Straßenecke zu Straßenecke wandern. Ein *perro* bemerkte, dass ich das Geschehen beobachtete. »*Son mal pagadas, las tejedoras*«, sagte er kopfschüttelnd: »Die Flechterinnen werden schlecht bezahlt. Mit dem, was sie von uns bekommen, können sie nicht mal genug zu essen kaufen. Das Stroh für einen Hut kostet sie 20 Sucres, und ich kaufe den Hut dann für 50. Wie sollen sie davon leben können?« Die *perros* erhalten vom *comisionista* fünf Prozent Provision für jeden erworbenen Hut.

Mariana Arsiaga, der einzige weibliche Hutaufkäufer, der mir begegnet ist, warf einen geringschätzigen Blick auf vier Hüte, die eine *chola* ihr an einer Straßenecke in Cuenca gab. Die beiden feilschten eine Weile, die *campesina* forderte hoffnungsvoll 40 Sucres für jeden Hut, die gebieterisch auftretende *perra* bot 30. »Gut, in Ordnung. Ich nehme zwei für 35 und zwei für 32.« Die Flechterin nickte und stopfte 134 Sucres, den Lohn für eine Woche Arbeit, in eine Seitentasche. »Sie sind schlecht«, sagte Mariana, noch bevor sich die *chola* außer Hörweite befand. »Ich hätte sie nicht kaufen sollen.«

Ein paar Blocks vom Hutmarkt in Cuenca entfernt kaufte ein unabhängiger *perro* mit zerknautschter Krawatte und fleckigem Jackett an einer Straßenecke Hüte auf, die von den »festen« *perros* durchgängig abgelehnt worden waren. Zwei städtische Aufseher kamen vorbei. Die Ecke, in welcher der *perro* stand, war zu weit vom *mercado* entfernt, und er gehörte zu keinem der etablierten Netzwerke von *perros* und *comisionistas.* Sie befahlen ihm, seine Sachen zu packen und zu verschwinden. »Ich versuche doch nur, mein Brot zu verdienen«, protestierte der Freiberufler.

»Nun, hier jedenfalls nicht. Mach, dass du fortkommst.«

»Aber ich tue doch nichts Unrechtes.« Hastig steckte er seine

Hüte in einen Jutesack und machte Anstalten zu gehen, während er noch über die Möglichkeit zu bleiben verhandelte. »Das können Sie doch nicht machen.«

»Du blockierst den ganzen Bürgersteig mit deinem Geschäft. Jetzt sieh zu, dass du verschwindest!«, bellten die gereizten Ordnungshüter.

»Sie haben keinen Grund, mich von hier zu vertreiben.« Seine Hüte waren nun sämtlich im Sack verstaut. »Ich bin jede Woche hier.« Im Rückwärtsgang entfernte er sich von den Beamten, beharrte aber weiter darauf, dass er nichts Unrechtes tue. »Wenn ich will, kann ich bleiben.« Endlich tauchte er in einer Schar Fußgänger unter, die gerade die Straße überquerten.

Im Hause der Ojedas in Biblián machte Isaura sich gerade bereit, ihre Hüte zu González zu bringen. Auf dem Rückweg wollte sie auf dem Wochenmarkt einkaufen. »Natürlich gehe ich zu González. Wenn man hier lebt, gibt es niemand anderen, dem man seine Hüte verkaufen könnte«, sagte sie nüchtern. »Das ist schon seit vielen Jahren so.«

»Er ist einer von denen, welche die Armen ausbeuten«, warf Eulalia mit leiser Stimme ein.

Nachdem Señora Calderón de Ojeda schließlich Zentimeter für Zentimeter bis zum Tisch vorgerückt war, hielt sich González nicht lange mit ihr auf. Sie tauschten ein paar Nettigkeiten aus, er zahlte den vollen Preis für ihre Hüte, und sie ging. Sie hatte 65 Sucres für jeden ihrer Hüte bekommen – der gängige Kurs für einen gelungenen *sombrero de paja toquilla* im *Brisa*-Stil. Das Stroh für jeden ihrer Hüte hatte sie 22 Sucres gekostet. Mit dem Flechten eines Panamahutes hatte die 51-jährige Isaura Calderón Encalada de Ojeda also 43 Sucres verdient – umgerechnet ungefähr 45 Cents.

Die hoffnungslose Situation, welche die Panamahut-Flechter als selbstverständlichen Teil ihres Lebens hinnahmen, erinnerten mich an eine Kurzgeschichte von B. Traven, die »Der Großindustrielle« heißt und in Oaxaca in Mexiko spielt. Ein Indianer sitzt Tag für Tag vor seiner Hütte und flicht wunderschöne Körbchen aus Bast, den er mit Farben aus heimischen Hölzern und Pflanzen bunt einfärbt. An einem Korb arbeitet er 20 bis 30 Stunden. Wenn er die Körbchen auf dem Markt und an den Haustüren feilbietet, verlangt er 50 Centavos für jeden Korb – damals etwa vier Cents –, lässt sich aber fast immer herunterhandeln: »Wenn der Käufer jedoch erklärte, das sei viel zu teuer, und er begann zu handeln, dann ging der Indianer auf 35, auf 30 und selbst auf 25 Centavos herunter, ohne je zu wissen, dass dies das Los vieler, vielleicht der meisten Künstler ist. ... Wenn der Indianer seine Körbchen nicht alle verkaufen konnte, dann ging er mit dem Rest von Ladentür zu Ladentür hausieren, wo er, je nachdem, mit barscher, mit gleichgültiger, mit wegwerfender, mit gelangweilter Geste behandelt wurde ... Der Indianer nahm diese Behandlung hin, wie alle Künstler, die den wirklichen Wert ihrer Arbeit allein zu schätzen wissen, derartige Behandlung hinnehmen. Er war nicht traurig, nicht verärgert und nicht missgestimmt darüber.«

Als der Nachmittag zur Hälfte verstrichen war, hatte Adriano González 10 000 Hüte für die Woche erworben, die teils über seine Theke gewandert, teils von seinen *perros* auf den Straßen aufgekauft worden waren. Der durchschnittliche Preis für einen Hut belief sich auf etwas mehr als 60 Sucres. Insgesamt hatte González etwa 6300 Dollar ausgezahlt. Einer seiner Söhne kam, um dem *comisionista* beim Einladen der Hüte in seinen Transporter zu helfen. Dann ging es zurück nach Cuenca.

Cuencas letzte Juden

Daniel Kuperman, der Geschäftsführer des Hotels Crespo, saß im Esszimmer in der ersten Etage und rührte in seinem Kaffee, während er von seinen Erinnerungen an seinen Vater und der Zukunft seines Kindes erzählte. Kupermans Familiengeschichte beginnt zur Jahrhundertwende in Russland, wo sein Großvater in der Armee des Zaren diente, nimmt ihren Lauf durch den Zweiten Weltkrieg, in dem sein Vater Heldentaten vollbrachte, und endet im Land der Shuara-Indianer im ecuadorianischen Amazonasbecken, wo Daniel Expeditionen für kleine Reisegruppen leitet. »Als die Pogrome begannen, floh mein Großvater aus Russland und landete schließlich in Paris, wo er Obst und Gemüse verkaufte und wo mein Vater geboren ist. Mein Vater war von Fernweh geplagt, und als er 21 wurde, kam er nach Kolumbien, wo er in einer Hutfabrik in Baranquilla Yarmulkes[6] herstellte. Er war Jude.

Als in Europa der Krieg ausbrach, ging er zurück, um in die französische Armee einzutreten. Dann besetzten die Deutschen Frankreich, und er schloss sich der Résistance an, ging in den Untergrund und beteiligte sich an Sprengstoffattentaten auf deutsche Konvois. Er war sentimental und erfüllt von *patriotismo*.

Gegen Ende des Krieges fühlte er sich ausgebrannt und entschloss sich, nach Südamerika zurückzukehren. Als mein Vater in Guayaquil ausstieg, war er völlig pleite. Die erste Nacht schlief er auf einer Bank und deckte sich mit Zeitungen zu. Am zweiten Tag

---

6 Rituelle Kopfbedeckung männlicher Juden, auch »Kippa« genannt.

lernte er auf der Straße einen reichen Mann kennen, der sagte: ›Oh, Sie sind ein Gringo!‹ Mein Vater war ein gut aussehender französischer Gentleman und erzählte dem Mann, er komme geradewegs aus dem Krieg. Der Ecuadorianer lieh ihm ein wenig Startkapital, damit er neben dem US-amerikanischen Konsulat ein kleines Restaurant mit Bar eröffnen konnte. Er servierte Châteaubriand und französische Weine. Das Restaurant nannte sich ›Henry's Place‹. Er arbeitete wie ein Tier. Bei einem Besuch in Salinas lernte er am Strand eine Frau namens Yolanda kennen. Ein Jahr später waren sie verheiratet. Ihr Stiefvater war ein polnischer Jude.

Schließlich hatte mein Vater genug von seinem Restaurant und kaufte in der Nähe von Ambato eine *hacienda*, auf der er Kartoffeln anpflanzte. Er war ein Romantiker. ›Die armen Indios haben überhaupt nichts‹, sagte er. Er wollte ihnen Medikamente, Bücher und Kleider verschaffen. Und so verschwendete er sein ganzes Geld an die Indios und kehrte nach Guayaquil zurück, um ein weiteres Restaurant zu eröffnen und dann einen Nachtclub in Quito, der ›Incas‹ hieß. Er engagierte Sänger und Musiker aus ganz Lateinamerika. Mit dem Geld, das er mit dem ›Incas‹ machte, eröffnete er das Hotel Crillon in Guayaquil. Papillon alias Henri Charrière gehörte zu seinen Gästen – Vater stellte ihm sein Bett zur Verfügung und ließ ihn umsonst bei sich essen. Er nahm auch Fremdenlegionäre auf, die aus Frankreich geflohen waren, und half ihnen bei der Arbeitssuche. Er führte ein verrücktes Leben.

Überall im Land eröffnete er weitere Hotels, darunter eines an der Küste in Salinas. Als mein jüngerer Bruder drei war, kamen die Kommunisten aus der Stadt und sagten meinem Vater, er solle verschwinden, weil er ihre natürlichen Ressourcen stehle. Sie ließen am Strand Dynamitladungen hochgehen und erschreckten meinen kleinen Bruder zu Tode. Buchstäblich. Mit ihm starb auch ein Teil meines Vaters.«

Ein Song von Joan Baez ertönte durch das Lautsprechersystem des Hotels.

»Er begann von neuem zu träumen und schloss mit der Regierung unter Velasco Ibarra ein Abkommen über die Eröffnung eines weiteren Hotels. Doch einen Monat später gab es einen Staatsstreich, und das neue Regime erklärte die Freunde von Velasco Ibarra zu seinen Feinden. Also beschlagnahmten sie Vaters Hotel, nahmen ihm sein ganzes Geld und Vermögen. An diesem Tag verlor er, was er sich in 45 Jahren erarbeitet hatte. Ein paar Jahre später, 1972, leitete er den Kauf dieses Hotels in die Wege. Er starb 1979.« Kuperman nippte zum ersten Mal an seinem Kaffee.

»Einmal sah ich ihn weinen, weil die Araber an Jom Kippur Israel angegriffen hatten. Er sagte: ›Wie kann man Israel nur an unserem höchsten Feiertag angreifen?‹ Erst damals erfuhr ich, dass er Jude war.

Ich studierte drei Jahre lang an der Colegio Hebrew Union in Kolumbien. Mit 18 hatte ich meine Bar-Mizwa im kolumbianischen Cali. Sarita, meine Frau, ist eine kolumbianische Jüdin. Ich wurde Sekretär bei der südamerikanischen zionistischen Jugendföderation.« Ein Kellner unterbrach seinen 26 Jahre alten Boss, weil jemand angerufen hatte. Daniel nahm das Gespräch an einem schnurlosen Telefon entgegen.

»In Kolumbien gibt es viele engagierte Juden. Man weiß dort über die jüdische Geschichte und den Krieg mit den Arabern Bescheid. In Venezuela, Peru, Argentinien und Brasilien sind diese Dinge ebenfalls bekannt. Aber hier – nun, hier in der Stadt lebten früher acht jüdische Familien. Jetzt sind es nur noch vier. Damals veranstaltete Kurt Dorfzaun einen Seder-Abend und wir benutzten Haggadas aus Argentinien. Zu einem anderen Seder-Abend kamen meine Schwester, ihr katholischer Mann und meine Mutter. Ich glaube, sie ist eine richtige jiddische *mame*. Das letzte Mal, dass wir in Cuenca eine Minyan[7] zusammenbekamen, war bei der

---

7 Die für die Durchführung eines Gottesdienstes erforderliche Mindestzahl von zehn Männern.

Bar-Mizwa von Kurts jüngstem Sohn. In meinen Adern fließt spanisches, Inka- und jüdisch-russisches Blut. Ich bin stolz darauf.

Es wäre einfach gewesen, sich den hiesigen Gegebenheiten anzupassen. Viele haben das getan. Doch in meinem Innern muss ich Jude sein, so fällt es mir leichter, mich auch nach außen hin jüdisch zu geben. Jüdische Kinder hier werden außerhalb der heimischen vier Wände überhaupt nicht in ihrem Glauben bestärkt. Mein Sohn ist erst 18 Monate alt, aber wir zünden jeden Freitag die Sabbatkerzen an; so wird er mit den Traditionen aufwachsen.«

An einem Nebentisch servierten Kellner einer kleinen Gruppe Europäer *cuy*. Anstatt die Meerschweinchen in der Hotelküche abzuschlachten und zu grillen, lässt Kuperman sie aus dem Tres Estrellas herüberbringen. »Ich habe hier in der Nähe einen See, und wir importieren Forellen aus Idaho. Ich besitze auch ein kleines Stück Land an der Küste. Wenn ich von allem hier die Nase voll habe, besuche ich die Shuara-Indianer im Dschungel. Ich habe angefangen, mir mit Führungen ins Land der Shuara ein wenig Geld zu verdienen. Ihr Gebiet ist ziemlich zerklüftet. Wenn die Shuara hierher kommen, wohnen sie hier. Ich bin so etwas wie ihr Konsul.

Heute fühle ich mich dem Judentum mehr verbunden als noch vor zehn Jahren. Die zionistische Idee hat es mir angetan. Ich möchte nach Israel gehen und dort arbeiten und Hebräisch lernen. Ob ich bleiben würde, weiß ich nicht, aber ich möchte es versuchen. Hier gibt sich jeder nur mit Drogen, Autos, Schnaps, Motorrädern und dergleichen ab. Wenn Sie irgendjemanden in den Staaten kennen, der das Crespo kaufen möchte, lassen Sie es mich wissen.«

Am nächsten Morgen saß ein Ehepaar – beide waren über 50 – im Büro von Kurt Dorfzaun und unterhielt sich mit ihm, während seine Angestellten die Hüte sortierten, die Adriano González und andere Zwischenhändler dagelassen hatten. Das Ehepaar, ein Bildhauer und seine Frau, war zwei Jahre zuvor wegen einer Gesteinsart, die sich besonders gut zum Anfertigen von Skulpturen eignete, nach Ecuador gekommen. Dieses Gestein gab es in ihrem Heimatland Israel nicht. Doch ein in Israel lebender ecuadorianischer Diplomat hatte ihnen weisgemacht, sie könnten in Ecuador ein Geschäft eröffnen und ihre Werke in die Vereinigten Staaten exportieren. Verwirrt hatte sich das Ehepaar aus seinem ländlichen Wohnsitz zu Dorfzaun aufgemacht, um ihn um Hilfe zu bitten, als wäre er der israelische Konsul. Dies war der dritte Besuch in seinem Büro. Die drei unterhielten sich eine Zeit lang; hatte Mr. Dorfzaun ein Atelier oder eine Wohnung in der Nähe von Cuenca für sie gefunden?

Leider nein, bedauerte der hoch aufgeschossene Geschäftsmann. Er habe beim Rotary Club und bei weiteren Freunden herumgefragt – ohne Erfolg. Keiner der ortsansässigen Juden könne irgendwie helfen. Die Unterhaltung verlor ihren Schwung, als die Israelis begriffen, dass der einzige Mann in der Stadt, an den sie sich vertrauensvoll um Hilfe wenden konnten, mit seiner Weisheit am Ende war. »Hi«, rief Dorfzaun mit einem Lächeln in meine Richtung. »Wir haben hier fast eine Minyan!« Die Stimmung wurde etwas lockerer. Ich gab zu, seit meiner Bar-Mizwa vor 25 Jahren nicht mehr in einer Synagoge gewesen zu sein. »Er ist ein *goy*!«, sagte Dorfzaun mit unverhohlener Schadenfreude. »Er ist ein *goy*!« Das Ehepaar rang sich ein Lächeln ab, und Dorfzaun geleitete die beiden hinaus.

»Was kann ich in einer solchen Situation tun?«, fragte er, als er wiederkam. »Ich hab's versucht. Doch keiner hatte etwas frei. Das passiert von Zeit zu Zeit – Juden, die neu im Land sind, kommen manchmal Hilfe suchend zu mir. Manchen kann ich helfen, anderen nicht.«

Gegen Ende des Jahres 1938 war der 13 Jahre alte Kurt Dorfzaun mit seiner Familie von München nach New York und dann nach Cali in Kolumbien gereist. »Mein Vater war Großhändler für pharmazeutische Produkte und Kosmetik. 1938 verkaufte er sein Unternehmen an einen Mann, der vor 15 Jahren Hitlers Putschversuch unterstützt hatte. Dieser Mann arrangierte die Ausreise meiner Familie aus Deutschland. Die meisten meiner Cousins, meine Großeltern, Onkel und Tanten wurden in Konzentrationslager deportiert. In Kolumbien hatte mein Vater eine Messerfabrik. Einer meiner Onkel war nach Ecuador geflohen und fing an, mit Hüten zu handeln. Später zog ich zu ihm, und seitdem bin auch ich im Huthandel tätig.«

Obwohl viele europäische Juden schockiert waren, dass die Soldaten hier barfuß herumliefen und die Leute einander die Läuse aus dem Haar lasen, prägte ein immigrierter Arzt den Satz: »Ich lebe lieber unter verlausten Menschen als unter vertierten Menschen«, und verlieh damit der Haltung der meisten Neuankömmlinge gegenüber ihrer neuen Heimat Ausdruck.

Der Vater von Kurts Frau Ilse war Schamasch – Synagogendiener – in einer Essener Synagoge gewesen. Im November 1938 wurden alle Synagogen in Deutschland bis auf den Grund niedergebrannt, viele Juden in Konzentrationslager deportiert, ihre Häuser angezündet und die Fenster eingeworfen. »Sie trieben meinen Vater mit Maschinengewehren zur Synagoge. Sie befahlen ihm, die Lichter anzuzünden und alles mit Benzin zu übergießen. Er wurde gezwungen, alles zu verbrennen.« Die 36 Exemplare der Thora, die im Besitz der Synagoge gewesen waren, wurden im benachbarten Park in die Flammen geworfen. Die Familie zog von einem Haus ins andere, und mit jedem Umzug wuchs ihre Angst. Ilse und ihre Eltern flüchteten wie Abertausende andere Menschen nach Lateinamerika, um Schutz vor Hitler zu suchen. Sie begegnete Kurt das erste Mal während des Chanukka-Festes 1952 in Kolumbien. Er fuhr oft aus geschäftlichen Gründen dorthin. Ein Jahr später waren sie verheiratet.

Mitte der 1950er-Jahre lernte Dorfzaun einen deutschen Geschäftsmann kennen, der bei seinem Stiefsohn in Cuenca zu Besuch war. Wenn sich die Gelegenheit bot, traf sich der Geschäftsmann mit ein paar Flüchtlingen aus seinem Heimatland zum Tratschen in der Cafetería Toledo. »Er suchte jüdische Gesellschaft«, sagte Dorfzaun, der ein paarmal mit dem Fremden Kaffee getrunken hatte. Bald darauf reiste der Deutsche nach Chile, doch 1984 machte sein Tod international Schlagzeilen. Der Tote war Walter Rauff gewesen – jener SS-Obersturmbannführer, der eine besonders heimtückische Mordtechnik entwickelt hatte: Er ließ die Opfer dicht an dicht in Laster stecken, die als Rot-Kreuz-Autos getarnt waren, und mit Abgasen ersticken. »Er hatte viele jüdische Freunde. In Ecuador wusste niemand über ihn Bescheid.«

Neben Auszeichnungen für seine Leistungen im öffentlichen Dienst hingen ein Bild von Moshe Dayan und ein Brief von Prinzessin Dianas Hofdame an der Wand von Dorfzauns Büro. »Sehr geehrter Herr: Im Auftrag der Prinzessin von Wales danke ich Ihnen für den hübschen Panamahut. Ihre königliche Hoheit ist Ihnen sehr verbunden für die Zusendung dieses Geschenks und bat mich, Ihnen ihren tiefsten Dank zu übermitteln.« Dorfzaun muss jedes Mal kichern, wenn er von seinem Hochzeitsgeschenk für die Frau von Prinz Charles erzählt und schildert, dass er die Antwort fast weggeworfen hätte, weil er sie für eine Postwurfsendung hielt.

Das Haus der Dorfzauns steht in einem vornehmen Viertel, in dem vor Jahrzehnten noch Vieh graste und die Stadtbewohner Feuerholz sammelten. In Dorfzauns Büro, seinem Auto und seinem Haus wimmelt es von Telefonen und anderen Kommunikationsmitteln. Von zu Hause aus spricht er über Funk mit seinen Kindern in den Vereinigten Staaten. Die Kauforder von Resistol war Monate vorher per Fernschreiber im Büro eingetroffen, wohin Onkel Karl in New York sie weitergeleitet hatte. Als wir zu Dorfzauns Haus hinauffuhren, um zu Mittag zu essen, hupte er, und ein Bediensteter kam heraus, um das Tor zur Auffahrt zu öffnen und dann zum Herd zurückzukehren.

»Kann man in Cuenca *mazo* kaufen?« Ich war neugierig, weil als erster Gang Mazze-Suppe serviert wurde.

»Dem Gesetz nach ist auf importiertes Brot ein Einfuhrzoll zu entrichten, weil wir hier eigenes Brot backen. Aber Mazze dürfen wir zollfrei importieren.« Daraus ergab sich für mich eine ganz neue Möglichkeit: Vielleicht könnte ich in den Anden bleiben und – jawoll! – La Matzoría, ein Mazze-Schnellrestaurant, eröffnen.

Kurt unterbrach meine Träumereien. »Haben Sie gesehen, dass ein Artikel über Sie in der Morgenzeitung steht?« Ein paar Tage vorher hatte mich ein Reporter von *El Mercurio*, Cuencas wichtigster Tageszeitung, interviewt. SCHRIFTSTELLER AUS DEN VEREINIGTEN STAATEN SAMMELT FAKTEN ÜBER TOURISMUS lautete die Überschrift. In dem Artikel stand, dass ich gerade einen Augenzeugenbericht über die Lebensbedingungen in Ecuador verfasse und mich in Cuenca besonders dafür interessiere, »alle notwendigen Informationen über diese wichtige Landesregion« zu erhalten. Dorfzaun lud mich zu einer Rede vor den Mitgliedern des örtlichen Rotary Clubs ein, den er mitgegründet hatte. »Wir treffen uns nächsten Dienstagabend; können Sie kommen?«

Dorfzaun ist ein *macher con mucha palanca*, ein Meinungsführer mit Vitamin B: »Ich bin im Aufsichtsrat der örtlichen Gas-, Wasser- und Strombehörde, welche die Telefonleitungen, die Elektrizitätsversorgung und die Wasserwerke überwacht. Als ich nach Ecuador kam, war ich ein Fremder, doch jetzt fühle ich mich hier zu Hause. Viele Jahre lang war ich Mitglied der Industrie- und Handelskammer. Ich hatte sogar ein Amt bei der Fé Alegría inne – einer katholischen Organisation. Ich war ihr Vorsitzender! Sie haben eine Schule für die Armen eingerichtet und alljährlich eine Tombola veranstaltet. Aber nach drei Jahren als Vorsitzender einer katholischen Vereinigung hat man als Jude genug.

Vor einiger Zeit haben wir auf einem Grundstück der katholischen Kirche eine Synagoge gebaut. Zwei Tage vor Roschha-Schana – dem jüdischen Neujahrsfest – verbot uns die Kirche, die Synagoge zu benutzen, weil die Leute dann sagen würden, es wäre ihnen nur um die Mieteinnahmen gegangen. Während des Vietnamkrieges hatten wir ungefähr zehn jüdische Jungs und fünf jüdische Mädchen im hiesigen Peace Corps. Jede Woche hielten wir hier im Haus einen Gottesdienst ab. Wir benutzten sogar englische Gebetbücher.«

Da in Cuenca keine Chance mehr besteht, eine Minyan zusammenzubekommen, fliegen die Dorfzauns nun für die höchsten kirchlichen Feiertage nach Kolumbien oder Miami. Die beiden Exemplare der Thora, die es in Cuenca gibt, werden weiterhin von der Familie aufbewahrt. »Ich wollte sie an die jüdische Gemeinde in Quito schicken, aber der andere Jude hier sagte Nein. Also habe ich sie hier behalten« – er führte mich zu einem Versteck im Haus –, »damit kein Christ sie anfasst.« Auch eines der wenigen Erinnerungsstücke aus Deutschland, die er mitgebracht hatte in die Neue Welt, hatte Dorfzaun aufbewahrt: ein Gebetbuch mit einer persönlichen Widmung von F. Kissinger – einem Freund der Familie und Onkel Henry Kissingers –, das er bei seiner Bar-Mizwa bekommen hatte.

In den späten 1950er-Jahren hatte die Stadt einen kleinen Teil ihres Friedhofs an die örtliche jüdische Gemeinde abgetreten. »Von den etwa 30 Juden, die es nach hier verschlagen hat, sind die meisten nach Guayaquil, Quito oder in ein anderes Land gezogen oder gestorben. Viele haben es nicht geschafft, sich anzupassen; sie hatten den Holocaust hinter sich und eine ungewisse Zukunft vor sich. In New York fanden jüdische Flüchtlinge eine jüdische Gemeinde vor, aber in Cuenca hatten sie fast nichts. Manche begingen Selbstmord. Ich fürchte, alles, was in der nächsten Generation von der jüdischen Gemeinde in Cuenca übrig bleibt, wird der Friedhof sein.« Kurt gab mir den Schlüssel für das Tor.

25 Glaubensbrüder und -schwestern hatten die Juden von Cuenca zwischen den Backsteinmauern des kleinen Friedhofs beerdigt. Die Grabinschriften waren in Hebräisch, Spanisch und Deutsch verfasst. An manchen Grabsteinen lehnten frisch niedergelegte Blumen. Eine Familie, die den angrenzenden städtischen Friedhof besuchte, spähte über die Einfassung.

Großindustrielle

Die gemächliche Lebensweise der tiefreligiösen Bevölkerung von Cuenca begann sich Mitte der 1960er-Jahre allmählich zu beschleunigen. 1950 wurden die Straßen, die nach Guayaquil und Quito führen sollten – ungepflastert zwar, aber immerhin Straßen –, endlich fertig gestellt. 1963 nahm eine Reifenfabrik ihren Betrieb auf, gefolgt von anderen Industrieunternehmen, die Keramik, Küchengeräte und Haushaltswaren herstellten. Vorstädte entstanden, und aus dem einstigen Umschlagplatz für ländliche Produkte wurde allmählich ein Handelszentrum mit genügend Infrastruktur für die Ansiedlung von Industrie. In dieser Zeit verdreifachte sich die Einwohnerzahl von Cuenca. Auch wenn dieser Wandlungsprozess noch längst nicht abgeschlossen ist, finden sich noch überall Relikte aus einer Zeit, in der das Leben in Cuenca weniger rastlos war und feudalen Strukturen gehorchte. Am Río Tomebamba zum Beispiel versammeln sich noch immer täglich Mütter zur großen Wäsche. Anschließend werden die Kleidungsstücke zum Trocknen am Ufer ausgebreitet. Unterhalb des Hotels Crespo liegt eine alte Flussmühle. Geht man die Straße hinunter, entdeckt man einen kleinen Laden, nicht viel mehr als ein Loch in der Wand, in dem *sombreros de paja toquilla* an den Wänden hängen. Solche Geschäfte sieht man in Cuenca und in kleineren Städten sehr häufig, und ich war der Meinung gewesen, dort würden neue Panamas verkauft.

Ich hatte mich geirrt. In diesen Läden werden Hüte von Cholos und Indianern restauriert. »Normalerweise besitzen die Leute zwei oder drei Hüte«, erklärte mir Luis Figueroa, ein grauhaariger, 74 Jahre alter Hutrestaurator. »Sie tragen schon im zartesten Alter einen Hut, und sie tragen ihn täglich vom Aufstehen bis zum Schlafengehen, ein Leben lang. Einer der Hüte ist immer im Laden, um gereinigt und, falls nötig, neu geformt zu werden. Für gewöhnlich bringen sie alle paar Wochen einen zur Reinigung.« Während er mit mir sprach, strich Figueroa eine klebrige, kleisterähnliche Masse auf einen Hut, um dessen Krempe zu versteifen. Ein paar Sonnenstrahlen fielen durch die Eingangstür auf die hintere Wand. Ein mit Holzkohle gefülltes Bügeleisen, eine Drahtbürste, hölzerne Hutformen, Schwefel und andere Hilfsmittel des Gewerbes lagen auf Figueroas alter Werkbank. Seine Kunden zahlten zwischen 35 und 55 Cents für die Restaurierung ihres Huts, je nachdem, was daran zu machen war. In dem kleinen Laden, den sein Vater Jahrzehnte zuvor eröffnet hatte, lagen etwa 2000 Hüte herum.

Am anderen Ende der Stadt lieferte Adriano González gerade frisch geflochtene Rohlinge an mehrere Exportbetriebe aus, in denen die Hüte vor dem Versand ins Ausland bearbeitet werden. Am Ende des Tages hatte er alle 10 000 Hüte bei Ortega, Serrano und anderen, einschließlich »*el gringo* Dorfzaun«, wie Kurt Dorfzaun oft genannt wird, abgeliefert. In jedem dieser Betriebe begannen Arbeiter sofort damit, die Hüte zu zählen. Der *sombrero*, den Señora Calderón de Ojeda in Biblián aus dem Material geflochten hatte, das Domingo an der Küste geerntet hatte, war unter den 2086 Hüten, die auf dem Fließband von Kurt Dorfzauns Fabrik landeten.

Einer von Dorfzauns Arbeitern nahm ihn zusammen mit einigen Dutzend Hüten mit nach Hause, um die Fasern festzuziehen und die Enden zu kürzen. Als die Hüte am nächsten Tag zurückkamen, wurden sie in große Fässer mit Bleichlösung getaucht. Zwei oder drei Tage lang lagen die Hüte in den trogähnlichen Behältnissen, danach wanderten sie für einen weiteren Bleichvorgang in ein anderes Fass. Als sie aus dem zweiten Fass geholt wurden, hatten sie eine einheitlichere Farbe. Nun wurden sie zum Trocknen im Innenhof der Fabrik in die Sonne gelegt. Sobald sie getrocknet waren, verbrachten die Hüte eine Nacht in einem Schrank mit Schwefeldämpfen, in dem sie erneut gebleicht und desinfiziert wurden. Anschließend wurde der letzte Zentimeter Stroh, der am Rand überstand, abgeschnitten.

Bis zu diesem Zeitpunkt haben die Panamas einiges mitgemacht – sie wurden gedehnt, eingeweicht, von der Sonne getrocknet und beschnitten. Um das Geflecht noch ebenmäßiger und die Fasern noch geschmeidiger zu machen, landeten die Hüte auf Hutformen, wo das Kopfteil mit Hämmern bearbeitet und die Krempen von Hand gebügelt wurden. Nach einer weiteren Dampfbehandlung wurde in den Kopfteil jedes Hutes ein made-in-ecuador-Etikett geklebt – gemäß den Ausfuhrbestimmungen.

Hundert Arbeiter sind an diesem kontinuierlichen Fluss der Hüte durch Dorfzauns Fabrik beteiligt, diejenigen mitgerechnet, welche die Hüte mit nach Hause nehmen, um die Enden abzuschneiden und die Fasern festzuziehen. Jeder Arbeiter bekommt 17 Monatsgehälter, die zusätzlichen fünf Gehälter schließen die Sozialversicherungsbeiträge, Bonuszahlungen im März, September und Dezember sowie ein weiteres Monatsgehalt ein, das über zehn Auszahlungen verteilt wird. Zusätzlich müssen 15 Prozent der Firmengewinne unter den Arbeitern aufgeteilt werden. »Die gesetzlichen Bestimmungen verhindern, dass man einen Arbeiter nach drei Monaten feuern kann«, klagte Dorfzaun. »Wer es trotzdem tut, muss zwei Jahresgehälter zahlen.« Ein Betrieb in der Größe von Dorfzauns Firma muss außerdem einen eigenen kleinen Ladenverkauf unterhalten. Ecuadors Mindestlohn, der einer jährlichen Anpassung unterliegt, wurde 1985 auf 8500 Sucres im Monat festgesetzt, das entspricht 80 bis 85 Dollar. Die meisten von Dorfzauns Arbeitern verdienen mehr.

In Dorfzauns Firma belohnt ein Prämiensystem die Angestellten für pünktliches Erscheinen. Seine Arbeiter betätigen – wie Dorfzaun selbst – eine Stechuhr, ein geradezu exotischer Vorgang in Cuenca, wo Arbeit gewöhnlich *mañana*, morgen, erledigt wird. »*Mañana* heißt so vieles hier«, seufzte Dorfzaun. »Es kann heißen ›Ich möchte das nicht tun‹, ›Ich tue es später‹, ›Ich werde irgendwann dazu kommen, es zu tun‹, oder ›Ich werde es nie tun‹. Nur selten bedeutet es wirklich ›morgen‹. Wenn ich meine Leute bitte, etwas zu tun, und sie antworten mir: ›Natürlich ‚*mañana*‘, dann sage ich: ›Bezahle ich euch heute für die Arbeit, die ihr morgen tut?‹ Ich habe ihnen erklärt, dass ich dieses Wort hier nie wieder hören will.«

Adrano González war an diesen Donnerstag vorbeigekommen, um seinen Scheck für die 2068 Hüte, die er Anfang der Woche geliefert hatte, abzuholen. Die Hüte hatten ihn 124 290 Sucres gekostet, dazu addierte Dorfzaun eine Provision von sechs Prozent, insgesamt knapp 7500 Sucres. Adriano González hatte also fast 80 Dollar damit verdient, Hüte in Biblián zu kaufen und sie an Kurt Dorfzaun zu liefern. Insgesamt erhielt er in dieser Woche von allen Exportfirmen Cuencas rund 400 Dollar.

Sobald die Hüte nach Größe, Stil, Farbe und Bestimmungsort sortiert waren, wurden sie in Einheiten von 20 Dutzend verpackt. Einige blieben im Land, um in Boutiquen und Geschenkläden verkauft zu werden, doch die meisten wurden in andere lateinamerikanische Länder und nach Nordamerika, Europa und Japan geliefert. Die 6000 Hüte, die für die Resistol Hat Company in Texas bestimmt waren, sollten zunächst an Onkel Karl in New York gehen. Kurt berechnet für Hüte im *Brisa*-Stil 36 Dollar das Dutzend. Nachdem Isauras Hut die Hutfabrik durchlaufen hat, kostet er also drei Dollar.

Das Geld von Onkel Karl in New York landet nicht direkt auf dem Bankkonto seines Neffen. Stattdessen muss es zunächst auf ein Konto der regierungseigenen Banco Central eingezahlt werden, die es von der ausländischen Bank, zu deren Lasten der Scheck ausgestellt wurde, einziehen muss, bevor der Exporteur sein Geld bekommt. In den sechs oder mehr Wochen, die vergehen, bis die Auslandsschecks eingelöst werden können, sammeln sich keine Zinsen an. Wenn Dorfzaun sein Geld schließlich einzieht, erhält er es in Sucres zum Kurs der Banco Central, der um etwa 20 Prozent unter dem für die meisten inländischen Transaktionen üblichen Kurs liegt. Beliefe die Summe auf Dorfzauns Scheck aus New York sich beispielsweise auf 5000 Dollar, dann würde Dorfzaun lediglich den Gegenwert von gerade 4000 Dollar in Sucres erhalten. Die Hüte aus Biblián, die González in jener Woche an Dorfzaun geliefert hatte, waren unter den 384 000 Panamahüten, die Kurt Dorfzaun in diesem Jahr exportierte.

Bevor ich Cuenca verließ, stattete ich der Familie Ojeda in Biblián einen letzten Besuch ab. Die überraschte Isaura machte mir das höchstmögliche Kompliment: »Hätte ich gewusst, dass Sie kommen, hätte ich Ihnen ein *cuy* gebacken!« Die Gespräche im Hause Ojeda drehten sich um Isauras Schwiegersohn, einen diplomierten Landwirt, der in die Vereinigten Staaten ausgewandert war. Er hatte aus Brooklyn geschrieben, er habe Arbeit in einem Supermarkt gefunden. Seine Frau und sein Sohn hofften, ihm binnen Jahresfrist nachreisen zu können. »Aber wir gehen nur mit Visa«, sagte María Elena. »Ich habe gehört, dass die andere Methode für eine Frau mit Kind gefährlich sein kann.«

Als im 19. Jahrhundert erstmals Hüte aus Biblián exportiert wurden, hatte Manuel Alfaro, der Vater des Helden der Liberalen Revolution, sie per Schiff nach Panama gebracht. Bis die Flugverbindungen aus Ecuador in den späten 1950er-Jahren zuverlässig funktionierten, waren Dorfzauns Hüte immer per Post von der Poststelle in Cuenca nach Guayaquil verschickt und dort auf ein Frachtschiff umgeladen worden. Ein paar Monate später kamen sie in New York an. Inzwischen wurden Hüte, die für die Staaten bestimmt waren, einfach zur Bushaltestelle auf der anderen Straßenseite gebracht. Der Bus transportierte sie dann nach Guayaquil, wo sie mit einer Maschine der Ecuatoriana Airlines nach New York geflogen wurden.

Dritter Teil

Sturzbetrunken

Die Hüte waren noch nicht ganz reisefertig für die Abfahrt in die Vereinigten Staaten, und ich war es auch nicht. Eigentlich hätte ich in der Nähe von Cuenca warten, mich dann mitsamt den Hüten nach Guayaquil begeben und einen Platz im selben Flugzeug Richtung Norden buchen können – aber die Wahrheit ist, dass ich es nicht ertragen hätte, Südamerika sofort zu verlassen. Vielleicht würde ich den Inkas, den Anden, dem Amazonas und dem Äquator nie mehr so nahe sein. Trotz aller Enttäuschungen und mancher Gepflogenheiten, die mich auf die Palme brachten, hatte Ecuador es mir angetan. Ich hatte Zeit, mir auf einer abschließenden Spritztour durch das Land das anzusehen, was mir bis dahin entgangen war.

Mein letzter Ausflug begann in Pujilí, einem Ort, der im zentralen Hochland am Fuß des Cotopaxi liegt, dem Vulkan südlich von Quito. Ein paar Wochen zuvor hatte ich einen Töpfer namens José A. Olmos kennen gelernt, der aus Pujilí stammte, und ihn beauftragt, ein paar Figurinen speziell für mich anzufertigen. Er schlug mir vor, sie am Tag der Fronleichnams-*fiesta* abzuholen. Dieses traditionelle Fest hatte seinen Ursprung in jener seltsamen Mischung aus präkolumbischem Ritus und postkolumbischem Kolonialismus – gewürzt mit einer kleinen Prise Katholizismus. Nie hatte ich eine Festlichkeit erlebt, die so bizarr begann – und so tragisch endete.

Eine anderthalb Kilometer lange Parade war das alles beherrschende Tagesereignis. Diese Festprozession begann nach den

Gottesdiensten und wand sich eine Stunde lang durch Pujilí, bis sie die Zuschauerplattformen mit den Würdenträgern am Hauptplatz passierte. Aus dem einstigen Indiotag, an dem die Eingeborenen aus der näheren Umgebung nach Lust und Laune durch die Stadt gezogen waren, war eine offizielle Veranstaltung mit starken Anleihen bei indianischen Sitten und Symbolen geworden. Alle freuten sich auf die Festlichkeiten, auch der Verkehrspolizist, der acht Kilometer östlich des Ortes den Bus anhielt, in dem ich saß, und vom Fahrer 20 Sucres fürs Weiterfahren verlangte.

Nach dem *prioste*, der die Parade der etwa 100 teilnehmenden Gruppen anführte, gebührte den *danzantes*, Tänzerinnen, bei den Feierlichkeiten das meiste Prestige. Die kostbaren und farbenfrohen, frechen und schrillen *danzante*-Kostüme werden schon Monate vor der Fiesta mit äußerster Sorgfalt zusammengestellt. Ein Mischmasch aus wertlosem Plunder – Bierdosen und Spiegel, Bänder, Zigarettenpackungen und anderes Flitterzeug – wird an einem rechtwinkligen, mit Aluminiumfolie gefütterten Stück Stoff befestigt. Dieser Stoff oder die *cola* hängt von der Rückseite eines kunstvollen Kopfschmucks herab, an dem Münzen, billiger Schmuck und Perlen klirren. Eine *danzante* präsentierte als Teil ihrer prunkvollen Aufmachung Fasanenfedern und ein gerahmtes Bild von einem Hund, das aus einer Zeitung ausgeschnitten war. Eine andere hatte sich ein Kaninchenfell über den Rücken gelegt, in dessen Augen winzige batteriebetriebene Glühbirnen blinkten. Eine dritte *cola* schmückten ein klingelnder Wecker und Puppen – blond, blauäugig und nackt. Jungen ab acht Jahren aufwärts tanzten in weißen Kostümen mit Kapuzen aus Kissenbezügen. Diese *diablillos*, kleinen Teufel, tollten herum, ließen Feuerwerkskörper los und nahmen die Zuschauer auf den Arm. Einer rannte zu einem Mann, der gerade ein Bild von ihm machen wollte, hielt ihm die Hand vor die Kameralinse und verlangte Geld. Der Fotograf lachte, gab dem Jungen ein paar Sucres und sprang davon. Ein in Seide gehülltes Alpaka trug eine Blumengirlande auf dem Kopf und einen blonden Plastikjesus auf dem Rücken. Zur Unterhaltung spielte eine Militärkapelle auf indianischen Flöten und Pfeifen; ihre Musik klang, als hätte der amerikanische Marschkönig John Philip Sousa den Anden einen Besuch abgestattet.

Jede Gruppe, die sich an der Parade beteiligte, repräsentierte eine Schule oder einen Club, ein Viertel oder einen Ort; die Teilnehmer kamen von überallher aus den Dörfern des Hochlands. Manchmal schloss sich eine Familie oder eine Einzelperson der Prozession an. Die *diablillos*, die zum Teil Peitschen bei sich hatten und Strümpfe als Gesichtsmasken benutzten, äfften die Zuschauer nach und kommandierten die Leute mit Falsettstimmen herum. Diese schelmischen Teufelsgeister liefen im Zickzack durch und um die Parade herum und verhöhnten die Spanier sowie die weiße Elite. Eine Gruppe nahm die Obrigkeit in einem Theaterstück auf die Schippe, das sie aufführte, während sie durch die Straßen marschierte und *campesinos* herumschubste. Ein junger Bursche trug zu einer kompletten Militäruniform eine Gorillamaske; ein anderer tollte in einem Clown-Bozo-Kostüm herum. Ein weiterer machte sich über *costeños* lustig, indem er große Bananenbündel herumtrug. Ihm folgte ein Mann, dessen Gesicht wie eine Chaplin-Karikatur von Hitler aussah. Ein paar Teenager in seinem Schlepptau streiften in Frauenkleidern umher, unter denen stark behaarte Beine hervorlugten. Ein Junge mit Sonnenbrille spielte zum Ergötzen der Menge mit den Schaumgummieinlagen eines Büstenhalters und zog dann sein Seidenhemd bis zu den Oberschenkeln hoch. Die nächste Gruppe führte Rotkäppchen auf – in Begleitung eines Mannes, der ein Gemälde vom großen bösen Wolf in Großmutters Bett in die Höhe hielt.

Musikgruppen aus dem Ort, die bei der Auswahl der Stücke häufig in Streit gerieten, spielten sich in einem Höllentempo durch ihr Repertoire. Die Staatspolizei aus Riobamba hatte ein 35-köpfiges Musikensemble geschickt. Autos mit Lautsprechern, aus deren Kassettenrekordern und Radios Latin-Pop dröhnte, zwängten sich zwischen den Gruppen hindurch. Die Mitglieder der Folkloremusikgruppe Shimi-Aya aus Ambato hatten sich schon früh dem Alkohol zugewandt und stießen immer wieder zusammen, während sie – auf Hochlandinstrumenten musizierend und Felltrommeln bearbeitend – die Straße entlangmarschierten. Doch welche Melodien diese Betrunkenen ihren hölzernen Flöten entlockten! Ein Musiker schnarrte mit einem seltsamen Instrument, das aus Blech, Draht und Sprungfedern zusammengebastelt war. Es klang wie das Zirpen von Grillen bei Einbruch der Dämmerung. Über die gesamte Strecke tranken Fremde miteinander hier ein Glas *aguardiente*, dort eine Schale *chicha*, ein Gebräu aus zerstoßenem und fermentiertem Getreide.

Ein Zeremonienmeister hieß jede Gruppe aufgeregt willkommen, sobald sie die Zuschauerplattform passierte. Ein paar Männer in weißen Hosen und Hemden paradierten vorbei und hielten Heiligenpuppen in die Höhe, deren Gesichter mit Mullbinden bedeckt waren. Riesige indianische Vogelscheuchen wurden, auf Pfähle aufgepflockt, durch die Parade getragen. Die Marschierenden kamen an Gebäuden mit ausgeblichenen Plakaten vorbei, die für inzwischen gescheiterte politische Kampagnen warben und sich von den Wänden schälten. Ein Plakat forderte die EINIGKEIT ALLER MENSCHEN, ein anderes, auf dem Che Guevara abgebildet war, NATIONALE BEFREIUNG UND SOZIALISMUS. Die Parade bot eine Möglichkeit, von den Machthabern die Verbesserung der Lebensbedingungen zu verlangen. Ein einzelner, feierlich einherschreitender Mann forderte auf einem Schild Wasser und Strom. Er hielt die Augen stur geradeaus auf den Streckenverlauf gerichtet und nahm nicht einmal die gelegentlichen Beifallsrufe aus der Menge zur Kenntnis. Unmittelbar bevor er die Zuschauerplattform erreichte, löste sich das durchsichtige Klebeband von seinem Transparent, und sein Schild bekam Schlagseite. Als der Mann die Ziellinie passierte, verlas der Ansager sein Anliegen mit leidenschaftlichem Pathos über die Lautsprecheranlage; Pfiffe und Applaus erfüllten die Plaza. »Und Señor«, verkündete der Ansager atemlos, »Sie werden diese Dinge bekommen!« Tausend Menschen bejubelten sein falsches Versprechen. Der Mann ging weiter.

Eine barfüßige, 1,20 Meter große Frau, die zwei schäbige Filzhüte trug, bestand darauf, dass ich *chicha* aus ihrer Tasse trank. Ihre Füße hatten sich, da sie ein Leben lang ohne den geringsten Puffer zwischen sich und dem Boden hatte auskommen müssen, enorm verbreitert. Ein kleiner Schluck überzeugte mich davon, dass *chicha* besser war als *pulque*, dieses schleimige mexikanische Getränk aus Agaven. Ich trollte mich, bevor sie mir noch mehr anbieten konnte, und stieß auf eine Gruppe aus Cañar, der Provinz, in der auch Biblián liegt. Ausladende weiße Filzhüte bedeckten die Köpfe dieser Leute, blutrote Ponchos ihre weißen Hemden und Hosen. Es folgten ausgelassene Indios mit aufgemalten Schnauzern und Bärten; die Gruppe nach ihnen hielt ein hölzernes Tablett mit einer Flasche Whisky und einer Zitrone in die Höhe. Ihr Anführer, der in einem Clownskostüm steckte und eine Narrenkappe trug, ging hinüber zu den Zuschauern, um ihnen *aguardiente* aus einer Holztasse anzubieten, die gerade in seiner Gruppe herumgereicht worden war. Ich lehnte höflich ab. »Aber mein Herr«, sagte er, »möchten Sie keine *copa de ruina*?« Eine Tasse Ruin. Zwei Männer, die auf mit Zigarettenpackungen dekorierten Metallflöten spielten, kamen näher.

»*Psst, señor – un trago?*« Ein winziges Schlückchen. »*Una copita?*« Schon den ganzen Tag boten mir freundliche Menschen an, von ihrem Hausgebräu zu kosten. »Soll ich Ihnen meine Tasse voll schöpfen?« Dieser Mann hatte einen ganzen Eimer *chicha* bei sich. Nachdem jeder Fremde ein *trago* intus hatte, kehrte der Mann zurück zu seinem Platz auf dem Straßenmarkt und reinigte die Tasse, indem er sie in einen Bottich Spülwasser tunkte und mit seinem Ärmel abtrocknete. Dann bot er dem nächsten Passanten sein *chicha* an.

Zwei Männer ritten mit einer langen Stange zwischen sich Seite an Seite dahin. Von der Stange hingen lebende, an den Füßen festgebundene Hähne herab. Ein umherziehender Fotograf postierte seine Kamera auf der *plaza* und stellte Dutzende von Bildern zur Schau. Keiner der Abgelichteten lächelte. Neben dem Fotografen saß eine Mutter, die ihrem Jungen die Brust gab. Ihre zwei Töchter vertrieben sich die Zeit damit, einander das Haar zu lausen. Eine Frau baute einen Stand zum Verkauf von Weintrauben und Erdbeeren auf; eine andere servierte das ecuadorianische Nationalgericht *papas con papas* – Kartoffeln mit Kartoffeln. Jungen in Cowboyhosen ritten auf Ponys herum, düster aussehende Männer in grauen Anzügen schritten in Formation einher, kichernd gingen Mädchen in modischen taillenlangen Ponchos vorbei, und ein Junge, der krampfhaft eine Flasche *aguardiente* umklammerte, trug Obst auf den Schultern, an dem leere Jell-O-Schachteln festgebunden waren. Die Parade war voller schräger Symbole, erging sich in Spötteleien und offenbarte ein diebisches Vergnügen an Sakrileg und Entweihung.

Ich lief Señor Olmos, dem Töpfer, über den Weg, als er sich auf den Heimweg gemacht hatte, und wir gingen in sein Atelier, das ein paar Blocks von der Plaza entfernt lag. Ich hatte ihn darum gebeten, einige Schriftsteller und Fotografen zu töpfern, einige männlich, einige weiblich. Die Entscheidung darüber, welche Pose sie einnehmen und wie sie aussehen sollten, hatte ich ihm überlassen.

Alle Figuren hatten ein europäisches Aussehen, blondes Haar und modische Frisuren. Sie waren zehn Zentimeter groß und mit Emailfarbe bemalt. Die Frauen trugen bodenlange Kleider und die Männer karierte Hemden mit eduardinischen Jacken. Die Schriftsteller hielten Schreibfedern aus winzigen Nägeln und schrieben damit auf Zeitungen, die Olmos auf Fronleichnam datiert hatte. Die Fotografen – wie konnte er das wissen? – hielten ihre Kameras, als wollten sie sie irgendeinem widerstrebenden Opfer ins Gesicht stoßen.

Die Menge bewegte sich von der Plaza auf ein schmutziges Feld ein paar Blocks weiter zu, wo Kooperativen und Leute aus dem Viertel etwa neun Meter hohe Pfähle mit hölzernen Rahmen an der Spitze aufgerichtet hatten, an denen Preise baumelten. Jeder Pfahl war schätzungsweise mindestens 90 Zentimeter tief in der Erde verankert worden. Um einen Preis zu ergattern, mussten die Jungs lediglich einen Pfahl hinaufklettern. Der Haken an der Sache war, dass die Pfähle vollkommen glitschig waren. Auf diejenigen, welche die Spitze erreichten, warteten Spielzeug, Töpfe, Pfannen und andere Küchenutensilien, Kleidungsstücke, Obst, Bier, Schnaps und nützliche Haushaltsgegenstände als Belohnung. An ein paar dieser *castillos* – so genannten Burgen – hingen lebendige Schafe, Kaninchen und Meerschweinchen. Die Tiere waren an den Läufen festgebunden worden und baumelten kopfüber in der Luft.

Am späten Nachmittag umringten unzählige angeheiterte Schluckspechte die Pfosten, während Kinder, von Alkohol und gespielter Tapferkeit berauscht, sich wild entschlossen immer näher an die Spitze heranarbeiteten, bevor sie abrutschten und zum Boden zurückglitten. Schließlich hatten sich so viele Jungen die zwölf Pfeiler hinaufgehangelt, dass das Fett fast vollständig abgegangen war; eine um die andere wurden die Burgen erklommen und die Preise in Dutzende hoffnungsvoll nach oben gereckter Arme geworfen. An jedem Pfosten versuchten zwei, manchmal drei Jungen gleichzeitig ihr Glück.

Etwa zehn Jungen fühlten sich von einem besonders herausfordernden Pfosten magisch angezogen, und alle schafften es bis zur Spitze. Unter dem Gewicht so vieler kletternder Kinder erzitterte der Pfahl, begann dann kaum wahrnehmbar zu schwanken und zog allmählich immer weitere Kreise. Die zahlreichen Menschen, die, nach kostenlosem Schnickschnack lechzend, darunter standen, ignorierten das drohende Desaster und feuerten ihre Lieblingssöhne weiterhin lautstark an. Schließlich schwankte der Pfosten so stark, dass er zu Boden stürzen musste. Die Leute schrien vor Schreck laut auf. Auf den Gesichtern der Jungen zeichnete sich blankes Entsetzen ab. Einige sprangen verzweifelt in die in Panik versetzte Menschenmenge. Andere blieben, wo sie waren, und klammerten sich mit Armen und Beinen an den stürzenden Pfahl. Wie in Zeitlupe schien der Pfahl niederzusinken, als wollte er jedem Einzelnen eine Frist gewähren, sich auf sein Schicksal vorzubereiten. Als er auf dem Boden auftraf, stand die Welt für einen kurzen Moment still. Dann brach ein Höllenlärm aus.

»¡Díos mío!«, jammerte eine Frau. Mein Gott! »Was ist passiert?«

»Mein Sohn!«, schluchzte eine andere. »Wo ist er?«

»Alle sind tot!«

Kleine Kinder weinten. Eisverkäufer begannen wieder mit ihrem Singsang: »¡Helados! ¡Helados!« Gebete in Ketschua und Spanisch flammten auf.

»Sie sollten dafür sorgen, dass höchstens drei Jungen auf einmal auf einen dieser Pfähle steigen«, empörte sich ein aufgebrachter Mann. »Warum lassen sie so viele hochklettern?«

»Schnell! Bringt sie in die Klinik!«

»Vier von ihnen sind tot«, behauptete ein Mann, der nicht mehr wusste als der Rest von uns. »Da bin ich sicher.«

Eine Menschenmenge sammelte sich um den umgestürzten Pfahl und inspizierte sein geborstenes Ende. Der Teil, der im Boden stecken geblieben war, schien nur noch 30 Zentimeter tief in der Erde verankert.

Bei der Pujilí-Klinik, vor deren Tür sich etwa 50 Personen versammelt hatten, wechselten Freunde und nächste Angehörige der Opfer nervös ein paar Sätze. »Die beiden Jugendlichen mit den schlimmsten Verletzungen werden ins Krankenhaus von Latacunga gebracht«, sagte eine Nonne mit strahlendem Lächeln. »In Latacunga«, das 20 Minuten entfernt lag, »können sie besser versorgt werden.«

Dann hieß es wieder, dem wäre nicht so. Wie auch immer – als ich die Tragödie in den folgenden Tagen noch einmal erzählte, versicherte man mir, dass diejenigen Jungen, die – was sehr wahrscheinlich erschien – möglicherweise tatsächlich verblutet waren, Glück gehabt hätten, da sie nun nicht den Rest ihres Lebens mehr am Boden kriechen und leiden müssten und wahrscheinlich direkt in den Himmel kämen, weil sie während der Fronleichnams-*fiesta* gestorben waren. Ihre Familien hatten nun einen Mund weniger zu stopfen und lediglich einen weiteren Grabstein mit Blumen zu schmücken – alles in allem beträchtliche Einsparungen. *Díos mío.*

Mit Olga unterwegs

Nach der Tragödie in Pujilí kehrte ich nach Quito zurück, wo ich mich mit Olga Fisch zu einem Plauderstündchen traf. In ihrem *Artesanía*-Laden wurden einige von Kurt Dorfzauns hochwertigsten Panamahüten verkauft. In großen Teilen Lateinamerikas gilt es in Kreisen der *Artesanía*-Händler als uneingestandene Tatsache, dass das kunsthandwerkliche Können der Einheimischen ohne die Bewunderung und Marketingfähigkeiten von Nordamerikanern und Europäern praktisch nicht überlebt hätte. Erzeugnisse der Volkskunst erregen ebenso wie die Menschen, die sie herstellen, im restlichen Ecuador generell nur geringes Interesse. Die meisten Läden und Galerien – im Folkorehandel ist das oft das Gleiche – werden von Händlern aus anderen Kontinenten geführt oder sind auf eine entsprechende Kundschaft zugeschnitten. Die gebürtige Ungarin Olga Fisch, Jahrgang 1901, war eine Wegbereiterin dieser Entwicklung. Seit 1943, vier Jahre nachdem sie in Ecuador Zuflucht vor dem Krieg in Europa gefunden hatte, genießt ihr Geschäft »Folklore« zunehmendes internationales Ansehen für sein breit gefächertes Sortiment an einheimischem Kunsthandwerk. Sammler und Forscher aus dem Ausland sind häufig bei ihr zu Gast, um ihr Anerkennung zu zollen. Die Smithsonian Institution sucht regelmäßig ihren Rat und stellt Teile ihrer Sammlung aus, darunter ihre unschätzbar wertvollen Fronleichnams-Tanzkostüme. Ihre Kenntnis indianischer Bräuche und ihr enger Kontakt zu denjenigen, die sie praktizieren, haben entscheidend zu ihrer Stellung als *grande dame* der ecuadorianischen Volkskunst beigetragen. Frisch und munter wie eh und je hieß Olga Fisch mich in ihrem Haus hinter dem Laden willkommen.

Sie ist von einer leidenschaftlichen Sammelwut besessen. Arbeiten aus vier Jahrhunderten bedecken die Wände ihres Hauses, von Imitationen spanischer Sakralkunst, die in Quito schon im späten 16. Jahrhundert angefertigt wurden, bis zu neuen handgeschnitzten Musikinstrumenten aus dem Hochland. Mit Wollteppichen nach eigenen Entwürfen, die auf filigranen und kunstvoll ausgeführten einheimischen Mustern aus Malerei, Töpferei und Textilkunst basieren, hat sie sich einen Namen gemacht. Die Teppiche werden exklusiv für sie hergestellt und lassen sich an dem in einer Ecke eingewebten »O. Fisch« identifizieren.

Wir setzten uns auf eine mit exotischen Blumen und Weinreben berankte Terrasse mit Blick auf einen gepflegten Garten, in dem ein barfüßiger Indianer die Erde umgrub. Olga Fischs Silberhaar war dauergewellt, und an ihrer rechten Hand prangte ein Türkisring aus New Mexico. Sie zündete sich eine Marlboro an und goss uns Eger Kirsch ein, Schnaps aus Budapest.

»Wo soll ich anfangen? Meine erste Reise nach Südamerika unternahm ich an Bord der Graf Zeppelin im Jahr 1935. Ich war die erste Frau, die in diesem Luftschiff über den Atlantik flog. Es wurde ein Riesenwirbel um mich veranstaltet, als wir in Rio landeten. Ich war in Ungarn, Österreich und Deutschland, dann in Marokko und Italien als Artistin aufgetreten. Als mein Mann und ich wegen der Nazis Europa für immer verlassen mussten, gingen wir in die Vereinigten Staaten, wo uns die Einwanderungsbeamten mitteilten, dass die Ungarn-Quote für die nächsten 86 Jahre erschöpft sei. Sie hatten vergessen, dass ihre Nationalhymne das ›sweet land of liberty‹ – das süße Land der Freiheit – beschwor. Wir verbrachten ein Jahr in der Hölle New Yorks. Währenddessen erhielt ich das Angebot, bei der Zeitschrift *Vogue* für 100 Dollar die Woche zu arbeiten. Und das 1938! Ich konnte den Job nicht annehmen, weil wir das Land verlassen mussten. Wir entschieden uns für Ecuador, nachdem Freunde uns davon erzählt und wir in einer Buchhandlung in einem Bildband geschmökert hatten. Wir nahmen das Schiff und reisten dann auf dem Landweg weiter nach Quito.

Verzeihung. Ich muss meinem *viejo* etwas anbieten.« Sie rief zu ihrem Gärtner hinüber: »Manuel, möchtest du nun deinen Drink?« Er lächelte und machte eine leichte Verbeugung.

»Ach, manchmal ist es so schwierig, das richtige Personal zu finden«, fuhr sie fort, nachdem sie ihrem Gärtner seinen mittäglichen Schluck Wermut eingegossen hatte. »Man kann Dinge auf drei verschiedene Arten erledigen: auf die richtige, die falsche und die südamerikanische Art. Ich glaube, ich habe Glück gehabt. Ich hatte fünf Köchinnen in 40 Jahren. Jede hat mit meiner Unterstützung ein Kind aufgezogen. Ich musste allen beibringen, wie man ungarisch kocht, und dabei bin ich selbst eine so schlechte Köchin.« Ein Ferngespräch für Olga wurde durchgestellt. Erlinda, die jetzige Köchin und Haushälterin, kam heraus, um ihrer *patrona* das schnurlose Telefon zu überreichen.

»Jedenfalls fand ich kurz nachdem wir hier angekommen waren eine Anstellung als Kunstlehrerin. Mein Gehalt betrug 18 Dollar pro Monat. Die Leute hier wussten nicht, was eine Jüdin ist. Eine meiner Schülerinnen fragte mich: ›Sind Sie protestantische oder katholische Jüdin?‹ Ich begann, draußen auf dem Land nach Volkskunst zu stöbern und Indianer kennen zu lernen, und gab meinem Impuls nach, alles zu sammeln, was mir verlockend erschien. Und das tue ich seither.«

Erlinda rief uns zum Mittagessen: Rinderbrust, Spinat, Yukkawurzeln und Bohnensalat. »Hier, kosten Sie die *maracuya*. Das ist eine Passionsfrucht, fast wie Marihuana.«

Ihre Erwähnung von Marihuana gab mir Gelegenheit, nach einer am Amazonas verbreiteten Droge zu fragen: »Haben Sie jemals *ayahuasca* probiert?«

»Einmal, ja. Ich hatte das Gefühl, dass ein Bein nach oben stieg und das andere sich nach unten senkte.« Sie bewegte ihre Hände langsam auf und nieder. »Ich hatte nur wenig genommen, konnte aber nicht mehr von hier bis da gehen«, sagte sie und zeigte dabei auf einen drei Meter entfernten Punkt. Wir beschlossen die Mahlzeit mit einem lieblichen ungarischen Wein, Tokaji Szamorodni. »Jemand aus der ungarischen Botschaft hat ihn mir gegeben«, sagte sie schelmisch. »Jetzt, mit Verlaub, ist es Zeit für mein Nickerchen. Können Sie morgen zum Frühstück wiederkommen?«

Am nächsten Morgen ließ der Wachmann mich zur Hintertür herein, und ich wurde die Treppe hinauf zu Olgas Schlafzimmer geleitet, wo Erlinda das Frühstück servierte und *El Comercio* brachte, während die Señora ihren Angestellten mit befehlsgewohnter Stimme Anweisungen für den Tag erteilte. Morris, ein schwedischer Exilant mittleren Alters, gesellte sich zu uns. Auf der Titelseite der Zeitung ging es fast ausschließlich um Guerilla-Aktivitäten in den peruanischen Anden.

»Ecuador ist wie eine Insel in Südamerika«, rühmte Olga ihre zweite Heimat. »Es geht sehr friedlich zu.«

»Ja«, fügte Morris hinzu, »aber zuweilen gibt es sogar auf Inseln Schwierigkeiten.« Als ich erzählte, welchen Eindruck ich von Cuencas rigider Klassenstruktur und dem »Stadtadel« gewonnen hatte, nickte er. »Die Einwohner halten sich für *puros castellanos*«, für reinrassige Spanier, »aber alle haben ein wenig Indianerblut in sich, sie wollen es nur nicht wahrhaben.«

»Es gibt eine Legende darüber, wie der ›Cuencaner-Typus‹ entstanden sein soll«, schaltete Olga sich ein, die sich für das Thema erwärmte. »Vor vielen Jahren hatte ein Gouverneur der Provinz Azuay eine Frau aus der Tschechoslowakei. Sie schlief mit ihrem indianischen Diener, und dabei kam der Cuencaner-Typus heraus. Ich liebe Cuenca und seine Bewohner, aber die Leute aus der Oberschicht sind ziemlich aufgeblasen, nicht wahr?«

Just in diesem Moment trat Erlinda mit unserem Frühstück herein. Olga explodierte. »Warum kommst du eine halbe Stunde zu spät?«, schrie sie. »Du weißt doch, dass ich um punkt halb acht frühstücke. Ich habe Gäste! Jetzt setz das Tablett hier auf meinem Bett ab.« Erlinda, die solche Tiraden gewohnt war, senkte den Kopf ein wenig und murmelte Entschuldigungen, bevor sie sich flink zurückzog. Olgas Wutausbruch war doppelt überraschend: zum einen, weil er so plötzlich kam, zum anderen, weil sie auf Spanisch, Ungarisch und Englisch tobte. Als Erlinda die Treppe hinunterging, schlich sich ein Funkeln in Olgas Augen. »Ich habe nun mal solche Wutausbrüche«, gab sie ruhig zu, »aber ich werde niemals ein Magengeschwür kriegen. Ich lasse meinem Ärger immer freien Lauf.«

»Dann findet sie zurück zu ihrem sanften Selbst«, fügte Morris wohlwollend hinzu.

»Die schlimmsten Schimpfwörter sage ich auf Ungarisch. Die versteht sowieso keiner.«

Wegen einer Tür im unteren Stockwerk gab es Probleme mit einem Schreiner. »Er hat so lange dafür gebraucht. Mit dem Gehalt, das ich den Leuten bezahle, die für mich arbeiten, besuchen sie die Universität, und dann muss ich die Aufträge für sie auch noch mit ihren Stundenplänen abstimmen. Ist das nicht verrückt, *no*?«

Ein Grund dafür, dass Olgas Geschäft schon seit so vielen Jahren einen guten Ruf genießt, sind ihre regelmäßigen Reisen zu Eingeborenendörfern. Die Kontakte, die sie zu den Indianern pflegte, waren so legendär, dass ich den Verdacht hatte, sie gehörten eher ins Reich der Fabel. El Día de San Juan, der Geburtstag Johannes des Täufers, stand vor der Tür, und Olga bot mir Gelegenheit, den Wahrheitsgehalt der Legende zu testen. »Ich werde zu alt, um Auto zu fahren. Hätten Sie Lust, sich am Sonntag mit mir zusammen nach *fiestas* in der Provinz Imbabura umzuschauen? Bei Otavalo sollen welche stattfinden.«

Es war kein Problem, den VW-Käfer durch die Gottesdienstbesucher vor der Kirche hindurchzumanövrieren, und schon bald waren wir auf der zweispurigen Pana, wie die Panamericana genannt wird, inmitten der Anden unterwegs und näherten uns der

Ortschaft Cayambe. Wann immer wir jedoch an diesem Tag nach *fiestas* fragten, antworteten uns die Leute, dass ein paar Ortschaften weiter bestimmt eine *fiesta* stattfinde, nicht aber in ihrem eigenen Dorf. Als wir »ein paar Ortschaften weiter« ankamen, erhielten wir die gleiche Antwort. Wir fühlten uns, wie *Alice in Alice im Spiegelland* sich gefühlt haben musste, als sie bei ihren wiederholten Versuchen, einen Hügel zu erklimmen, immer wieder am Ausgangspunkt landete.

»Halten Sie dort an«, befahl Olga, als wir um Cayambe herumfuhren. »Bei dieser Frau.« Sie kurbelte ihre Fensterscheibe herunter, um eine Frau anzusprechen, die einen dunkelblauen Schal um den Kopf trug. »Entschuldigen Sie, Señora. Ihre Bluse – die ist aus Zuleta, *no*?« Zuleta ist ein Dorf auf der Hacienda von Galo Plaza, der zwischen 1948 und 1952 Präsident von Ecuador war und noch immer als aufrichtiger internationaler Staatsmann gilt.

»Warum? Ja, stimmt«, antwortete die Frau, überrascht und geschmeichelt, dass diese ältere europäische Dame die Herkunft ihrer Kleidung erkennen konnte. »Ich stamme von dort. Ja.«

»Das habe ich mir gedacht. Ich konnte es an der Stickerei sehen.«

Um die Mittagszeit gaben wir auf und hielten, um in einem Restaurant an der Laguna de San Pablo eine Kleinigkeit zu uns zu nehmen. In der Ferne fischte eine Familie in einem Kanu ihr Abendessen. »Sehen Sie diesen Berg?« Olga zeigte auf einen der Gipfel, die den See säumten. »In der Legende heißt es, dass ein Riese, der in diesem See lebte, mit der Hand nach dem Gipfel des Berges griff und so diese Kerben formte.« Sie ging auf eine Wand des Restaurants zu und strich mit den Händen über einen 1,80 x 2,40 Meter großen Wandbehang. »Diese Teppiche werden hier nicht mehr hergestellt. Ich habe in der Nähe von Cuenca ein paar gesehen, immerhin. Vielleicht machen sie dort weiter.«

Wir durchquerten Dorf um Dorf. Das heruntergekommene Aussehen dieser Orte hatte etwas Deprimierendes. »Man ist hier so oft mit so viel Unterentwicklung konfrontiert«, sagte Olga, »dass man sie nach einer Weile gar nicht mehr wahrnimmt.« Beim Weiterfahren fiel uns auf ein paar Plakaten der Name Lenin auf. »Die Leute haben ihren Kindern Namen gegeben, die sie in der Zeitung gelesen und im Radio gehört haben. Sie hatten keine Ahnung, was sie repräsentierten. Namen wie Lenin und Adolf sind hier nicht ungewöhnlich«, erklärte Olga.

»Ketschua-Namen sind fast immer zweisilbig. Einmal habe ich ein indianisches Ehepaar getroffen, deren *guagua*«, Baby, »Washco hieß. ›Was für ein hübscher Ketschua-Name!‹«, sagte ich. Es stellte sich heraus, dass es eine Kurzform für Washington war. Ich erzählte Olga eine Geschichte über die Polizei in Quito, die mir zu Ohren gekommen war. Einmal hatten zwei Polizisten auf der Calle Jorge Washington eine Leiche gefunden. Als sie sich daranmachten, den Bericht zu schreiben, fragte ein Polizist den anderen: ›Wie buchstabiert man Washington?‹, ›Keine Ahnung‹, antwortete sein Kollege. ›Lass uns die Leiche in die Calle Loja legen.‹«

»Dieser Teil der Pana ist vor ungefähr 20 Jahren gepflastert worden. Die Indios waren restlos begeistert. Nie zuvor hatten sie eine so große, ebene Fläche gesehen, die zum Niederlegen einlud, und bei der Eröffnung lümmelten sie alle betrunken auf der Straße herum. Ich fuhr zur Einweihung mit Rolf Blomberg herauf. Wir mussten so manchen Indianer wie einen Kadaver von der Straße zerren. Alle hatten einen Riesenspaß.«

Schließlich erreichten wir etwa acht Kilometer nördlich von Otavalo auf einer schmutzigen Straße, die sich durch die sanfte Hügellandschaft zog, den Ort Peguche. »Ich glaube, das ist das Haus, das ich suche. Nein – fahren Sie zu dem da oben, und halten Sie dort. Warten Sie. Ich frage diese Jungen.« Vier Jugendliche in selbst genähten Kostümen gingen vorbei, offenbar unterwegs zu einem Fest. »Ja. Parken Sie vor diesem Pick-up.« Etwas abseits von der Straße stand ein baufälliges Haus. Wir gingen durch eine Tür in einen Innenhof und ein paar wackelige Treppen hinauf. Aus einem Raum drang der Klang einer Holzflöte, und bald umringte uns eine fünfzehnköpfige Otavala-Indiofamilie, deren Mitglieder Doña Olga begrüßten, als gehöre sie zu ihnen.

Die Otavaleños mit ihrer stämmigen Statur und ihrem aristokratischen Auftreten sind international bekannt für ihre kompliziert gemusterten Webstoffe und den Erfolg, mit dem sie sie vermarkten. In den großen Städten der Welt trifft man auf Männer mit geflochtenen schwarzen Haaren und wadenlangen Baumwollhosen und Frauen mit schweren Perlenhalsketten und farbenfrohen Blusen beim Feilbieten ihrer Webwaren aus der Provinz Imbabura. Viele Otavaleños haben Universitäten in Übersee besucht und die Fesseln, die andere Indianer aus den Anden behindern, gesprengt.

Olgas Freunde feierten *El Día de San Juan* in ihrem eigenen Haus. Männer saßen im Wohnzimmer herum und lasen die Morgenzeitung von Quito. Frauen trugen Schüsseln voller *chicha* herein. Ein Kassettenrekorder spielte Musik einer überregional bekannten lokalen Band, der Gruppe Nanda Mañanchi. Ein Musiker klimperte auf einer Gitarre herum. Auf dem Gitarrenkorpus klebte ein Abziehbild von Che Guevara. Ein anderer blies in eine Bambusflöte, und ein dritter begleitete die beiden anderen auf einer Harmonika. An einem Ehrenplatz stand ein Christusschrein mit Kerzen, von denen Wachs auf den Boden tropfte. Davor befand sich ein Sammelkorb. Ein Dutzend Indianer tanzte zu der Musik in einer Reihe immer im Kreis herum. Ihre Füße übernahmen mit zunehmender Lautstärke den Rhythmuspart; schließlich stampften sie mit solcher Wucht auf, dass das Haus förmlich wackelte. Die Melodie klang wie eine endlose Wiederholung der dritten Phrase von »Frère Jacques«. Einige sangen auf Ketschua; unterdessen legten ihre Brüder eine *chicha*-Pause ein. Ein Indianer hatte eine Gorillamaske aufgesetzt und ging wieder und wieder zum Schein auf Olga los, wobei er sie mit einer quietschend hohen Stimme anschrie. Sie spielte die Erschrockene, und alle lachten.

Der Lärm wurde ohrenbetäubend. Einer der Stampftänzer kam zu uns herüber und nötigte Olga und mich mitzumachen. Sobald die Achtzigjährige, die normalerweise schlecht zu Fuß und auf einen Stock angewiesen war, um sich auf den Beinen zu halten, bei einer temperamentvollen indianischen *fiesta* zum Tanzen aufgefordert wurde, hüpfte sie quicklebendig los. Indem sie mit ihrem Stock im Takt der Musik rhythmisch auf den Boden hämmerte, brachte sie ihn noch mehr zum Erzittern. Dabei hielt sie mit den Tänzern Schritt. Der Alkohol floss in Strömen. Ein sechzehnjähriger Junge lümmelte zusammengesunken auf dem Sofa, die Augen halb geschlossen. »Er schläft seinen Rausch von heute Morgen aus«, rief Olga mir durch den Lärm zu, »und tankt auf für das Nachmittagsbesäufnis. Es wird ihm bald wieder gut gehen.«

Als wir zehn Minuten später abfahrbereit wieder draußen in der idyllischen Landschaft standen, kam Julián Muenala, in dessen Haus wir soeben gewesen waren, zu uns. »Gib mir einen Kuss!«, rief Olga, als sie ihn sah. Die beiden – seit 35 Jahren Freunde – umarmten sich. Als er seine erst kürzlich beendete Reise nach Italien schilderte, funkelten seine Augen hinter seiner Oscar-de-la-Renta-Sonnenbrille. Sein Geschäft, in dem er Webarbeiten der Otavaleños verkaufte, hatte Olga so lange unterstützt, bis es sich selbst trug.

»Die Otavaleños fangen an, automatisierte Webstühle zu benutzen«, sagte Olga, als wir zurück nach Quito fuhren. »Damit können sie in viel kürzerer Zeit viel größere Mengen weben, aber sie sind weniger kunstfertig als andere Indianer. Die Otavaleños sind hoch kultivierte Menschen, sie sind technisch versiert und außerordentlich clever. Aber sie sind weder kreativ noch originell. Früher habe ich ihnen Muster zum Weben gegeben. Das mache ich nicht mehr. Sie müssen sich selbst welche ausdenken.«

Öl vom Sauren See

Die meisten ecuadorianischen Indios leben im zentralen Hochland zwischen den zwei parallel verlaufenden Bergketten, aus denen die Anden bestehen. Diese Eingeborenen, die Getreide anbauen, Kartoffeln ernten, sich für eine bessere Zukunft abstrampeln – und Hüte flechten –, zählen zu den sozialen Verlierern. Praktisch alle anderen Indios leben im *Oriente,* in Ecuadors nur wenig bevölkerter Urwaldregion. Obwohl Geologen Jahrzehnte damit zubrachten, in indianischen Jagdgründen nach Öl zu bohren, stießen sie erst nach 1960 auf diesen Rohstoff, der die wirtschaftliche Zukunft des Landes bestimmen sollte. Urwaldindios versus Öldollars – es war zu verlockend, sich auf dieses ungleiche Duell einzulassen. Der Countdown meiner Abreise nach New York ließ mir noch Zeit für einen Ausflug in den Regenwald, wo ich mich mit eigenen Augen von den Veränderungen überzeugen wollte, die das Öl mit sich gebracht hatte. Es klang wahr, was Claude Lévi-Strauss über Südamerika geschrieben hatte: »Ein von Menschen kaum berührter Kontinent bot sich Menschen dar, deren Gier sich nicht länger mit dem Eigenen zufrieden gab.«[8]

Was müssen die Indios gedacht haben, als die ersten Angloamerikaner in ihr Land eindrangen? Eine Legende aus dem Amazonasbecken, die Will Baker in *Backward* nacherzählt, gibt einen Anhaltspunkt: »Es heißt, dass weiße Männer mit Geschenken in die

---

8 Zitiert nach: Claude Lévi-Strauss: Traurige Tropen, übersetzt von Eva Moldenhauer, Frankfurt/Main 1978.

Selva kommen, um die Indianer gefangen zu nehmen, sie an heilige Orte zu führen und dort in Öl zu verwandeln, das zum Antrieb von Flugzeugen, Motorbooten und Autos benötigt wird. Vollgetankt kehren diese Transportmittel zurück – mit noch mehr Geschenken auf der Suche nach weiteren Indianern.«

Manche Indios bezeichnen das Öl als »schwarzes Wasser, das brennt«, andere nennen es »Exkremente des Teufels«. Man mag es nennen, wie man will – seitdem das erste schwarze Gold 1974 durch die transecuadorianische Pipeline an die Küste befördert und von dort aus ins Ausland verschifft wurde, hat das Land sich unwiderruflich verändert. Nirgends fiel dieser Wandel stärker ins Auge als in Lago Agrio, auf Englisch Sour Lake (Saurer See), einem Ort, dessen Name sich nicht von dem nahe gelegenen Tümpel mit fauligem Wasser ableitet, sondern von Sour Lake in Texas, wo 1902 ein junges Unternehmen namens Texaco seine erste Ölquelle zum Sprudeln gebracht hatte. Dem menschenleeren Regenwald am Ufer des Sees abgetrotzt, hat Lago Agrio sich zu einer Grenzstadt entwickelt, welche die Cofán-Indios als Handelszentrum nutzen und in der Texaco Inc. seine Hauptniederlassung hat.

Nachdem Loja in den frühen 1970er-Jahren von einer heftigen Dürreperiode heimgesucht worden war, wurden Hunderte von Bewohnern in die neue Siedlung am Río Aguarico abgeschoben. Um die Kolonisierung voranzutreiben, befreite die Regierung neue Unternehmen von Steuerzahlungen und überschrieb Siedlern bestimmte Gebiete für den Anbau von Feldfrüchten. Ein Teil dieses Landes war seit jeher Jagdrevier der Cofán- und anderer Indios. Weil Lagro Agrio unweit der kolumbianischen Grenze liegt, ließen sich neben Ecuadorianern auch Tausende von ehrgeizigen, trägen und verzweifelten Kolumbianern dort nieder, mochte der Ort noch so abgelegen und verschlafen sein.

Lago Agrios Flughafen hat zwei Terminals, einen für die Gäste des dreimal wöchentlich landenden Passagierflugzeugs aus Quito und einen für Mitglieder des Konsortiums, das Texaco mit der

Corporación Estatal Petrolera Ecuatoriana (CEPE), der staatlichen ecuadorianischen Erdölfirma, gebildet hatte. Als ich den Ort besuchte, bestand die Hauptstraße zu gleichen Teilen aus Schlamm, Öl, Schotter und Teer. Jedes Fahrzeug, das kleiner war als ein Pickup, war verloren, insbesondere während oder nach dem täglichen Wolkenbruch. Obwohl Lago Agrio erst anderthalb Jahrzehnte alt war, sah es aus, als hätte es 50 Jahre auf dem Buckel. Riesige Laster US-amerikanischer Schwermaschinen-Unternehmen, die zu der eingezäunten Texaco-Niederlassung am Rand des Ortes und den dahinter liegenden Ölquellen unterwegs waren oder von dort kamen, rumpelten durch den Ort. Bars, Cafés und Bäckereien versuchten einander ecuadorianische Sucres und kolumbianische Pesos abzujagen, die auf dem alles andere als inoffiziellen Schwarzmarkt erhältlich waren. Die wenigen Straßen Lagos säumten Läden, die Haushaltswaren, Kleider und Musikkassetten feilboten. Hühner pickten in Kaffee- und Kakaobohnen herum, die am Straßenrand trockneten. Vor einem chinesischen Restaurant spielten schlaksige schwarze Kolumbianer Dame, während *Cumbia*-Musik aus ihren Kassettenrekordern dröhnte. Die meisten trugen Badehosen oder aufgerollte Shorts und an den Füßen Sandalen oder gar nichts. Macheten schlugen ihnen gegen die Oberschenkel. Spazierte man ein paar Stunden durch die Straßen von Lago Agrio, merkte man, dass dieser Ort mehr Nähmaschinen als Toiletten und mehr Bordelle als Schulen besaß.

In einer Straße befand sich der Intellektuellentreff Salón Descanso Intelectual, eine kleine *cantina*. Auf dem Schild war ein Mann zu sehen, der an einem Schulpult saß und ein Buch las. Unter einem abgelaufenen Wandkalender und dem Bild eines kopulierenden Paares stand ein Plattenspieler; der Besitzer spielte beide Seiten einer Schallplatte nacheinander ab – »Evil Thougths« und »Heartless Woman«. Danach wischte er die Platte vorsichtig mit der Hand ab und hinterließ dabei Moskitos und Schweißperlen in den Rillen. Direkt neben dem Salón befand sich der Hollywood

Beauty Salon. Es gab außerdem zwei Kirchen, die aussahen, als wären sie erst nachträglich an Ort und Stelle platziert worden. An einer der beiden verkündete ein lächelnder Papst Johannes Paul II. auf einem Plakat: »Das Wohlergehen der Arbeiter ist wichtiger als wirtschaftliche Profite.«

Die beiden meistempfohlenen Hotels waren die Residencia Hilton und die Residencia Utopia, die völlig unzutreffend so hießen. »Sie werden sich in jedem der beiden wohl fühlen«, versicherte mir der Ladenbesitzer. »Beide haben Moskitonetze.« Ein neues Hotel, El Cofán, befand sich gerade im Bau, das Restaurant war jedoch schon geöffnet. »Eine Zeit lang nannte jeder den Ort Nueva Loja, weil die ersten Siedler aus Loja kamen«, sagte der Restaurantbetreiber. »Der Schutzheilige von Loja ist auch der hiesige Schutzheilige. Es ist hier wie in unserem Geburtsort. Diesen Ort aufzubauen – für Wasser, Licht, Abwasserkanäle und Strom zu sorgen – war ein gewaltiger Kampf. Die Versorgungseinrichtungen hier funktionieren nicht richtig. Die meisten Leute holen ihr Wasser entweder aus dem Fluss oder sammeln das Regenwasser. Man hat uns eine Menge versprochen und rein gar nichts davon ist eingehalten worden.«

Die Vaquero Bar im Ortszentrum besaß echte Saloontüren. Am Tresen stand ein arbeitsloser Ölarbeiter. Alexandra, der die Morgenschicht oblag, ließ »Lost and Drunk« und »I'm a Vagabond« aus der Stereoanlage erklingen – zu Ehren des Kunden, der alle drei Eigenschaften verkörperte. Er erzählte ihr aus seinem 22 Jahre währenden Leben: »Ich hab sie rausgeschmissen. Sie war nicht gut.« Er warf mir einen Blick zu. »Ich bin halb Cherokee und halb Ire. Ich bin in Oklahoma aufgewachsen.« Er sprach so undeutlich, dass ich unschlüssig war, ob sein Spanisch oder sein Englisch schlechter war. »Ich bin seit sechs Monaten hier. Ein Bier? Was ist los, gefällt Ihnen meine Eisenbahnermontur nicht?« Er beschrieb mir jedes seiner acht Kinder und insgesamt sechs Frauen. Alexandra vertrieb sich die Zeit damit, mit der Schere Papierservietten in der Mitte durchzuschneiden und so den Serviettenvorrat des Vaquero zu verdoppeln. »So schnell wieder weg?«, fragte der Urwald-Ami. »Hier.« Er beugte sich zu mir herüber und gab mir einen feuchten, schmatzenden Kuss.

Ein Fünftel aller Frauen in Lago seien Prostituierte, erzählte mir ein Arzt. »An jedem ersten Mittwoch im Monat werden sie untersucht und kriegen eine Spritze.« Beim Boricua-Club, dem seinerzeit gefragtesten Etablissement, parkten Laster der Ölfirma im Schlamm; innen sah man auf Wandgemälden Paare in voller Aktion. An den Zahltagen der Ölgesellschaft ist die Bar bis tief in die Nacht gerammelt voll. Prostituierte pirschen sich an die Gäste heran, um ihnen Geld für die Wurlitzer (ein Sucre pro Lied) oder für sich selbst (fünf Dollar für 20 Minuten) zu entlocken. In Lagos Edelbordell ist die Jukebox mit Drahtgeflecht abgedeckt, um sie vor herumfliegenden Flaschen und Stühlen zu schützen.

»*El Oriente*«, schrieb Henri Michaux, »ein Ecuadorianer wirft dieses Wort hin wie das Wort *Paris*, beide gefährlich, beide schwer zugänglich und vermutlich wunderbar.«[9] Als Claude Phillips Mitte der 1960er-Jahre zum ersten Mal in den Oriente kam, hatte dieser alle ihm nachgesagten und noch andere Eigenschaften. Phillips war in einer armen Farmerfamilie im Südosten von Texas aufgewachsen und hatte auf nahe gelegenen Bohranlagen gearbeitet. »Als ich hierher kam, gab es in diesem Teil des Oriente keine Straßen und lediglich eine erschlossene Ölquelle. Die ganze Bohranlage musste von Kolumbien herübergeflogen werden. Der Ort Lago Agrio existierte noch nicht. Überall war Regenwald. Wir kletterten an Strickleitern herunter und rodeten die Gegend mit Macheten und Äxten. Dann bauten wir einen Hubschrauberlandeplatz, sodass Helikopter einfliegen konnten. Einen großen Teil der Ausrüstung mussten wir über den Río Aguarico auf Lastkähnen

---

9 Zitiert nach: Henri Michaux, Ein Barbar auf Reisen, Frankfurt/Main 1988.

herbeischaffen. Wir brauchten drei Monate für den Bau der Landebahnen. Ich war als Vorarbeiter zuständig für die Wartung, aber damals gab es nichts zu warten.

Seinerzeit bekamen ecuadorianische Arbeiter sieben Sucres pro Tag plus Zucker und Wasser. Sie lebten in Zelten, mussten sich ihre Mahlzeiten selbst erjagen und ihr eigenes Brot backen – natürlich gab es nichts, woraus sie Brot hätten backen können. Wir hatten sowohl Indianer als auch *mestizos*, wir nahmen jeden, den sie in den Regenwald schickten, um sich Arbeit zu suchen. Mir wurden Vorwürfe gemacht, nur weil ich mit den Indianern und anderen Leuten aus der Unterschicht gesprochen hatte. Keiner der Arbeiter wusste, wie man mit einer Rohrzange umgeht. Wenn ich mit diesen Leuten arbeiten wollte, durfte ich mich nicht wie Claude verhalten, sondern musste zu Claudio werden. Also änderte ich meinen Namen. Es funktionierte.«

Phillips und die anderen bauten einen kleinen Club mit Strohdach. »Wir hatten immer kaltes Bier auf Lager und taten nichts anderes als Karten spielen. Es gab keine Frauen hier draußen. Ich hatte mir angewöhnt, allein durch den Urwald zu laufen. Einmal habe ich mich verlaufen.« Phillips schätzt, dass er im Laufe der Jahre mehr als 300 Bohrlöcher im Oriente angelegt hat. »Bei der letzten Bohrung erreichten wir in elf Tagen und zwei Stunden eine Tiefe von 2800 Metern. Ich war auf dem Bohrturm.«

Während der dreiwöchigen Pausen nach jeweils 21 Tagen strammer Arbeit im Urwald lebt Phillips von den Dollars, die er in einem auf Sucres basierenden Wirtschaftssystem verdient. Mit seiner ecuadorianischen Frau zusammen besitzt er ein großes Holzhaus in einem Tal außerhalb von Quito. In den Regalen stehen Bücher von Steinbeck und Freud, Ballettvideos und Aufnahmen von Vivaldi und Bach. Seine zwei Papageien kreischen »*¡Por favor! ¡Por favor!*«, wenn man sie anstupst. Er fährt zum Tiefseefischen an die Küste und angelt Süßwasserfische aus den Regenwaldflüssen. Freunde aus der ecuadorianischen Oberschicht treffen sich mit ihm zum Golf auf dem örtlichen Golfplatz oder besuchen ihn zu Hause, um zu grillen.

Mitten im Gespräch stockte er plötzlich: »Wie heißt nur das Wort, das ich suche? Mein Englisch rostet allmählich ein. Ich spreche nicht mehr so oft Englisch. Ich bin jetzt praktisch ein Bürger Ecuadors. Ich besitze eine unbegrenzte Aufenthaltserlaubnis.« Als ich ihn fragte, welche Probleme das Leben als Exilant mit sich bringe, dachte er lange und intensiv nach. »Für mich keine. Doch die jüngeren Exilanten hatten nie zuvor ein Dienstmädchen oder einen Koch, wenn sie dann hierher kommen, steht ihnen alles, was sie wollen, zur Verfügung. Sie sind nicht in der Lage, sich darauf einzustellen, vor allem die Frauen nicht. Am Ende meckern sie doch nur rum.«

Das Texaco-Lager ist 20 Minuten Fußmarsch von der Ortsmitte entfernt, doch es liegen Welten zwischen ihm und Lago Agrio. Jenseits des mit Wachposten besetzten Eingangs befinden sich Schlafsäle für die Arbeiter, Büros, eine Messe, Maschinenräume und Lagerschuppen. Feste Subunternehmer unterhalten große Anlagen in der Nähe. Ihre Belegschaften essen im Speisesaal von Texaco und erholen sich in der neuen Freizeithalle, die zwei Millionen Dollar verschlungen hatte. Das Lager hat eine eigene Strom- und Heißwasserversorgung und eine Abwasserkanalisation. Die Rasenflächen sind gepflegt und die Straßen gepflastert. Während es in Lago Agrio nur wenige Fernsprecher gibt und die meisten davon noch dazu kaputt sind, ist hier jeder Schlafsaal mit einem Telefon ausgestattet, von dem aus die Arbeiter gebührenfrei mit ihren Familien in Quito sprechen können. Das Texaco-Lager gleicht in vieler Hinsicht einer kleinen, in einem fremden Land errichteten Militärbasis.

Seitdem die Geschäfte des CEPE-Texaco-Konsortiums in den 1970er-Jahren zu florieren begannen, ist die Zahl der in den Büros oder auf dem Bohrgelände tätigen Ecuadorianer ständig gewachsen. Ihre Ausbildung absolvierten sie an den Universitäten des

Landes, als Trainee oder in den Staaten. Tatsächlich beschäftigt Texaco überwiegend Ecuadorianer – Ingenieure, Mechaniker, Techniker und Arbeiter. Wie die Gringos leben sie in Wohnheimen aus Schlackenstein, essen die kräftigen Company-Mahlzeiten und nehmen das firmeneigene Flugzeug, um nach einer halben Flugstunde in Quito zu landen und ein langes Wochenende zu Hause bei ihren Familien zu verbringen.

In Gestalt der neuen Freizeithalle hat die westliche Zivilisation im Amazonasbecken Einzug gehalten. Die Bar sieht aus wie eine Happy-Hour-Bar, das Kino zeigt Hollywood-Thriller, und mit Billard und Flipper lässt sich die Zeit zwischen den Bowlingrunden auf sechs automatischen Bahnen überbrücken. Ein wandgroßer Bildschirm beherrscht den Fernsehraum, und für die eher literarisch Interessierten hält eine Bibliothek Werke von Charles Dickens, Erskine Caldwell und Richard Nixon bereit. Nachdem sie jahrelang mit improvisierter Unterhaltung hatten vorlieb nehmen müssen, steht den Texaco-Arbeitern nun ein brandneues, modernes Versammlungsgebäude zur Verfügung. Den Einwohnern von Lago Agrio ist der Zutritt verboten.

Für die Eröffnungsfeierlichkeiten der Freizeithalle flog eine Maschine mit Regierungsministern, Provinzgrößen und Würdenträgern aus Quito und Texaco-Niederlassungen in Florida ein. Bands spielten, Alkohol floss, Besucher ergingen sich in Ohs und Ahs. Arbeiter drängten ins Theater, um dem Miss-CEPE-Texaco-Wettbewerb beizuwohnen. Jeder der sechs Finalistinnen wurde die Frage gestellt, aus welchem Grund ihrer Ansicht nach der Oriente entwickelt werden müsse. Die Gewinnerin Christina Reynosa antwortete: »Für das Wohlergehen des Landes!« »*¡Que viva!*«, jubelte die Menge, »*¡Que viva!*«

Bill Allan, ein professioneller Bowlingspieler aus Orlando in Florida, saß völlig konsterniert auf seinem Platz. »Als ich vor ein paar Tagen zu Hause Fernsehen schaute, erkundigte sich Brunswick telefonisch bei mir, ob ich zur Einweihung von ein paar neuen Bahnen auftreten würde. Jetzt bin ich im Amazonas-Urwald. Stimmt es, dass die meisten Leute hier noch nie ein Bowlingspiel gesehen haben?«

Claudio, der zur Eröffnungsfeier hereingeschneit war, nickte. »Wenn Sie ihnen etwas beibringen wollen, müssen Sie Geduld haben. Erklären Sie Ihnen die Sache sehr gründlich und immer wieder, und schauen Sie ihnen dabei in die Augen. Meist verstehen sie beim ersten Mal nichts, auch wenn sie es behaupten. Wenn ein Funkeln in ihren Augen aufblitzt, haben sie's begriffen. Danach werden sie es immer richtig machen.«

150 Ecuadorianer strömten herein, um dem ersten Bowlingspiel ihres Lebens zuzuschauen. Allen sprach über die Lautsprecheranlage: »Jetzt machen Sie vier Schritte. Wenn Sie Rechtshänder sind, beginnen Sie mit dem rechten Fuß. Der Rhythmus ist wichtig, nicht die Geschwindigkeit der Kugel.« Zwei Ecuadorianer, denen Freunde und Alkohol Mut gemacht hatten, meldeten sich als Freiwillige. Nachdem sie zunächst sämtliche Kugeln in die Rinne geschleudert hatten, mähten sie schließlich zur großen Freude der Zuschauer Spiel um Spiel die Pins nieder. Im Nebenzimmer spielte ein Besucher »Wenn ich einmal reich wär« auf dem Saxophon.

»Das ist der Anfang vom Ende«, sagte Terry Andrews, der Vorsitzende der Arbeitervereinigung, während er die brandneuen Anlagen bestaunte. Andrews saß bei David Archer, dessen Frau gerade als erste Urwald-Bowlerin alle Zehne geworfen hatte. Archer, der damalige Chef der Texaco-Förderanlagen des Landes, stimmte zu: »Ich hätte nie gedacht, dass ich den Tag noch erlebe, an dem wir hier Bowling spielen können. Davor war Ecuadors Wirtschaft auf dem Stand des 15. Jahrhunderts«, fügte er mit einer Anspielung auf die im Öl enthaltenen Verheißungen hinzu. »Jetzt hat das Land den Sprung ins 19. Jahrhundert geschafft.«

Inzwischen werden in Ecuador mehr als 275 000 Barrel Öl pro Tag gefördert; das meiste davon wird exportiert. Das damit erzielte Einkommen macht zwei Drittel des gesamten Exportüberschusses des Landes aus.«»Unserer Rechnung nach geht der Ertrag von 18 Arbeitstagen pro Jahr nur für die Deckung der Produktionskosten, Steuern, Tantiemen und Lizenzgebühren drauf«, sagte Archer. »Texacos Jahresprofit entspricht der Fördermenge, die an einem einzigen Tag erzielt wird. Den Rest sackt die Regierung ein. Unser Vertrag läuft 1992 aus.«

Während der abendlichen Eröffnungsparty ging René Bucaram von Tisch zu Tisch. Er stammte aus einer libanesischen Familie, die seit langem in der Politik tätig war, und leitete alle Unternehmungen Texacos in Ecuador. Der aalglatte und aggressive Mann fungierte als Sprecher der Firma, das Verbindungsglied zwischen der Zentralverwaltung und den Hauptniederlassungen sowie dem Oberboss. »Arbeiten Sie für mich?«, fragte er Bernardo, einen Pipeline-Arbeiter aus Riobamba, der an einer der Festtafeln saß.

»Ja, ich arbeite für Sie. Aber mein Interesse gilt Ecuador.«

»So? Meins auch.«

»Was denken Sie über sich selbst?«, wollte Bernardo von seinem obersten Boss wissen.

»Ich sage Ihnen: Ich bin ein Hurensohn. *Punto.* Als ich mich 1970 an diesem Tau von einem Hubschrauber abseilte, gab es hier nichts. Nichts. Ich bin stolz auf das hier und auf alles, was wir seitdem hier draußen getan haben. Der Rest ist nur Mist.«

Der Boss zog ab, und Bernardo sah sich auf der Party um. »Diese Leute hier sind keine Ecuadorianer mehr. Sie haben sich korrumpieren lassen. Sie wissen, dass Technologie und Dollars das Gleiche sind. Wissen Sie, was der Fortschritt aus den Männern macht? Er macht Maschinen aus ihnen.«

»Ich sage Ihnen, was mit der Entwicklung hier schief läuft«, fügte Vince hinzu, der für den Elektrogenerator verantwortlich war. »Das ist der spanische Einfluss. Bei rein ecuadorianischen Maßnahmen kommt nie was raus. Sie sind ineffizient, und alles ist von Korruption verseucht.«

Ein anderer Arbeiter beklagte sich über den Bruder eines hohen

Regierungsbeamten. »Der Kerl hat einen Traktor für zwei Millionen Sucres angefordert und die Bestellsumme dann auf zwei Millionen Dollar geändert. Er bezahlte und sackte den Rest ein. Wir nennen das Gefährt den ›goldenen Traktor‹.«

»Diese Stadt erlebt einen kometenhaften Aufstieg. Die Regierung zieht das Geld raus, steckt es aber nicht wieder rein.«

»Wohin steckt sie es?«

»Na, in ihre Taschen!«

Jemand erzählte die Geschichte von mehreren Treffen zwischen den Energieministern von Venezuela, Mexiko und Ecuador. Als die drei auf einer eleganten Ranch außerhalb von Caracas zu Abend aßen, deutete der venezolanische Gastgeber auf die Straße direkt hinter der Grundstücksgrenze. »Sehen Sie diese Straße?«, rief er stolz. »Wir haben Millionen von Bolìvares dafür veranschlagt.« Seine Gäste nickten. »Zehn Prozent«, sagte der Venezolaner selbstgefällig und klopfte auf seine Brieftasche. »Zehn Prozent.«

Ein paar Monate später genossen die drei wieder ein geruhsames mittägliches Arbeitsessen, diesmal auf der Veranda eines Anwesens südlich von Mexico City. »Erinnern Sie sich an den Flughafen, auf dem Sie gestern gelandet sind?«, frischte der Mexikaner das Gedächtnis seiner Begleiter auf. »Wir haben da draußen lediglich einen Fünfjahresplan zur Durchführung von Verbesserungsmaßnahmen erfüllt – im Wert von Abermillionen Pesos.« Die beiden anderen beglückwünschten ihren Gastgeber zu seiner erfolgreichen Arbeit. »20 Prozent«, gestand der Mexikaner und streichelte seine Geldbörse. »20 Prozent.«

Anfang des folgenden Jahres trafen sich die drei Energiechefs erneut auf einer Terrasse, diesmal auf einer alten *hacienda* nördlich von Quito. »Sehen Sie diesen Staudamm beim Wasserkraftwerk?«, fragte der ecuadorianische Gastgeber seine Freunde und wies dabei mit einer ausladenden, schwungvollen Bewegung nach Westen. »Er hat uns eine halbe Billion Sucres gekostet.« Der Venezolaner und der Mexikaner blinzelten heftig, als sie die Landschaft vergeblich nach dem Staudamm absuchten. »100 Prozent«, sagte der Ecuadorianer lächelnd und tätschelte seine Brieftasche. »100 Prozent.«

BIENVENIDO – HOUSTON, ECUADOR. Das stand auf dem Straßenschild, das uns willkommen hieß, als unser gecharterter Bus Shushufindi erreichte, eine Bohranlage, die noch tiefer im Urwald lag. Bäume, Schlingpflanzen und das Unterholz des ecuadorianischen Regenwaldes trugen eine erstaunliche Bandbreite von Grüntönen zur Schau: dunkelgrün, schwarzgrün, hellgrün, giftgrün, sattgrün, zartgrün, erdig-grün, lebhaft-grün und immergrün. Die Bäume schießen so schnell in die Höhe, dass sie keine Chance haben, in die Breite zu wachsen. Mit einer Machete lässt sich innerhalb von einer Woche ein Pfad durch den Urwald schlagen.

Um den Bus zu erreichen, überquerten wir während eines Sturms den Río Aguarico in einem Motorboot, das um ein Haar flussabwärts treibende Baumstämme gerammt hätte. Mit mir in dem windgeschüttelten Boot saßen der US-amerikanische Handelsattaché, Handelsvertreter von Ausrüstern für Bohranlagen und andere Partygäste, die zu einer Jubiläumsfeier von Minga unterwegs waren – einem Unternehmen, das Equipment für Bohranlagen vertreibt und wartet. Die Straße nach Shushufindi führt an der Pipeline entlang, die mit politischen Graffiti bedeckt war und auf der Bewohner der wenigen am Weg gelegenen Siedlungen Wäsche zum Trocknen ausgebreitet hatten. Um zur Straße zu gelangen, müssen die Dorfbewohner täglich über die Pipeline steigen. Ihre Pferde und Maulesel tun es ihnen gleich. Mehr als 100 Leute kamen in den Urwald, um Minga in einem riesigen Lagerhaus, das dem Unternehmen als Hauptquartier diente, zum Geburtstag zu gratulieren.

Auf dem Außengelände war gerade ein Fußballspiel zu Ende gegangen. Drinnen ertönten abwechselnd schwungvolle Countrymusik und ecuadorianischer Pop sowie Rock'n'Roll und Salsa. Arbeiter von Minga, Texaco und dessen Subunternehmern tanzten mit Lehrerinnen aus den Schulen der Gegend und anderen Frauen aus Lago Agrio und Quito. Ein Ölarbeiter von Texaco wollte über seine Arbeit bei einem multinationalen Konzern sprechen: »Während der Ölschwemme vor ein paar Jahren haben wir 21 Tage gearbeitet. Keiner maulte, als sie uns mitteilten, wir müssten unseren Wohnsitz nach Ecuador verlegen. Ich bin Junggeselle und habe im Mariscal-Sucre-Viertel in Quito einen Platz in einem Vierbettzimmer bekommen. Das Unternehmen bezahlt die Miete für mein Apartment. Wir bekommen Gewinnbeteiligung – jeder Dollar, den ich ihnen einbringe, macht sich für mich bezahlt. Es wird honoriert, dass wir unseren ständigen Wohnsitz hierher verlegt haben. Das Unternehmen zahlt unsere Steuern in Ecuador; seit wir dauerhaft hier leben, brauchen wir keine US-Steuern mehr zu bezahlen. Die verheirateten Arbeiter schicken ihre Kinder nach Quito in Privatschulen und bekommen für die ganze Familie Heimaturlaub.« Er verkrümelte sich, um mit einer Lehrerin aus dem Ort zu flirten. Sie tanzten zwei Tänze nacheinander. Dem lateinamerikanischen konnte ich nicht folgen, aber eines weiß ich ganz genau: Auf *Cotton-Eyed Joe* tanzen Indiander aus dem Amazonas-Regenwald einfach lausig.

An der Bar unterhielten sich Männer über die Footballmannschaft Dallas Cowboys, den Billardspieler Minnesota Fats und die hübsche Frau, die allein an einem Nebentisch saß. Der Jetset der Ölbranche hatte sich hier versammelt und plauschte über sein Gewerbe: »Wir sind auf der Durchreise nach Kolumbien und machen eine kleine Tour durch Ecuador. In Peru haben wir gerade eine Bohrung beendet.« »Ich würde sofort nach Quito umziehen, es sei denn, ich könnte stattdessen nach Midland ziehen. Ich habe jeden Morgen Golf gespielt«, sagte der Vertreter der TRW-Corporation. »Gestern bin ich in Tulsa aufgewacht, habe einen Flug nach Dallas genommen und bin dann über Miami hier runtergejettet.« »Britt ist im Begriff, mit Occidental einen Vertrag abzuschließen. Wir würden gerne ganz Südamerika mit einem Netzwerk von Förderanlagen überziehen.« »Wo haben Sie gewohnt, als Sie letzten Monat in Caracas waren?« Ich ging gegen ein Uhr morgens. Der Barmann und der Plattenspieler hatten bis in die schwüle Nacht hinein zu tun.

Nach Kolumbien

Ildefonso Muñoz bestand darauf, dass ich sein Heimatland Kolumbien besuchte. Muñoz, inzwischen Ende 50, war 1950 nach Ecuador gekommen, entweder, weil er als Protestant unter einer intoleranten katholischen Regierung hatte leben müssen oder weil er nach einem Coup auf der Seite der Verlierer gestanden hatte (das hing ganz davon ab, welcher Geschichte man den Vorzug gab). Während seiner ersten zwei Jahrzehnte in Ecuador besaß und vermietete er ein paar Bungalows am Río Aguarico westlich des heutigen Lago Agrio, in einem Gebiet, das er »Muñozlandia« nannte. Zu seinen Mietern zählten auch ein paar Ichthyologen aus den Vereinigten Staaten, und einer der Wissenschaftler taufte sogar ein Lebewesen auf den Namen seines Vermieters: *Centrolenella muñozorum*. Ein Mann, der Muñoz noch von früher kannte, beschrieb ihn als Verräter: »Er war von den Missionaren bekehrt worden und machte sich auf, um andere zu bekehren. Die Missionare warfen immer Care-Pakete ab, auf denen FRIENDSHIP FROM THE PEOPLE OF THE UNITED STATES stand; und er pflegte das Zeug in seiner *tienda* zu verkaufen. Mit einem Revolver in seinem Pistolengurt und einem Cowboyhut auf dem Kopf stolzierte er durch Puyo – damals die größte Stadt im Urwald.«

An diesem Nachmittag trug Muñoz schmutzige Jeans und einen fleckigen gelben *guyabera*. Dieser Aufzug wurde von seinen funkelnden Augen, den blendend weißen Zähnen unter einem schwarzen Schnurrbart und seinen mit Pomade nach hinten gekämmten, sich allmählich lichtenden Haaren wettgemacht. Er stand hinter der Theke seines Restaurants Piragua und malte an einem Geburtstagsschild für eine Party zu Ehren eines CEPE-Texaco-Arbeiters, die an diesem Abend stattfinden sollte. Seine Dschungel-Menagerie – eine Boa constrictor, die so dick war wie ein Oberschenkel, ein riesiges Nagetier und ein *trigrillo* – blieb draußen und hielt gebührenden Abstand. An Halloween lässt Muñoz einen halben Meter lange Krokodile von der Decke herunterbaumeln. »Sie schnappen nach den Ohren der Leute, nur zum Spaß natürlich.«

Muñoz lebte in Lago Agrio, seit es den Ort gab, und wusste mehr über dessen Bevölkerung als irgendjemand sonst. Sein Restaurant hatte den Ruf, verhältnismäßig sauber zu sein und gutes Essen zu bieten. An Donnerstagabenden serviert er den Texanern, die sich zum Dinner aus dem Lager wagen, *chili con carne*. »In einem Jahr wollten die Arbeiter für mich sammeln, damit ich am Chili-Wettkochen in Terlingua in Texas teilnehmen konnte.« Auch wenn nichts aus dieser Idee wurde, fühlte sich Muñoz geehrt.

»Ich möchte, dass Sie diesen Drink hier probieren. Er heißt *sinchicara*. Hier. Nehmen Sie ein Gläschen.« Das Zeug hatte die Farbe von Rosinen, war aber so bitter, dass mir die Zitrone, an der ich anschließend lutschte, regelrecht süß erschien. Schärfe und Brennen machten jeden eventuellen Geschmack von vornherein zunichte. »Schmeckt er Ihnen? Ich stelle ihn selbst her, nach meinem eigenen Rezept. Wenn Sie ihn gleich morgens als Erstes zu sich nehmen, können Sie sogar auf das Frühstück verzichten. Der Drink gibt Ihnen genügend Energie für den ganzen Tag.

Sinchicara besteht aus fünf Zutaten. Alle wachsen hier im Urwald.« Er zählte vier dieser Zutaten auf. »Die letzte ist mein Geheimnis. Ich habe mir ein Patent dafür geben lassen. Das Zeug hilft bei Arthritis und Grippe, und es macht Amöben den Garaus. Die Leute schwören drauf.« Ich verlangte noch ein Gläschen. »Es ist eine Art Halluzinogen. Die Flasche kostet 2,15 Dollar.«

Fausto, ein Automechaniker aus der Werkstatt nebenan, nickte zustimmend. »Es verleiht einem die Kräfte von Samson.«

»Die Herstellung dauert drei Tage, dann wird es noch 15 Tage lang destilliert. Ich habe immer etwas in der Mache. Einmal habe ich einigen Ärzten in Chicago ein paar Flaschen geschickt.«

Gerade als die Wirkung des *sinchicara* einsetzte, kam ein baptistisches Missionarsehepaar mittleren Alters herein und setzte sich zu mir an den Tisch. »Wir sind erst seit ein paar Jahren im Oriente«, teilte mir Elaine Joiner unaufgefordert mit, »aber wir leben seit 30 Jahren im Land. Am Anfang haben wir ein Plakat aufgehängt und einen Truck durch die Stadt fahren lassen, der für religiöse Filme warb. In Quito haben sie uns dafür mit Steinen und Flaschen beworfen. Das war natürlich vor Papst Johannes.

Unser Auftrag ist es, dem Herrn dabei zu helfen, die Menschen zu verändern, indem wir sie das Wort Gottes lehren. Es gibt hier eine Sequoyah-Indianer-Siedlung, in der seit 20 Jahren Missionare arbeiten, mit dem Ergebnis, dass die meisten Indianer dort inzwischen Christen sind. Mein Garreth hier ist eine Art Wanderprediger. Er geht von einem Indianerdorf zum nächsten.«

Garreth hatte die Theorie, das Transistorradio sei der Grund dafür, dass Evangelisten auf dem Land so bereitwillig akzeptiert wurden. »HCJB hat die Indianer und auch andere weich geklopft.« HCJB war der evangelikale mehrsprachige Kurzwellensender in Quito. »Als wir herkamen, wussten sie schon, um was es ging.« Die Joiners bewohnen ein Fertighaus am Ortsrand unweit des Río Aguarico. »In der Nähe gibt es ein Bordell. Prostitution ist zwar in einem Radius von drei Kilometern um eine Schule oder ein Wohngebiet herum verboten, aber die Mafia hält sich nicht daran. Es lässt sich eben eine Menge Geld damit verdienen.« Señor Muñoz servierte mir ein weiteres *trago* von seinem psychedelischen Hausgebräu.

Elaine fuhr fort: »Hier zu leben ist eine bereichernde Erfahrung. Es gibt immer etwas Neues. Wir sind anerkannt. Aber selbst nach über drei Jahrzehnten sind wir immer noch Amerikaner. Wir mögen geschnittenes Brot und Kartoffelchips. Doch während des Streiks wurde uns klar, dass wir in der Falle sitzen.« Ein paar Monate zuvor hatten die Arbeiter im Oriente einen Streik ausgerufen, die einzige Straße nach Quito blockiert und die Ölförderung sowie die Pipelines sabotiert. Sie beendeten den Ausstand, nachdem die Regierung versprochen hatte, Geld in die Region zu pumpen und die Infrastruktur zu verbessern.«

Auf meine Frage, was sie als Nordamerikaner hier am meisten vermissten, antwortete Elaine nach kurzem Zögern: »Ich glaube, am meisten fehlen mir amerikanische Frauen, mit denen ich mich unterhalten kann. Meinesgleichen. Wir versuchen uns einzureden, dass wir hier völlig integriert sind, doch ab und an werden wir daran erinnert, dass wir Ausländer sind.«

Garreth sagte wie aus der Pistole geschossen: »Ersatzteile. Wenn etwas mit dem Auto nicht stimmt oder wir eine neue Rodungsmaschine brauchen, müssen wir mindestens einen Monat darauf warten.«

Als die Joiners gegangen waren, philosophierte Muñoz über den Einfluss der Missionare, Ölgesellschaften und Siedler. »Wissen Sie, in dieser Gegend wirkt die Zivilisation wie eine starke Medizin bei einem kleinen Wehwehchen. Sie bringt den Patienten beinahe um. Genau das ist hier passiert. Die Cofán-Indianer zum Beispiel waren ein primitives Volk, bis die Ölgesellschaften kamen. Sie waren kerngesund. Mit den Ölgesellschaften kamen die Zivilisation und der Schnaps und der *aguardiente*. Seitdem haben die Indianer sich sehr verändert.« Ich erinnerte mich an eine Bemerkung von David Archer, dem Texaco-Aufseher, über die Cofán: »Früher bekam ich von ihnen für eine Zigarette eine Perlenkette. Jetzt haben sie keinerlei Hemmungen, 300 Sucres zu verlangen.«

Muñoz arbeitete einen Reiseplan für mich aus. An einem Tag sollte ich Kolumbien besuchen und am nächsten die Indios. Er würde in der Stadt einige Cofán auftreiben, die mit mir per Bus nach Dureno fahren würden, ihrem Dorf, das man erreichte, wenn man den Fluss hinunterfuhr.

Der Río San Miguel, etwa 25 Kilometer nördlich von Lago Agrio, trennt Ecuador von Kolumbien. Der Flusshafen an der Grenze heißt San Miguel, aber jeder nennt ihn La Punta. Alle drei Stunden fuhr ein offener Bus, der bunt bemalt war wie ein Zirkusplakat, von Lago aus dorthin. Am späten Vormittag brach ich auf. Während der Fahrt betätigte der Fahrer unentwegt die Hupe, die jedesmal die ersten Takte der Marseillaise hervorquäkte. Er setzte uns am Dock ab, wo Garnisonssoldaten uns kontrollierten, um sicherzugehen, dass wir keine Guerilleros waren. Wir zahlten jeder 250 kolumbianische Pesos für eine 45-minütige Fahrt mit dem Motorboot nach Puerto Colón auf dem kolumbianischen Flussufer. Drei der übrigen acht Passagiere waren Kühe, die in der Mitte des Boots am Boden angeleint wurden.

Der Urwald sah auf beiden Ufern gleich aus – dicht, hoch und undurchdringlich. Auf der kolumbianischen Seite sah man alle fünf Minuten eine kleine Hütte, deren Bewohner uns träge zuwinkten. Die Sonne stand hell und strahlend am klaren Äquatorhimmel. Der Amazonas-Urwald hätte nicht einladender aussehen können. Meine Mitreisenden waren Einheimische, welche die Gepflogenheiten diesseits wie jenseits der Grenze kannten. Sie fuhren täglich hin und her und handelten mit Vieh, Feldfrüchten und anderen Waren.

In Ipiales an der Panamericana, der größten kolumbianischen Stadt an der Grenze zwischen Kolumbien und Ecuador, empfängt die Landespolizei die Besucher mit einer ganzseitigen Warnung:

- Lassen Sie Ihren Wagen nicht unbeaufsichtigt, wenn Sie Einkäufe machen.
- Achten Sie auf Ihr Eigentum.
- Lassen Sie sich nicht auf Geschäfte mit Fremden oder verdächtig wirkenden Personen ein.

- Lassen Sie sich weder mit Geld noch mit Schmuck auf der Straße sehen.
- Wenn Sie Geld auf die Bank bringen oder abheben, bitten Sie einen Polizisten, Sie zu begleiten.

Als wir uns Puerto Colón näherten, kamen mir die warnenden Worte eines Freundes in den Sinn: »Pass gut auf dich auf, wenn du nach Kolumbien fährst. Dort stehlen sie dir noch die Milch aus dem Kaffee.«

Als wir anlegten, stiegen sechs von uns aus dem Boot und kletterten einen Hügel hinauf zur Grenzkontrolle. Der Grenzbeamte, ein Soldat, der ein paar Größen kleiner war als seine Uniform, winkte die ersten drei Männer durch, dann blickte er an mir herauf. »Die Papiere, bitte«, sagte er mit ausdrucksloser Stimme. Ich zog meinen Pass aus seiner wasserdichten Hülle und händigte ihn ihm aus. (Ein Tipp in Sachen Grenzüberquerung: Präsentieren Sie Ihren Pass in heiklen Situationen immer so, als lieferten Sie eine Waffe ab: mit dem Griff beziehungsweise dem Rücken auf Ihr Gegenüber gerichtet.) »Ich will nur einen Nachmittag bleiben«, erklärte ich, »und dann mit dem Spätboot zurück nach Ecuador fahren.« Er betrachtete das Foto in meinem Pass, anschließend mein Gesicht, dann wieder das Passbild, dann mein Kinn.

»Ich habe mich rasiert.«

»Haben Sie irgendwelche anderen Papiere bei sich?« Seine Stimme klang harmlos. Ich durchwühlte meine Umhängetasche – Füllhalter und Notizbuch, Zeitungsausschnitte, ein Jackett, das spanisch-englische Wörterbuch der Universität von Chicago, *Nostromo* von Joseph Conrad und eine Landkarte – und förderte schließlich die zerknitterte Kopie eines Empfehlungsschreibens von meinem Lektor in New York zutage. Ich gab es ihm und wagte kaum zu atmen, während er langsam mit den Lippen die barocken spanischen Höflichkeitsfloskeln formte: »*Les agradeceremos de antemano las cortesías y la cooperación que le proporcionen ...*« Der kolumbianische Grenzbeamte nickte und deutete eine Verbeugung an. »*Pásale*«, sagte er feierlich. Ich durfte die Grenze passieren.

Welch ein Unterschied! Obwohl nur ein Fluss die beiden Länder voneinander trennte, hatten die Einwohner von Puerto Colón eine völlig andere Mentalität als die Ecuadorianer. Ihre Bewegungen wirkten rhythmischer und selbstbewusster. Sie benahmen sich ungezwungener, redeten flüssiger und lächelten häufiger. Der Ort selbst war ein erbärmlicher kleiner Flusshafen, so winzig, dass man in einer halben Stunde alles gesehen hatte, und so frei von jeder Hektik, dass man an jeder Ecke mit irgendjemandem ein Schwätzchen halten konnte. Fischerboote liefen mit dem morgendlichen Fang ein. Soldaten aus dem Militärlager spielten Fußball. Mütter fegten ihre Veranden und scheuchten ihre Kinder herum. Ein Bus fuhr mit stotterndem Motor die Hauptstraße hinunter und zu stilleren Orten im Landesinneren. Prostituierte winkten aus den Bruchbuden am Hafen. Die meisten Männer trugen breitkrempige Hüte, die aus gröberem Stroh geflochten waren und komplizierte eingewebte schwarze Muster hatten. Die Männer und Frauen von Puerto Colón schienen ein wenig wohlhabender zu sein als die Einwohner des flussabwärts gelegenen La Punta.

Das könnte unter anderem auf die Tatsache zurückzuführen sein, dass sich eines der produktivsten Kokainanbau- und -verarbeitungsgebiete der Welt ganz in der Nähe befindet. So wurden 1984 bei einer Drogenrazzia nordöstlich von Puerto Colón fast 14 Tonnen Kokain entdeckt – bis zu diesem Zeitpunkt der größte Einzelfund. Wegen seines ausgedehnten Kokainhandels dürfte Kolumbien das einzige Land sein, in dem der Dollarkurs auf dem Schwarzmarkt tatsächlich unter dem offiziellen Wechselkurs liegt.

Die ecuadorianische Polizei und Beamte der Drug Enforcement Administration (DEA) der Vereinigten Staaten haben mit Helikoptern und Motorbooten exakt das gleiche Gebiet am Río San

Miguel durchkämmt, durch das ich reiste, und sind nur ein paar hundert Meter südlich des Flusses auf Kokafelder gestoßen. Versteckt in der Nähe der Felder befanden sich Labors, in denen die Blätter zu Kokapaste verarbeitet wurden. Nach dieser Entdeckung galt Ecuador nicht länger als Transitland für den Kokainhandel, sondern nach Einschätzung des US-Außenministeriums als mutmaßlich drittgrößter Kokainproduzent der Welt. Einige der Kokabauern, die in primitiven, strohgedeckten Urwaldhütten leben, haben Farbfernsehgeräte mit Satellitenanschluss. Den nötigen Strom liefern Gasgeneratoren. In einer Stellungnahme zu den Drogenpflanzern am Río San Miguel berichtete ein Untersuchungsbeamter, dass »man selbst 100 Meilen abseits von der nächsten Straße oder Siedlung entfernt noch Indianer findet, die MTV schauen«. Dieser verschlafene Abschnitt des Río San Miguel, so friedlich und so leicht zu bereisen, hatte sich als einer der wichtigsten Drogentransportwege Südamerikas entpuppt.

Auf dem Río Aguarico

Am nächsten Tag bestieg ich einen Bus mit Holzaufsatz, der von Lago Agrio nach Dureno fuhr. Die Seiten waren mit Aquarellen bemalt, und auf dem Dach hüpften Coca-Cola-Kisten auf und nieder, die für Siedlungen tief im Urwald bestimmt waren. Am Heck warnte ein Schild: verschone mich – ich bin verrückt. Bis der Bus seinen Rundkurs durch den Ort vollendet hatte, waren ungefähr 30 Passagiere zugestiegen – ältere hellhäutige Männer mit zusammengerolltem Bettzeug und Strohhüten und dünne schwarze Frauen in locker sitzenden Kleidern aus bedrucktem Stoff mit Kindern auf dem Arm. Einige trugen Sonnenbrillen, um ihre Augen vor dem Licht zu schützen. Señor Muñoz hatte dafür gesorgt, dass Mauricio und sein Sohn Luis, Cofán-Indios, die in Lago Agrio Perlenhalsketten und Lanzen an Touristenläden verkauft hatten, mich nach Dureno brachten. Dort sollte ich Randy treffen, einen Gringo, dessen Eltern Missionare gewesen waren. Die Lanzen, welche die beiden Cofán-Indios veräußerten, waren kürzer als die, die ihr Stamm üblicherweise anfertigte, verkauften sich aber gut und ließen sich noch besser in klingende Münze umsetzen, wenn sie mit Federn geschmückt waren. Mit den Halsketten verhielt es sich ähnlich: Je bunter sie waren, desto schneller wurde man sie los.

Mauricio trug ein weites Hemd, das ihm über ausgebeulten, aufgerollten Kordhosen bis zu den Knien herabhing. Er ging barfuß. Nicht mehr als 50 Bartstoppeln sprießten auf seinem attraktiven, oval geschnittenen Gesicht. Seine Vorderzähne sahen aus, als habe das Zahnfleisch sie verschluckt. Sein Stirnband schien aus einem Mais-Hüllblatt zu bestehen. Luis trug Schlaghosen, Sandalen und ein T-Shirt. Die beiden verständigten sich in ihrer Stammessprache.

Mauricio wandte sich mir zu. »Haben Sie Ihre Papiere bei sich? Wir sind gleich am Militärkontrollpunkt.« Wir saßen dicht nebeneinander und unterhielten uns ein wenig, doch der Motorenlärm und unsere Fremdheit machten das Gespräch anstrengend. Die parallel zur Pipeline verlaufende Straße, die wir benutzten, war im vorausgehenden Jahrzehnt gebaut worden. Riesige Laster mit Ausrüstungsgegenständen für die Bohranlagen donnerten Tag und Nacht in beiden Richtungen über sie hinweg. Unterwegs konnten wir eine Weile lang den Aguarico sehen, der zu unserer Rechten dahinfloss. Überall um uns herum wucherte dichtes Gestrüpp, darunter eine Kletterpflanze, deren Kraft ausreichte, um voll ausgewachsene Bäume zu erdrosseln und deren Stelle einzunehmen. Nach einer Stunde signalisierte Mauricio dem Fahrer, er solle anhalten. »Hier ist es. Lasst uns hier aussteigen.«

Die Stelle unterschied sich in nichts von ihrer Umgebung. Der Urwald wirkte ebenso dicht, die Gegend ebenso verlassen wie fast alles andere, was wir die ganze Fahrt über zu Gesicht bekommen hatten. Luis bog das Gestrüpp zur Seite und gab damit den Blick auf einen breiten Pfad frei, der den Hügel hinunter zum Río Aguarico führte. Kurz bevor wir den Fluss erreichten, zog er ein Paddel und eine lange Bambusstange aus dem Dickicht hervor. Das Kanu der Familie war am Ende des Pfades vertäut. Wir stiegen in das neun Meter lange Gefährt, Mauricio mit der Stange nach vorne, Luis mit dem Paddel nach hinten, und der ängstliche weiße Tourist kauerte sich in die Mitte. Wie symbolisch, dachte ich: Die zwei Indianer machen die ganze Arbeit, während der Gringo als Besucher einfach nur in der Mitte sitzt. Nun, auf diese Art und Weise war der Westen erobert worden! Und in Ecuador auch der Osten! Maurizio riss mich aus diesen unbequemen Gedanken, als er sich in der Mitte des Flusses umdrehte und sagte: »Ach übrigens, die Überfahrt kostet 20 Sucres.«

Nach etwa 800 Metern flussabwärts ließen die Indianer das Kanu auf eine Sandbank auflaufen und stiegen aus, um es auf seinen Lagerplatz am Dureno-Ufer zu bugsieren. Wir wateten in knietiefem Wasser durch eine Bucht, und Mauricio führte mich einen steilen Hügel hoch zu einem Dschungelpfad; von dort aus konnte man bereits Gelächter hören, das aus dem Dorf herüberschallte. Die Sprache der Cofán mit ihren Stotter- und Knacklauten war von Missionaren des umstrittenen Summer Institute of Linguistics verschriftet und auf diese Weise erhalten worden. Das einzige mir vertraute Wort lautete »Gringo«, und meistens wurde es von Lachen begleitet. Wir gingen über ein Fußballfeld, das den Missionaren als Landebahn gedient hatte, bis sie 1981 offiziell des Ortes verwiesen worden waren. Am Ende des Fußballfeldes stand ein Gebäude, das sowohl als Schulhaus als auch als Vortragssaal genutzt wurde. Die offenen, strohgedeckten Häuser, in denen sich kaum Möbel befanden, ruhten auf stabilen Hartholzpfosten. Mauricios Cousine und ihre fünf Kinder kamen mit, als wir hinter den letzten Häusern einen Pfad hinunter zu Randys Haus trotteten. Randy sei ausgegangen, erfuhr Mauricio. Er würde bald zurück sein.

Randys Haus befand sich noch im Bau und sah aus, als sei der Plan dafür dem *Sunset Magazine* entsprungen. Breite Holzplanken, Querbalken, ein Eingang, zwei Stockwerke – dies war der Taj Mahal von Dureno. Ein Generator in der Nähe versorgte den Gefrierschrank der Gemeinde mit Strom.

Unschlüssig, wie frei ich mich hier bewegen konnte, setzte ich mich auf einen Stuhl und wartete dort. Als die Sonne sank, waren immer mehr seltsame Geräusche zu hören. Das Gezwitscher von Vögeln, die aus vollem Hals sangen, drang durch die Bäume. Unsichtbare Tiere huschten durchs Unterholz; unvermitteltes Geraschel klang in der schwülen Luft nach. Gequake unterbrach in einer Art Dreiklang die Stille. Um mich herum sammelten sich laut summende Moskitos. Im Dorf wurde auf Bambusflöten gespielt. Ich zog mein Taschenwörterbuch heraus, um einige Zeitformen von Verben nachzuschlagen, die mir keine Ruhe ließen, obwohl diese Menschen meiner Information nach so gut wie kein Futur kannten – ihr Leben spielte sich ausschließlich im Präsens ab.

Schritte näherten sich auf dem Pfad, und ein kleiner, muskulöser Indianer kam geradewegs auf mich zu. Er hatte eine Feder durch die Nase gesteckt und ein Gewehr und eine Machete bei sich. Obwohl ich hier offenbar an einen bis an die Zähne bewaffneten Wilden aus dem Amazonas-Urwald geraten war, fühlte ich mich nicht im Geringsten in Gefahr, sondern fand den Mann sogar ziemlich freundlich. Er gehörte zu den Stammesältesten, und die Feder diente lediglich der Dekoration. O ja, sagte er. Randy werde bald zurück sein. Federnase ging, sein Abendessen zu jagen.

Randy tauchte lange nach Einbruch der Dunkelheit auf, nachdem andere ihn benachrichtigt hatten, dass ein Fremder bei seinem Haus warte. Die Umstände und seine Präferenzen hatten ihn zu einem fast waschechten Cofán gemacht. Er hatte einen Versuch unternommen, in den Staaten zu studieren, war sich aber bald darüber klar geworden, dass er am Amazonas ein sinnvolleres Leben führen konnte. Und so isst, jagt und spielt er mit seinen indianischen Freunden und verhält sich dabei wie ein Missionar ohne Geschäftsbereich. Als Leiter von Flussexpeditionen für Abenteuerurlauber sichert er sich und dem Stamm ein ordentliches Einkommen.

Randy bewegte sich in seinem halb fertigen Blockhaus, indem er sich von Pfosten zu Pfosten schwang, zuerst hinunter ins Erdgeschoss, dann hinauf in sein Schlafzimmer unter dem Dach. »Halten Sie die Stellung, ich bin gleich zurück«, sagte er, als er mit einer Schrotflinte von Kaliber .20 wieder herauskam. Ein paar Minuten später löste sich ein Schuss. Er kam mit einen Kahnschnabel, einem Reiher, in der Hand zurück. »Hier. Dieser Vogel kommt morgen in den Topf. Er wird meine Familie satt machen.« Eine achtköpfige Familie teilte ihre Mahlzeiten mit dem Gringo.

Randy äußerte sich abschätzig über Lago Agrio und die Bohranlagen. »Wenn es in Lago sechs Häuser gäbe, würde in fünfen Alkohol ausgeschenkt, und in dreien gäbe es Huren. Texaco will offensichtlich nichts als Ärger. Die Gegensätze werden so groß. Sie sind bisher nur deshalb ungestraft davongekommen, weil sie so viele Ecuadorianer beschäftigen.

Hier draußen leben wir hauptsächlich vom Jagen und Fischen. Wir fällen auch ein wenig Holz. Bevor die Straße an der Pipeline existierte, brauchten wir mit dem Boot einen Tag bis Lago. Als wir Motoren auf die Boote montierten, verkürzte sich die Fahrtzeit auf zweieinhalb Stunden. Wir versuchen, das Beste aus der Straße zu machen, ohne uns zu stark von ihr beeinflussen zu lassen. Vorher hatten wir viel größere Jagdgebiete. Jetzt haben wir 9500 Hektar, alle auf dieser Seite des Aguarico. Ich werde Ihnen morgen einen Teil davon zeigen.«

»Tut mir Leid«, sagte Randy am nächsten Morgen nach dem Frühstück im Familienkreis, zu dem es zerstampfte und gekochte Yukkawurzeln gegeben hatte. »Ich muss raus zu einer Drogenrazzia.« Er und ein Dutzend weitere Cofán einschließlich Federnase bewaffneten sich mit Gewehren, Macheten und einem Blasrohr. »Uns ist zu Ohren gekommen, dass ein paar unserer Leute, die außerhalb des Dorfes wohnen, Marihuana und Coca zum Verkauf anbauen. Wenn sie geschnappt werden, könnten wir alle Ärger kriegen. Ich würde Sie gern mitnehmen, aber ich weiß nicht, was passieren wird. Sehen Sie das Haus da drüben? Fragen Sie nach Arturo. Er wird Sie über den Fluss zurückbringen.«

Arturo war nicht zu Hause und die Rauschgiftfahnder waren bereits aufgebrochen, sodass ich durchs Dorf lief in der Hoffnung, einen anderen Reisebegleiter zu finden. Einer schickte mich zum anderen und dieser zum nächsten, bis schließlich Eduardo einwilligte, mich in seinem Motorboot gemeinsam mit seiner achtköpfigen Familie überzusetzen.

Am Morgen zuvor hatte ich meine Landkarte studiert. Der Aguarico fließt in den Río Napo und dieser wiederum in den Amazonas, der schließlich in den Atlantik mündete. Grob geschätzt belief sich die ganze Strecke auf etwa 1600 Kilometer. Wenn wir pro Tag 65 Kilometer zurücklegten, würden wir den Atlantik in einem Monat erreichen. Vernünftigerweise ignorierte Eduardo mein Bitten.

Eines der unzähligen Probleme, die sich unterwegs gestellt hätten, hing mit nationalen Konflikten zusammen. Ecuadors Anspruch auf das westliche Amazonasbecken, das praktisch alle anderen Länder Peru zuerkennen, schürt einen der ältesten ungelösten Grenzkonflikte Lateinamerikas. Beide Nationen liegen seit Urzeiten im Clinch darüber, wo zwischen ihnen die Grenze verläuft. Sowohl am Verhandlungstisch als auch auf dem Schlachtfeld hatte Peru fast immer den Sieg davongetragen. Ecuadors Position in diesem Streit war eine nie versiegende Quelle für Frustrationen und Nationalismus und führte zu unbedeutenden, aber regelmäßigen Kämpfen an der Grenze. Zwischen 1978 und 1984 gerieten die beiden Länder bei abgelegenen Militärstützpunkten fünfmal aneinander; die Grenze blieb intakt.

Der Konflikt geht auf die Zeit der *conquistadores* zurück, als Gonzalo Pizarro in Quito im Auftrag seines Bruders Francisco in Cuzco Francisco de Orellana in den Urwald östlich der Anden schickte, um dort nach einem verschollenen Trupp zu suchen. Orellana fand die vermissten Soldaten nie, aber er entdeckte einen faszinierenden Fluss, und anstatt seinem Vorgesetzten Bericht zu erstatten, drang er weiter Richtung Osten vor. Sechs Monate später, im Jahr 1542, segelte er aus dem Amazonasdelta nach Spanien, wo er zur Belohnung zum Gouverneur der Amazonasregion ernannt wurde. 21 Jahre später schlug König Philipp II. das Amazonasgebiet dem Herrschaftsgebiet Quitos zu.

Im Laufe der Jahre riss Peru sich immer mehr ecuadorianisches Gebiet unter den Nagel, besetzte einmal sogar Guayaquil. 1941 überrannte die überlegene peruanische Armee Ecuadors erbärmlich ausgerüstete Truppen und erhob Anspruch auf den größten Teil des ecuadorianischen Territoriums östlich der Anden. (Der US-Generalkonsul in Guayaquil bat Washington um »zwei Tränengaspistolen für das zu erwartende Chaos, wenn Peru Guayaquil besetzen sollte«.) Nach dieser Demütigung schlichen sich ecuadorianische Regierungsvertreter nach Rio de Janeiro und verzichteten auf Druck »neutraler dritter Parteien« – Argentinien, Brasilien, Chile und die Vereinigten Staaten – auf das umstrittene Gebiet. Der 1942 unterzeichnete Vertrag nannte sich »Protokoll des Friedens, der Freundschaft und der Grenzen«, obwohl nichts davon stimmte. Durch die Landnahme Perus wurde Ecuador der Zugang zum Río Marañón abgeschnitten – der Direktweg zum Amazonas und zum Atlantik.

Ecuador akzeptierte dieses Protokoll nie wirklich und beharrte darauf, dass es den Vertrag mit dem Gewehr am Kopf unterzeichnet habe. 1960 erklärte der ecuadorianische Präsident Velasco Ibarra den 18 Jahre alten Vertrag für null und nichtig. Zumindest geographisch bleibt das Land dabei, dass Iquitos, der äußerste peruanische Urwaldstützpunkt, zu Ecuador gehört. Eine gepunktete Linie auf ecuadorianischen Landkarten trägt der peruanischen Landnahme widerwillig Rechnung; dennoch beharrt Ecuador darauf, dass 72 Kilometer der 1942 gezogenen Grenze unmöglich eindeutig zu verorten seien. Alle Landkarten, die in Ecuador publiziert werden, müssen das Staatsgebiet in den Ausmaßen zeigen, die es vor 1942 hatte, und nicht so, wie der Rest der Welt es sieht.

In Peru schürt der Streit die Feindseligkeit. Der peruanische Schriftsteller Mario Vargas Llosa schrieb, dass ein General behauptete, Vargas Llosa sei »unzweifelhaft von Ecuador bezahlt worden, um das Ansehen der peruanischen Armee zu untergraben«, weil er in seiner ersten Erzählung das Militär verspottet hatte. Peruanische Journalisten ritten giftige Attacken gegen einen mexikanischen Fernsehstar, nachdem dieser im Verlauf einer international ausgestrahlten Sendung 1984 gesagt hatte, dass der Amazonas in Ecuador entspringe. Er sei ein »proecuadorianischer Ignorant«, schrieb ein Kolumnist.

Im Zusammenhang mit Ecuador fällt immer wieder das Wort »Amazonas«, um die Stimmung in einer Sache zu heben, die unwiederbringlich verloren ist. So proklamiert das offizielle Briefpapier der Regierung: »Ecuador war und ist ein Amazonas-Staat und wird es bleiben.« Einmal aß ich in Quito mit einem Bekannten zu Mittag, als eine Freundin von ihm auftauchte. Sie wurde mir als Enkelin des Präsidenten vorgestellt, der während des Krieges mit Peru 1941 amtiert und das daraus resultierende Protokoll unterzeichnet hatte. »Oh!«, platzte ich ziemlich undiplomatisch heraus, »Ihr Großvater war der Mann, der auf die Hälfte des Landes verzichtet hat!« »Nun ja«, beeilte sie sich zuzugeben, »hätte er das nicht getan, hätten sie es uns ganz weggenommen. Wir befänden uns jetzt in Peru, nicht in Ecuador.« Mag Ecuadors Anspruch auch auf offene Ohren stoßen – Peru wird das gestohlene Land erst dann zurückgeben, wenn der Amazonas ausgetrocknet ist.[10]

---

10 Im Oktober 1998 unterzeichneten beide Länder offiziell einen Friedensvertrag zur endgültigen Lösung des Grenzkonflikts – zugunsten Perus.

Madeline in Quito

»Für die Europäer«, sagt der Doktor in Gabriel García Márquez' Roman *Der Oberst hat niemand, der ihm schreibt,* »ist Südamerika ein Mann mit Schnauzbart, Gitarre und Revolver.«[11] Solche Stereotypen setzen sich aus oberflächlichen und überflüssigen Beobachtungen zusammen. Bis sie den »Objekten« zu Ohren kommen, sind sie gewöhnlich entstellt, abgedroschen und beleidigend geworden. Selten erkennen Menschen sich selbst in den Worten anderer wieder. Die Ecuadorianer standen meinem Anliegen wohlwollend, aber auch misstrauisch gegenüber. Sie erinnern sich noch zu gut an Ludwig Bemelmans.

Bemelmans veröffentliche 42 Bücher; zu den bekanntesten gehört seine Madeline-Fortsetzungsgeschichte für Kinder. Die Illustrationen des in Österreich geborenen New Yorkers unterstrichen die Aussagen seiner Texte wirkungsvoll. In Ecuador steht sein Name für »Ausländer-der-sich-über-die-Einheimischen-lustig-macht«, und das alles wegen seines 1941 erschienenen Buches *The Donkey Inside.* »Wir erleben hier jeden Donnerstagnachmittag um halb drei eine Revolution«, zitiert Bemelmans einen Einheimischen, »und unsere Regierung wird geführt wie ein Nachtclub. Wir haben Schulden von ungefähr 250 Millionen Sucres; aber wer zahlt heutzutage noch seine Schulden zurück?« Über die ecuadorianische Küche: »Ecuadors Köche sind nicht sonderlich gut, aber immerhin gibt es zwei davon.« Über Mode und Schönheit: »Von

---

11 Zitiert aus der 1961 erschienenen Übersetzung von Curt Meyer-Clason.

all den Frauen hier ist vielleicht ein halbes Dutzend schön, und vier dieser Frauen kleiden sich sogar geschmackvoll.« Wie Fausthiebe in Samthandschuhen wirken Bemelmans' Spötteleien über den Pomp der Kirche, die öffentliche Scheinheiligkeit und alles, was ihm grotesk und komisch erschien. Er war auf Abenteuer aus, dramatische und weniger dramatische, und hatte offensichtlich viel Vergnügen daran: »Quito ist so etwas wie eine Strafkolonie für Diplomaten. Manchmal werden sie wegen kleinerer Indiskretionen, Alkoholismus, misslungener Herzensangelegenheiten oder Staatsaffären in diese hoch gelegene Hauptstadt verbannt ... Das macht sie im Allgemeinen zu liebenswürdigen, freimütigen und erfrischenden Menschen. Obwohl sie für ihre eigenen Regierungen den Status der *persona grata* verloren haben, kommen sie mit ihren Gastgebern gut aus, wissen pikante Geschichten zu erzählen und sind meist ausgezeichnete Gesellschafter.«

Als Bemelmans' Buch im selben Jahr auch in Ecuador erschien, kam es zu einem Skandal. *El Burro por Dentro* wurde von den Kanzeln herab ebenso scharf verurteilt wie von den selbst gebauten Seifenkistentribünen. Es wurde schließlich unter der Ladentheke verkauft. »Bemelmans hat uns auf liebenswürdige Weise lächerlich gemacht, aber das haben nur wenige begriffen«, sagte der Schriftsteller Nicolás Kingman, den ich in seiner Buchhandlung traf. Kingmans Erinnerung zufolge hatten die Intellektuellen *Burro* gemocht. »Es war authentisch und realistisch. Sie müssen wissen, dass wir damals viele Vorurteile hatten. Die Stimmung war äußerst nationalistisch. Es war das Jahr, in dem der Grenzkonflikt mit Peru eskalierte. Wir waren sehr katholisch, und die Kirche mischte sich stark in unser tägliches Leben ein. Die Oberschicht reagierte gekränkt. Um diese Situation zu ändern, brauchten wir so etwas wie Bemelmans' Buch.« Ein Rezensent in Quito schrieb damals, viele Ecuadorianer hätten »den Conga der reinen Empörung tanzen müssen«.

Die Wogen dieses literarischen Skandals sind noch immer nicht verebbt. Bemelmans gilt in Ecuador weiterhin als ein Münchhausen des 20. Jahrhunderts. Mehr als vier Jahrzehnte nach dem Erscheinen von *The Donkey Inside* und mehr als 20 Jahre nach dem Tod des Autors erklärte mir ein Buchhändler in Quito: »Es ist unproblematisch, Philip Agees Buch über die CIA in Ecuador auf Lager zu haben, aber *El Burro por Dentro* zu führen kann regelrecht selbstmörderisch sein.« In seiner Kolumne in *El Comercio* nutzt Jorge Ribadeneira *The Donkey Inside* als Ausgangspunkt für eine Bestandsaufnahme dessen, was sich seither verändert hat.

Bei allem Spott sind die Wärme und die Zuneigung, die Bemelmans für dieses Land und seine Menschen empfunden haben muss, doch deutlich spürbar: »Für alle, die noch immer träumen, bilden die Urwälder, die Meeresküste, die tropischen Inseln und die Berge von Ecuador wunderbare Kulissen in jeder erdenklichen Klimavariante, außerdem ein ideales Versuchsgelände für Abenteuer und Fluchten ...« Den Ecuadorianern praktisch unbekannt sind zwei andere Werke, die Bemelmans über ihr Land verfasst hat: das Kinderbuch *Quito Express*, das von einem kleinen Otavala-Indiojungen handelt, der mit dem Zug nach Guayaquil fährt, und *Now I Lay Me Down to Sleep*, ein Roman über einen General, der aus dem europäischen Exil auf seine *hacienda* in Ecuador zurückkehrt. In den Vereinigten Staaten kann Bemelmans' Vermächtnis im Carlyle Hotel in New York besichtigt werden, wo seine Illustrationen noch immer die Wände der Bar, die seinen Namen trägt, schmücken.

Es würde mir leichter fallen, eine Lanze für Bemelmans zu brechen, hätten mir nicht zwei Menschen, die ihm damals begegnet sind, von seiner antisemitischen Gesinnung erzählt. Benno Weiser Varon, damals Zeitungskolumnist und Oberhaupt der jüdischen Gemeinde von Quito, erinnerte sich, dass Bemelmans den Tennisclub von Quito gedrängt habe, Juden auszuschließen. Olga Fisch wusste zu berichten, dass der Schriftsteller den im Ausland lebenden Fotografen André Roosevelt, einen entfernten Cousin von

Franklin, überredet hatte, einen Club mit dem Namen *La Cucaracha Alegre* (Die fröhliche Küchenschabe) zu eröffnen und Juden den Eintritt zu verwehren. Der Club war laut Olga schon nach einer Woche pleite.

»Sie werden gut über uns schreiben, nicht wahr?« Diese Frage hörte ich immer und immer wieder von Menschen, die glühend stolz auf ihr Land und begreiflicherweise dennoch auf der Hut waren. Die Reiseliteratur über Ecuador wimmelt nur so von Vergleichen mit anderen Ländern: Da gilt Salinas als »das Miami von Ecuador« und Cuenca als »das ecuadorianische Athen«; Esmeraldas verfügt über »die dunkle Vielfalt Afrikas«; es gibt »tibetisch anmutende Herden am Fuße des Chimborazo«, und Cotopaxi ist »der Fujijama Ecuadors«. Die Ecuadorianer waren entsprechend erstaunt, als sie erfuhren, dass diese Gleichung auch einmal umgedreht wurde: In Colorado gibt es eine winzige Stadt, die ein weit herumgekommener Bergarbeiter auf den Namen Cotopaxi taufte, weil er eine verblüffende Ähnlichkeit zwischen einem fernen Gipfel der Rocky Mountains und dem Vulkan südlich von Quito auszumachen glaubte.

Der Verlust der nationalen Identität beschränkt sich nicht auf Reiseführer oder Strohhüte: Der Schriftsteller Ben Hecht trug mit seinem 1937 entstandenen Stück *To Quito and Back*, das von Revolutionsleidenschaft und unerfüllten Träumen handelt, zum Image von Ecuador bei. »Ich will nicht respektlos gegenüber Ecuador erscheinen«, erklärt Hechts gönnerhaft auftretender britischer Protagonist einem naiven Mädchen, »aber man kann ein Land nicht ernst nehmen, dessen größtes politisches Problem darin besteht, gegen Kopfjäger und Kannibalismus vorzugehen.« Bei den Olympischen Sommerspielen von Los Angeles 1984 verlor Anchorman Peter Jennings von ABC Television jeweils ein paar anerkennende Worte über das Land, dessen Standartenträger gerade ins Memorial Coliseum einliefen. Als Ecuadors gelb-blau-rote Flagge ins Bild kam, fielen Jennings genau 15 Wörter ein: »Die Konquistadoren machten in Ecuador Halt. Da sie nicht genügend Reichtümer fanden, zogen sie weiter.« Die besten englischsprachigen Bücher darüber, wie Ecuadorianer mit ihrem Leben im Elend fertig werden, sind *Living Poor* (deutsch: *Arm mit den Armen*) und *The Farm on the River of Emeralds*, beide von Moritz Thomsen. Seine Bücher erzählen so anrührend wie amüsant von den herben Enttäuschungen und unerwarteten Belohnungen, die auftreten, wenn Erste und Dritte Welt aufeinander treffen. Thomsen, der Mitte der 1960er-Jahre drei Jahre lang beim Peace Corps in Ecuador gearbeitet hat, lebt und schreibt inzwischen auf einer kleinen Farm in der Nähe des Río Esmeraldas. In Quito, wo er einige Jahre lebte, konnte man ihn regelmäßig in einem nahe gelegenen Meeresfrüchte-Café antreffen, in dem er eine Art literarischen Salon zu unterhalten pflegte. Thomsen ist der einzige Schriftsteller englischer Sprache, dem es gelungen ist, Ecuador aus der Innenperspektive zu schildern. Ich bin sicher, dass er Robert Byron zustimmen würde, der in seinem Buch *The Road to Oxiana* [deutsch: *Persische Reise. Auf dem Wege zu alten Kulturen in Persien, Afghanistan und Turkestan*] jene Reiseschriftsteller verteidigt, deren Bücher Kränkungen für die Gastgeber enthalten: »Im Interesse der menschlichen Vernunft muss irgendjemand gegen die Tabus des modernen Nationalismus verstoßen. Die Wirtschaft kann es nicht. Die Diplomaten wollen es nicht. Also müssen Leute wie wir es tun.«

Für mich war Ecuador ein Land, das den Kopf in den Wolken, das Herz auf der Zunge und die Beine in zähem Morast stecken hatte. Als ich mich anschickte, das Land zu verlassen, klangen die Worte des Kolumnisten Jorge Ribadeneira beruhigend in mir nach: »Es ist nicht alles perfekt, und es gibt immer noch genug Material für einen weiteren *‚pollino por dentro'*« – einen neuen ›kleinen Esel‹.«

Grenzüberschreitung

Die Hüte aus Cuenca waren bereits in New York eingetroffen, wo sie darauf warteten, von Karl Dorfzaun an Resistol in Texas weitergeleitet zu werden. Ich befand mich noch in Südamerika, weil ich zu weit von meiner eigentlichen Route abgewichen war. Nun war es an der Zeit zurückzukehren.

An Ecuadors Küste dockten nur noch wenige Passagierfrachter an, doch in Kürze wurde in Puerto Bolívar südlich von Guayaquil die Ankunft eines Frachters erwartet. Mit ihm würde ich den alten Handelsrouten folgen, auf denen einst Bananen, Kaffee, Kakao und Strohhüte transportiert worden waren. Tatsächlich schien die *S.S. Santa Maria* außer Hüten noch alle genannten Produkte zu befördern. Ich stieg die Treppe zum Hauptdeck hinauf, schlich um den Beamten der Immigrationsbehörde herum, der gerade ein Nickerchen hielt und später meinen Pass abstempeln musste, und entdeckte meine Kajüte. Ich war der einzige Passagier, der von Ecuador aus gebucht hatte.

Die Passagiere schliefen und aßen auf den fünf Oberdecks; die vier Unterdecks enthielten die Ladung. Das Schiff war 164 Meter lang und wog 20 000 Tonnen. Ungefähr 80 Passagiere befanden sich an Bord; die meisten von ihnen hatten ihre Reise in San Francisco oder Los Angeles angetreten. Die achttägige Kreuzfahrt führte zunächst nach Kolumbien, dann durch den Panamakanal, an der Ostküste Südamerikas entlang und schließlich durch die Magellanstraße. Anschließend legte die *Santa Maria* kurz in Chile und Peru an und stoppte vor ihrer Rückkehr in die Vereinigten

Staaten noch einmal in Puerto Bolívar. Das Durchschnittsalter der Passagiere lag bei 73 Jahren; dank eines 82-jährigen Mannes, der an Bord verstarb, und meines Zustiegs sank es geringfügig.

Eines Tages stachen wir am frühen Morgen in See und tuckerten durch den Golf von Guayaquil nach Nordwesten. Im Laufe des Tages würden wir den Äquator überqueren, der dem Land, das ich nun endgültig verließ, seinen Namen gegeben hatte. Die Schiffsbesatzung hatte eine »Flaschenpostzeremonie« vorbereitet und händigte jedem Passagier ein Pergament aus, auf das in Spanisch und Englisch folgender Spruch gedruckt war: »Wer diese Flasche zog an Land / Teile mir mit, an welchem Strand / Er soll sogleich sich an mich wenden / Ich werd ihm einen Dollar senden!« Darunter war Platz für einen Namen und eine Adresse. Wir mussten die Nachricht in eine leere Weinflasche stecken, diese verplomben und dann, wenn das Schiffshorn blies, über die Steuerbordseite werfen.

Die Zeremonie kam mir ausgesprochen albern vor. Der Äquator selbst jedoch faszinierte mich – das tut er, solange ich denken kann. Als das vorliegende Buch in meinem Kopf Gestalt annahm, erging ich mich in Tagträumen über eine Weltreise, die am nullten Breitengrad entlangführen sollte. Sie würde bei den Galápagosinseln beginnen und 38 000 Kilometer weiter westlich am Äquatordenkmal nördlich von Quito enden. Ich verbrachte fast zwei volle Tage damit, über detailgenauen topographischen Karten zu brüten, deren jede etwa 560 Kilometer der insgesamt 40 000 Kilometer langen Äquatorlinie umfasste. Insgesamt wäre ich durch annähernd 50 Länder gereist, kleine Inselstaaten eingeschlossen. Zu meiner Bestürzung stellte ich fest, dass der Äquator durch einige Elendsgebiete der Erde verlief.

Obwohl die aus dem 19. Jahrhundert stammende Theorie, dass es in tropischen Länder chaotischer zugehe als in Ländern der gemäßigten Zone, längst widerlegt worden war, sah ich genügend politische und gesundheitliche Probleme auf mich zukommen, um mir die Äquatorroute auf der Stelle aus dem Kopf zu schlagen. Es gab noch weitere Hindernisse: Allein in Südamerika sprechen die Bewohner der Äquatorzone 14 verschiedene Sprachen; im Kongo und in Uganda gibt es Orte mit unaussprechlichen Namen, in denen vier Konsonanten aufeinander folgenden; Gabun wird von einem Fluss mit vier aufeinander folgenden Vokalen durchquert, und in Sumatra gibt es einen Ort mit 22 Buchstaben: Bandjarsialanbertunggu. Der Viktoriasee und der Amazonas reizten mich, auf Klettertouren in den vereisten Bergen Kenias konnte ich jedoch verzichten. Was mich an den Landkarten am meisten faszinierte – und abstieß –, war die Tatsache, dass ganze Regionen als »unerforscht«, »topographisch wenig erforscht« oder Unheil verkündend als »verlassen« bezeichnet waren. Ich zog es also vor, mich lesend zum Äquator zu begeben (wie Mark Twains Buch *Dem Äquator nach* es nahe legte). Und so warf ich meine Flaschenpost in den Pazifik und blickte ihr nach, als sie davonschwamm.

Im Vergleich zu dem echten Seefahrerbrauch, der so alt ist wie die Seefahrt selbst, war unsere Flaschenzeremonie harmlos. Ein Seemann verkleidet sich als Gott Neptun und unterzieht Passagiere, die zum ersten Mal den Äquator von Nord nach Süd überqueren, der Äquatortaufe. Doch zuvor müssen sie diverse »Reinigungszeremonien« über sich ergehen lassen: Tunken, Rasieren, Schläge... Als Charles Darwin an Bord der *Beagle* 1832 den Äquator überquerte, wurden ihm und anderen Äquator-Neulingen die Augen verbunden, sie wurden kübelweise mit Wasser übergossen und auf eine Planke geführt, die sich in ein großes Badebecken neigte. »Dann rieben sie mein Gesicht & meinen Mund mit Pech und Farbe ein«, schrieb er in sein Tagebuch, »& kratzten einen Teil davon mit dem Stück eines aufgerauten Eisenrings wieder ab.« Überlebende der nautischen Schikane erhalten einen Taufschein und einen persönlichen Taufnamen.

Anders als der Nullmeridian im englischen Greenwich, eine willkürliche internationale Übereinkunft, die seit knapp einem

Jahrhundert Bestand hat, ist der Äquator mit unserem Planeten zusammen entstanden. Er bildet die Naht der Erde. »Es gibt keinen Breitengrad, doch wenn einer das Recht auf diesen Titel gehabt hätte, dann der Äquator«, schrieb Mark Twain, der Folgendes von seiner Äquatorüberquerung berichtete: »Ein Seemann erklärte einem jungen Mädchen, dass das Schiff nur langsam fahre, weil wir eine Wölbung in Richtung Mittelpunkt des Globus hinaufführen, aber dass dann, wenn wir erst darüber hinweg und beim Äquator seien und bergab zu fahren begännen, fliegen würden.« Olga Fisch hatte gesagt, als Kind in Ungarn habe sie gedacht, der Äquator sei ein Silberband, und junge Mädchen müssten es polieren.

Ein paar Wochen vor meiner Abreise aus Ecuador bekam ich einen Brief von einem Freund. Er hatte ihn in einer Bar in Kenia geschrieben; die eine Hälfte der Bar lag in der südlichen, die andere in der nördlichen Hemisphäre. Zum Äquatordenkmal in der Nähe von Quito kommen die Touristen busweise, um einander zu fotografieren, wie sie mit einem Bein auf der Süd- und mit dem anderen auf der Nordhalbkugel stehen.

Ecuador wurde zum Pionier in einer höchst ungewöhnlichen internationalen Auseinandersetzung über den mehr als 40 000 Kilometer langen Himmelsäquator. Nach Ansicht Ecuadors und der anderen Äquatoranrainer stellt sich die Frage, wieso sich die Gebietshoheit eines Staates nur auf das zugehörige Land, die Bodenschätze und die umliegenden Gewässer, nicht aber auf den kompletten Luftraum erstreckt. Die betroffenen Länder möchten bei der Regulierung des Satellitenverkehrs über ihren Häuptern mitreden, also quasi das Seerecht auf den Kopf stellen. Diese neue Herangehensweise an internationales Recht mag symbolisch zu verstehen sein, aber für Ecuador und die anderen Äquatorstaaten ist es die einzige Möglichkeit, sich in die Weltraumpolitik einzumischen.

Nach meiner Rückkehr in die Vereinigten Staaten machte ich mich noch einmal auf, um den Hüten auf ihrem Weg durch den nordamerikanischen Kontinent zu folgen. Während meiner Abwesenheit kam ein in Quito abgestempelter Brief bei mir zu Hause an. Fünf Tage nachdem mein Schiff in Ecuador abgelegt hatte, war zufällig ein 13 Jahre alter Junge den verlassenen Strand bei Salinas entlanggelaufen. Irgendetwas, das die Flut an Land gespült hatte, glitzerte im Licht. Was war das – ein Felsen? Eine Muschel? Andrés Barsky, der mit seiner in Quito ansässigen Familie hier Urlaub machte, sah sich die Sache genauer an. Meine Flasche war ans Ufer gerollt worden.

Andrés' Familie lebte im selbst auferlegten Exil und wartete darauf, dass in ihrem Heimatland Argentinien die Demokratie wieder Einzug hielt. Seine Mutter ist Psychologin, sein Vater Soziologe; er forscht über bäuerliche Strukturen in Ecuador. In einer der Gemeinden, mit denen er sich beschäftigt hatte, wurde *paja toquilla* angebaut.

Andrés und ich wurden Brieffreunde – er berichtete über seine schulischen Fortschritte und ich über mein Leben in den Staaten. Als ich ein weiteres Mal nach Ecuador fuhr, lud mich seine Familie zum Abendessen in ihr Haus ein. Andrés zeigte mir die Nachricht, die er an jenem Strandtag gefunden hatte; sie sah ein wenig mitgenommen aus, war aber noch vollständig. Auf einer Landkarte hatte er den Weg eingezeichnet, den die Flasche zurückgelegt hatte. Seiner Schätzung nach war sie ungefähr 320 Kilometer in südöstliche Richtung getrieben. In seiner nachdenklichen Art rätselte der hoch aufgeschossene Andrés mit mir über die Umstände, die uns zusammengeführt hatten. Wie groß war die Chance gewesen, dass die Flasche eine solche Reise überstand, von irgendjemandem gefunden wurde, dass die Nachricht im Innern noch lesbar war, dass ... Lachend wurden wir uns einig, dass unser Begriffsvermögen hier an seine Grenzen stieß. Nach dem Sturz von Argentiniens Militärdiktatur kehrten Andrés und seine Familie nach Hause zurück.

Vierter Teil

Warenflüsse

New York City. »Immer wenn jemand aus diesem Gebäude auszieht«, klagte der 84-jährige Karl Dorfzaun, »zieht eine Filmgesellschaft ein.« Dorfzaun wühlte gerade in Stapeln von Hüten herum, mit denen sein Büro am Broadway in der Nähe des Times Square voll gestopft war. Den größten Teil des Gebäudes nahmen noch immer die Bekleidungshersteller mit ihren Ausstellungsräumen ein. Als Karl Dorfzaun damals kurz nach seiner Flucht aus Deutschland ins Hutgeschäft eingestiegen war, lag sein Geschäft in der Eleventh Street. Für die europäischen Flüchtlinge, die in der Bekleidungsbranche tätig waren, symbolisierte sein Umzug in die achte Etage eines Hauses in Midtown den Aufstieg.

Jede Woche trafen Sendungen aus Italien, dem Orient und Ecuador ein. Ecuadorianische Strohhüte werden auf der Grundlage des Allgemeinen Präferenzsystems (GSP) zollfrei importiert. Das GSP, das aus der Regierungszeit Kennedys stammt, hebt den Importzoll für Tausende von Gütern aus bestimmten Entwicklungsländern auf. Während sich John Kennedys Neigung, ohne Hut herumzulaufen, auf die heimische Hutindustrie durchaus nachteilig auswirkte, schreibt man ihm in Ecuador das Verdienst zu, die Handelsbeziehungen mit den Vereinigten Staaten attraktiver gemacht zu haben.

Die kubanische Revolution hatte nicht nur negative Auswirkungen auf die Wirtschaft im ecuadorianischen Febres Cordero, das am Anfang meiner Reise auf den Spuren des Panamahuts gestanden hatte, sondern auch auf das New Yorker Büro von Karl

Dorfzaun. »Ich habe immer wunderschöne Panamas nach Kuba geliefert. Montecristis. Sie wurden von den Besitzern der Zuckerrohrplantagen gekauft und kosteten 500 bis 1000 Dollar das Stück. Jeder Hut war geschmeidig wie Seide. Das war noch unter Batista.«

Der Markt für ecuadorianische Strohhüte sei in letzter Zeit weltweit geschrumpft, erklärte Dorfzaun. »In den frühen 1970er-Jahren gab es noch eine Nachfrage nach Panamahüten. In Südafrika gehörten sie zur Schuluniform. Ich liefere immer noch Hüte dorthin. Nach Deutschland ebenfalls. Inzwischen stellen sie auf dem chinesischen Festland Imitate her. Sie sind wesentlich billiger, was also soll ich tun? Ich kann sie nicht anbieten. Ich würde nie etwas tun, was Ecuador schadet.«

Karl Dorfzaun trug nicht nur keinen Panama, sondern soweit ich das beurteilen konnte, keinerlei Hüte. Auch seinen Neffen Kurt habe ich nie mit einem Panamahut gesehen. Ich hatte Ernesto, einen von Kurts Söhnen, der während der Ferien im Büro aushalf, gefragt, ob er in seiner Schule in Boston jemals einen Panama trage. »*En casa de herrero, cuchillo de palo*«, hatte er geantwortet. Benutze ein hölzernes Messer im Hause des Schmieds. Adriano González trug ebenfalls keinen Strohhut, noch irgendein Mitglied der Familie Ojeda in Biblián. »Wir flechten Hüte, um davon zu leben, nicht um sie zu tragen«, hatte Isaura mir erklärt. »Wir brauchen das Geld für lebensnotwendige Dinge.« Victor González, der das Rohmaterial von der Küste nach Biblián transportierte, trug auch keinen *sombrero de paja toquilla*. Domingo hatte an dem Tag, an dem wir zu den Strohfeldern hinausgefahren waren, ebenfalls keinen auf dem Kopf, aber es schien immerhin wahrscheinlich, dass er einen besaß. An der Küste, wo das Tragen von Strohhüten nicht mit der Zugehörigkeit zu einer sozialen Schicht einhergeht, sind die Hüte wegen der ständigen Arbeit im Freien praktisch ein Muss.

Heute erfreut sich der Panamahut auch Tausende Meilen von

seinem Ursprungsland entfernt großer Beliebtheit. Zwar besaßen die Hüte in den Vereinigten Staaten schon Mitte des 19. Jahrhunderts eine gewisse Popularität, zu einem Massenphänomen wurden sie jedoch erst während des Spanisch-Amerikanischen Krieges, als die Regierung der Vereinigten Staaten 50 000 ecuadorianische Strohhüte für die Soldaten bestellte, die in die Karibik ziehen sollten. Die Gangster-Ära verlieh den Panamahüten dann eine Aura der Verderbtheit (Hutexporteure in Montecristi tauften das Modell mit der breitesten Krempe »Capone«). Die Hüte erscheinen in den Werken von Mark Twain und Graham Greene. In den 1930er- und 1940er-Jahren waren sie in den Vereinigten Staaten Bestandteil des Sommeroutfits für Männer und ein Muss beim den Autorennen in England. Kein Filmkriminalist, der etwas auf sich hielt, hätte sich im goldenen Zeitalter der Detektivfilme ohne seinen Panama erwischen lassen. Er wurde Sydney Greenstreets und auch Charlie Chans Markenzeichen (in *Charlie Chan in Panama* trugen sowohl er als auch sein Sohn einen solchen). Autoren wie Tom Wolfe und Garrison Keillor verdanken ihren Panamahüten eine Extraportion schriftstellerischen Elan.

Ein Panamahut betont die extremen Charaktereigenschaften des Menschen, der ihn trägt, und lässt dessen Persönlichkeit wie unter einem Vergrößerungsglas erscheinen. In *Lay Bare the Heart* zeichnet der Bürgerrechtler James Farmer einen Gefängnisdirektor in Mississippi während der Unabhängigkeitsbewegung von 1961 als »das Klischee eines Plantagenbesitzers mittleren Alters im Cotton Belt. Gesicht und Nacken waren faltig. Kleine Augen spähten durch eine goldgeränderte Brille, und unter dem Panamahut auf seinem Kopf quollen weiße Haare hervor.« Albert Schweitzer jedoch verlieh der Hut das positive Image eines Mannes, auf den zu hören sich lohnte. In der Sprache der Mode zeugt das Tragen von Panamahüten von Selbstvertrauen, Geschmack und Erfolg – wenigstens in manchen Kulturkreisen.

In New York holte der United Parcel Service Karl Dorfzauns ungeöffnete Sendung von Rohlingen aus Cuenca ab und transportierte sie zur Firma Resistol in Texas. Resistol zahlte Karl Dorfzaun 43,50 Dollar das Dutzend. Die Rohlinge, die Adriano González Isaura und den anderen Flechtern in Biblián für einen Stückpreis von etwa 65 Cents abgekauft hatte, waren jetzt 3,62 Dollar das Stück wert.

Garland, Texas. »Wir können an einem Klassiker wie dem Panama nichts mehr verbessern«, sagte Bob Posey, der für das Hutsortiment von Resistol verantwortlich ist. Posey ist seiner Zeit immer um ein Jahr voraus, er sieht Modetrends, Werbestrategien und die Menge des verfügbaren Rohmaterials vorher. Eine gute Maisernte in den Anden kann im Hutgewerbe Wellen schlagen. Ein Hollywoodfilm kann sogar eine Flutwelle erzeugen.

Für die meisten Leute war *Urban Cowboy* schlicht ein Film. Die Hutbranche jedoch brachte er, was Produktion und Vertrieb betraf, an die Grenze des Machbaren. »Niemand war auf die *Urban-Cowboy*-Explosion vorbereitet«, sagte Posey. »Wir kamen kaum hinterher mit dem Verkaufen.«

In der Fabrik selbst nimmt Tommie Massie kein Blatt vor den Mund: »Je größer und hässlicher wir die Hüte machten, desto besser verkauften sie sich.« Der Bedarf an Westernhüten aus ecuadorianischen Strohhutrohlingen war derart groß, dass das Unternehmen eine neue Niederlassung im texanischen Weslaco nahe der mexikanischen Grenze eröffnete, um dort und in der Firmenzentrale Tag und Nacht zu produzieren. Auf dem Höhepunkt des Booms lieferte Resistol mehr als eine Million Strohhüte im Jahr aus, die meisten davon im Western-Stil.

»Lange Zeit waren Hüte als Modethema tot, wenn man von Ranchern und Cowboys absieht«, erklärte Karl Frankl, der eine Inlandsvertriebstruppe mit 45 Mitarbeitern leitet. »Kennedys Hutabstinenz beeinflusste die jungen Leute. Dann kamen die langen Haare und die Blumenkinder, beides wirkte sich ungünstig auf die Hutmode aus. Die Autodächer wurden damals immer niedriger –

es war schlicht unmöglich, mit einem Hut auf dem Kopf ein- oder auszusteigen. Die Hutindustrie kümmerte sich nicht darum, wohl in der Hoffnung, diese Phase würde irgendwann einfach vorbeigehen. Und dann machte es peng!, und *Urban Cowboy* blies einem sterbenden Gewerbe neues Leben ein. Über Nacht wurde unsere Abteilung zu einer Goldgrube für Levi Strauss. Der New Yorker Cowboy war geboren – voller Gier griff man nach allem. Der unwissende Kunde kaufte den billigsten der billigen handgeflochtenen Hüte.

Der *Urban-Cowboy*-Trend war vorbei, als der Markt schließlich gesättigt war. Männer, die schon immer Hüte getragen hatten, rebellierten. Sie glaubten, amerikanische Fabrikanten hätten authentische amerikanische Mode zu Schleuderpreisen auf den Markt geworfen. Der echte Qualitätshut wurde jedoch von diesem Boom nicht erfasst. Besondere Hüte wie der klasssische Panama hatten schon immer ihren Preis.

Momentan erleben wir ein Revival im Hutgeschäft. Die Industrie wird innovationsfreudiger. Den Anstoß lieferte der Film *Jäger des verlorenen Schatzes,* in dem Indiana Jones mit diesem scheußlichen Filzhut herumtändelte. Er setzte ihn nicht mal im Bett ab! Dafür hätte ich ihn küssen können. Michael Jackson trägt oft einen Hut auf seinen Konzerten. Das macht den jungen Leuten schlagartig bewusst, dass Hüte existieren. Die Rückkehr zur Kurzhaarmode erleichtert es den Leuten, wieder zum Hut zu greifen. Außerdem haben wir inzwischen eine eher konservativ eingestellte junge Generation. Mehr und mehr junge Männer erscheinen zum Vorstellungsgespräch mit Hut. Das signalisiert dem zukünftigen Arbeitgeber etwas.«

Die Hutfabrik von Resistol war voller Schwermaschinen und Arbeiter. Die Geräusche der Nähmaschinen mischten sich mit dem Lärm der hydraulischen Pressen und dem Zischen des Dampfs. Der Geruch von zähflüssigem Lack vermengte sich mit dem von Bleichmitteln und erhitztem Stroh. Gestelle voller Hüte, an denen noch gearbeitet wurde, rollten zwischen den einzelnen Arbeitsstationen hin und her. Ein Großteil der Maschinen ist alt und wird nicht mehr hergestellt; wenn Ersatzteile benötigt werden, müssen die Firmenmechaniker manchmal improvisieren. An einem Ende der Firma, deren Abmessungen etwas mehr als zwei Dritteln eines Footballfelds entsprechen, wurden Säcke mit Strohhutrohlingen aus Ecuador, von den Philippinen, aus China, Japan, Taiwan und Italien angeliefert. Am anderen Ende verließen sperrige Schachteln mit eleganten Panamas die Firma in Richtung Welt.

Nachdem die Rohlinge, die via New York aus Cuenca gekommen waren, aus ihren baumwollenen Hüllen befreit worden waren, wurden zunächst die MADE-IN-ECUADOR-Aufkleber entfernt. Die Hüte wurden nach Größe und Qualität sortiert und zum Bleichen nach Saint Louis, Missouri, geschickt, wo die einzige größere Hutbleicherei des Landes steht. Als die Resistol-Hüte ein paar Wochen später von dort zurückkamen, wirkten sie ein bisschen heller und einheitlicher in der Farbe. Außerdem waren sie mit einer schwachen Stärkelösung behandelt.

In der Firma erhält jeder Hut einen codierten Kontrollschein, der den Arbeitern jeder Station mitteilt, was genau mit jedem Hut zu geschehen hat. Cowboyhüte zum Beispiel werden mit Lack getränkt, klassische Panamas erhalten nur eine einzige Lackschicht, und bei modischen Panamahüten wird häufig ganz auf Lack verzichtet. Wie andere Gewerbezweige erfordert auch die Endbearbeitung von Strohhüten zahlreiche parallel ablaufende Arbeitsgänge. Den Weg der Hüte durch die Fabrik kann man sich wie einen Strom vorstellen, der sich durch das Einmünden von Nebenflüssen verbreitert. Betriebsleiter Massie und seine Chefs regeln exakt, wer an welcher Stelle was tut und wie oft.

Die Hüte aus Biblián wurden zunächst über einem Dampftisch eingeweicht und anschließend auf einer Metallform auf 120 Grad Celsius erhitzt und gedehnt. Eine Maschine zum Abrunden der

Kanten, die wie eine Nähmaschine aussieht, durch die ein rotierender Hut geführt wird – beschnitt den Außenrand bis auf einen halben Zentimeter; das reichte, um die Kante zweifach umzulegen und zu säumen. Danach schnitt eine weitere, auf ähnliche Weise funktionierende Maschine – können Sie mir folgen, Isaura? – den verbliebenen Überstand weg.

Ruth McGee säumt Hüte. »Das ist so, als nähe man die Ober- und die Unterlippe aufeinander.« McGee, die 1964 bei Resistol anfing, befand sich in ihrer dritten Amtsperiode als Vorsitzende der Gewerkschaft *Amalgamated Clothing and Textile Workers Union local No. 129-H*. »Wenn es die Gewerkschaft nicht gäbe, würde unser Lohn nie erhöht.« Weil in Texas das »Recht-auf-Arbeit«-Gesetz gilt, war die Mitgliedschaft in einer Gewerkschaft nicht erforderlich, trotzdem sind die Arbeiter bei Resistol an Verträge gebunden, die zwischen der Gewerkschaft und der Firmenleitung ausgehandelt wurden. McGee schätzte, dass mehr als die Hälfte der 120 ständigen Arbeitskräfte der Strohhutfabrik Gewerkschaftsmitglieder waren. »Wenn sie dich nicht gut behandeln, weißt du, an wen du dich wenden kannst. Für die meisten von uns ist die Bezahlung an die Produktionszahlen gekoppelt. Wenn deine Maschine kaputtgeht und nicht sofort repariert wird, kannst du Beschwerde einlegen.«

Die Arbeiter bei Resistol, die 1985 für einen Stundenlohn von 3,35 Dollar eingestellt werden – dem damaligen Mindestlohn –, sind noch nie in Streik getreten. Die Leistungsprämien für höhere Stückzahlen eingerechnet, verdienen einige Fabrikarbeiter sieben oder acht Dollar die Stunde. Dolores erhielt einen Stundenlohn von 5,18 Dollar für das Einnähen von 660 Schweißbändern täglich in ebenso viele Strohhüte, 79 Cents gab es für jedes zusätzliche Dutzend, das sie pro Tag schaffte. Sie lebt mit ihrem Mann und drei Söhnen in Garland. Seit sieben Jahren gehörte sie zur Belegschaft der Firma. »Wenn deine Maschine ordentlich arbeitet«, erklärte sie mir einmal während ihrer halbstündigen Mittagspause,

»kommst du klar. Meine funktioniert aber seit ungefähr einer Woche nicht richtig, und meine Produktionsrate ist ganz unten. Gestern habe ich 42 Dutzend Hüte geschafft. Ich habe mal 90 Dutzend geschafft, aber das ist Jahre her.« Wusste sie, in welchem Land die Rohlinge gefertigt wurden? »Es interessiert mich nicht besonders, wo die Dinger waren, bevor sie in meine Maschine kommen, oder wohin sie gehen, wenn sie wieder draußen sind, solange Patricia sie mir rüberschickt. Für mich ist das nur ein Job.« Patricia fügte hinzu: »Ich habe mal ein paar Hüte im Kaufhaus gesehen. Da stand ‚*Republic of China*' drauf, also nehme ich an, sie kommen daher.«

Schwarze, weiße und mexikanische Beschäftigte arbeiten hier, eine gesunde Mischung, und mehr als die Hälfte ist weiblich. Der dienstälteste Spanier, Julio Melendez, der das Formen der Hüte kontrolliert, hilft den *novicios*, besonders denen, die wenig oder kein Englisch sprechen. »Viele der mexikanischen Arbeiter kommen aus San Luis Potosí und Durango. Sie sind alle miteinander verwandt – Schwestern, Brüder, Onkel. Sie kennen sich alle. Weil sie harte Arbeit und Maloche auf dem Bau gewöhnt sind, fällt ihnen das hier leicht. Sie wollen arbeiten.« Ich fragte ihn, wie die Arbeiter über die Panama-Imitate dachten, die sie für die hohen Tiere bei den Olympischen Spielen in Los Angeles hergestellt hatten. »Menschen aus allen Teilen der Welt haben sich die Spiele angesehen, also waren wir ein bisschen stolz. Ja, ein bisschen stolz.«

Tommie Massie hat von seinem Büro neben der Fertigungshalle einen guten Überblick über alle Abläufe: »Wir haben gemerkt, dass die spanischen Jungs sofort den Bogen raus haben. Sie sind wirklich gut im Formen. Als Näherinnen habe ich eine weiße Lady, zwei spanische und ein schwarzes Mädchen. Sie sind alle richtig gut.«

Nachdem die Hüte die Maschine, welche die Kanten abrundet, durchlaufen und das Umsäumen sowie das Beschneiden der Überstände hinter sich hatten, wanderten sie für einen weiteren Pressvorgang noch einmal in die beheizten Formen, die den frisch gesäumten Krempen wieder Fasson verliehen, indem sie sie leicht nach oben bogen.

Hüte, die einen Lacküberzug erhalten sollten, wurden in einen Bottich getaucht, dann trockengeschleudert und anschließend für eine Viertelstunde auf ein Bord in einem riesigen Rotationsofen gelegt. Alle Hüte, ob mit oder ohne Lacküberzug, erhielten Schweißbänder, manche zusätzlich Ösen. Ein Arbeiter versah jedes Band mit dem Aufdruck des Geschäfts, für das der jeweilige Hut bestimmt war. Die beiden Enden wurden mit einem winzigen Haken verbunden, und auf jedes Band wurde ein kleiner Schmuckbogen gestickt. Zum Schluss wurden die Bänder in die Hüte genäht – mit der Oberseite nach unten, damit sie später exakt an die richtige Stelle platziert werden konnten.

Hutbänder wurden um die Kopfteile gelegt und an drei Stellen mit doppelseitigem Klebeband befestigt. Der eierschalenfarbene Panamahut im *Brisa*-Stil aus Ecuador erhielt ein blau-weißes Band. Ein Etikett mit dem Markennamen wurde für ein paar Sekunden auf einem kleinen runden Blech platziert und dann in die Mitte der Innenseite jedes Kopfteils geschossen. »Man muss sehr genau arbeiten«, erklärte ein Kontrolleur, »weil man nur einen Versuch hat. Man braucht ein gutes Auge.« Zum Schluss wurden die Hüte noch einmal über Metallformen gelegt, um den Schweißbändern den letzten Schliff zu verleihen. Anschließend wanderten die Hüte zur Kontrolle, Stichprobenentnahme und schließlich in die Packstelle.

»Gelegentlich stellen wir die Stationen um, um noch effizienter produzieren zu können«, sagte Rae Crookless, der für die Qualitätskontrolle zuständig war. »Falls wir im kommenden Jahr viele Bestellungen für klassische Hüte erhalten, werden wir noch einmal umstellen. Wie die Arbeiter hier eingesetzt werden, hängt von den Modetrends ab.« Bei voller Kapazität produziert Resistol 300 Strohhüte am Tag.

Die Rohlinge aus Ecuador, die jetzt ansehnlich, fertig und bereit für den Verkauf an den Einzelhandel waren, hatten für ihren Weg durch die Fertigungsstraßen der Fabrik acht Tage gebraucht. Monate zuvor hatten Resistol-Vertreter den Hutgeschäften im ganzen Land den Preis für die aktuellen Panama-Modelle genannt: 225 Dollar das Dutzend – das Fünffache von dem, was Dorfzaun verlangt hatte. Der struppige Rohling aus den Anden, der einmal 65 Cents gekostet hatte, war zu einem Großhandelspreis von 18,75 Dollar Teil des amerikanischen Binnenmarkts geworden.

Eine Freundschaft fürs Leben

Als Consolidated Freightways 20 Kartons mit Resistol-Hüten bei Western Hat Works in San Diego ablud, prüfte Marty Anfangar die Sendung anhand des Lieferscheins und machte sich daran, die Lieferung ins Lager zu räumen. Mit Anfangar, der Anfang 40 war, ist die dritte Generation der Familie in die Hutbranche eingetreten.

Im Laden läuft er in einer hüftlangen Schürze zwischen seiner Werkbank und seinen Kunden hin und her. Sein Großvater Morris, der aus Polen in die Vereinigten Staaten eingewandert war, ließ sich, nachdem er seiner neuen Heimat im Ersten Weltkrieg als Hutrestaurator bei der Army gedient hatte, in San Diego nieder. Er eröffnete sein erstes Hutgeschäft auf der Fourth Avenue im Geschäftsviertel zwischen A Street und B Street, als Warren G. Harding Präsident war. Schon bald betrieb sein Bruder ganz in der Nähe einen weiteren Laden.

Eine wachsende Anzahl florierender Unternehmen versorgte eine immer größer werdende Stadt, vor allem den Seehandel und Matrosen auf Landurlaub, mit Konsumgütern. »Wir hatten damals eine strenge Arbeitsteilung«, erinnert sich Lew Anfangar, der schon als Jugendlicher im Hutgeschäft seines Vaters arbeitete. »Ein Betrieb umbördelte die Hüte, ein anderer formte sie. Als ich etwa sieben, acht Jahre alt war, habe ich die Gestelle mit den Hüten zwischen dem Laden meines Vater und dem meines Onkel auf der Straße hin- und hergeschoben. Damals hatten wir eine Vollzeit-Näherin. Meine Mutter nähte ebenfalls. Wir brachten die Hüte immer nach draußen auf die hintere Terrasse und schleuderten sie. Wir hatten sogar eine gasgefüllte Trockenbox.«

Nach dem Tod seines Vater übernahm Lew den Betrieb. Obwohl die Firma fünf verschiedene Standorte gehabt hatte, waren alle nur wenige Straßen voneinander entfernt in einer Gegend, die Mitte der 1980er-Jahre eine Wiederbelebung erfuhr. Zwischen Fifth Avenue und E Street, wo die Western Hat Works seit 1976 residieren, kann man Pornohefte und Haushaltswaren kaufen und zwischen den Gerichten fünf verschiedener exotischer Küchen wählen. Es gibt öffentliche Badeanstalten und Spielsalons für die Männer, die in den nahe gelegenen Absteigen leben und zu den Stammkunden grell geschmückter Tingeltangeltheater gehören. Seit der in letzter Zeit durchgeführten Sanierung haben Straßencafés und bessere Restaurants Klientel aus der Vorstadt ins Gaslaternenviertel gezogen, wie diese Gegend genannt wird, doch die Polizei wird nach wie vor zu Kneipenschlägereien gerufen, und abends gehört die Szene dumpfbackig-bedrohlichen Banden.

»Es gab eine Zeit, in der man jederzeit durch das Geschäftsviertel spazieren konnte, ohne befürchten zu müssen, das Opfer eines Raubüberfalls zu werden«, sagte Marty zwischen zwei Kunden. »Das ist vorbei. Gelegentlich haben wir es hier mit dem Abschaum der Menschheit zu tun. Früher hatten wir bis sechs Uhr geöffnet. Jetzt machen wir täglich um fünf zu.« Der Türsummer kündigte den Eintritt eines neuen Kunden an. Marty verschwand, um ihn zu bedienen, und Lew fuhr fort: »Er lässt nicht zu, dass irgendjemand mir gegenüber frech wird. Einmal kam ein Typ hier rein, der sich ziemlich ungehobelt benahm. Marty ist sofort auf ihn losgegangen. Ich machte einen Satz auf ihn zu, um ihn zurückzuhalten, und Marty rannte mit mir huckepack aus dem Geschäft.« Er sah zu seinem Sohn am anderen Ende des Ladens hinüber. »Ich wünschte, er würde öfter lächeln.«

Als Hüte noch obligatorischer Bestandteil von jedermanns Garderobe waren, waren stolze sieben Hutrestaurationsfirmen in San

Diego am Werk. Heute gibt es nur noch Western Hat Works. Das Renommee der Firma wiegt den schlechten Ruf ihres Standorts bei weitem auf, und Kunden aus dem gesamten Einzugsgebiet der Stadt – einschließlich Tijuana in Mexiko – kommen regelmäßig hierher. Neben dem üblichen Sortiment von Kappen, Straßen- und Westernhüten haben die Anfangars auch Modelle aus Tschechien, Südafrika und England auf Lager. Selbst ein Kunde, der etwa nach einem faltbaren seidenen Opernhut aus Österreich, einem Chapeau claque, fragt, erhält das Gewünschte. Und immer wieder betreten Ausbilder der Marinekorps-Rekruten den Laden und legen ihre braunen Smokey-The-Bear-Hüte ab, damit sie gesäubert und in Form gebracht werden können.

Die beiden oberen Stockwerke dienen als Lager für Ware, die auf frei gewordene Plätze in den Verkaufsregalen unten im Laden geräumt werden kann. Im hinteren Bereich des dritten Stocks lagern alte, vergessene Hüte, die aussehen, als könnten sie eine gründliche Entstaubung vertragen. »Ich hasse es, dort Inventur zu machen«, sagte Lyle Hatch, ein alter Freund der Familie, der viele Jahre als Vertreter für Resistol durch Kalifornien gereist ist. »Ich habe immer Angst, dass diese Kisten runterkippen und mich unter sich begraben.« Einschließlich der Lagerbestände in den oberen Stockwerken verfügt Western Hat Works über einen Warenbestand von 5000 Hüten.

»Lange Zeit«, sinnierte Lew, »war der Panama der Gott der Branche. Es war ein vornehmer Hut. Seeleute, die in Ecuador abgelegt hatten, kamen in den Laden und verkauften sie uns. Ich persönlich bevorzuge den Shantung« – die Panama-Imitation aus dem Orient –, »er trägt sich besser.«

Eine Woche zuvor war jemand in den Laden gekommen, der einen Panamahut verkaufen wollte. Marty sah, dass es sich um einen *Montecristi fino* handelte. »Der Kerl wollte 80 Dollar dafür. Ich habe ihn auf der Stelle gekauft.« Er hob seinen neu erworbenen Schatz aus seiner Wiege aus Balsaholz. Auf dem Markt für hochwertige Panamas war er weit mehr als 80 Dollar wert. »Er ist wirklich so gut, dass ich nicht mal sicher bin, dass ich ihn überhaupt verkaufen will. Es wird immer Leute geben, die gutes Geld für einen Panama hinblättern, obwohl sie einen Shantung für weniger haben könnten. Ein Panama ist langlebiger.«

Eines Morgens stellte Ray Stansbury, ein Bewohner der Vorstadt, auf dem Weg zur Arbeit überrascht fest, dass es Frühling wurde. Für den 47-jährigen Leiter der Seuchenkontrollbehörde hieß das vor allem eines: Es war an der Zeit, einen neuen Panamahut zu erwerben. Er wusste nicht, wo die Hüte hergestellt wurden, aber er bewunderte sie wegen ihres kunstvoll gearbeiteten Geflechts schon seit Jahren. Am Wochenende zuvor hatte er einen alten Panamahut aus dem Schrank seines Hauses in Encinitas geholt, hatte ihn aufgesetzt und war in dieser Aufmachung in die Altstadt spaziert. Fremde hatten ihm Komplimente gemacht und gefragt, woher er den Hut habe.

Stansbury, der auf einer Ranch in Oklahoma aufgewachsen war, trug seit seinem fünften Lebensjahr Strohhüte. »Wir sind jeden Sommer in die Stadt gefahren, um einen neuen zu kaufen. Sie hatten keine richtige Passform, deshalb warfen wir sie in die Pferdetränke, um sie einzuweichen und zu formen.« Er hat nicht verlernt, wie man einen Hut wieder in Form bringt; bis heute macht er das selbst. »Vor ein paar Wochen ist mir mein Anglerhut in den See gefällen. Beinahe hätte ich ihn verloren. Danach musste ich ihn neu formen. Zuerst weicht man den Hut tüchtig ein. Dann legt man ihn flach auf die Arbeitsplatte und spannt einen Sperrholzring um das Kopfteil. Ich verwende einen mit einem Durchmesser, in den der Hut gerade noch hineinpasst. Wenn er nicht mehr nass, sondern nur noch feucht ist, kann man ihn nach Belieben mit den Händen formen. Ich setze meinen dazu auf, damit das Kopfteil perfekt passt, wenn er ganz trocken ist und steifer wird. Diese neueren Hüte aus dünnerem Stroh sprühe ich mit etwas Wäschestärke aus der Waschküche meiner Frau ein. Um die Hüte zu säubern, weiche ich sie in verdünnter Reinigungslösung ein, und anschließend bürste ich sie ab.«

Bilder und Zeichnungen von John Wayne bedecken die Wände von Stanburys Zimmer. Ein weiteres halbes Dutzend hängt in seinem Büro an seiner Arbeitsstelle. »Nach so vielen Jahren gibt man etwas, an dem man Freude hat, nicht einfach auf. Mein Schwager und ich sind immer auf der Suche nach Hutgeschäften, wenn wir irgendwo unterwegs sind. Wir kaufen Strohhüte und schenken sie uns gegenseitig, oder wir verschenken sie an Freunde. Wissen Sie, ein Mann sieht doch ganz anders aus mit einem Hut. Wenn man einem anderen Mann einen Hut schenkt, dann, nun – dann entsteht dadurch eine Verbindung, eine Freundschaft fürs Leben.«

An dem Tag, an dem Ray Stansbury beschlossen hatte, dass die Zeit für einen neuen Panama gekommen war, ging er in seiner Mittagspause zu Western Hat Works. Er hatte dort früher schon Hüte gekauft und war überzeugt, in diesem Laden die beste Auswahl der ganzen Stadt zu finden. Zunächst sah er sich ein paar Shantungs an, dann setzte er probeweise ein paar Hüte aus Naturstroh auf und entschied sich schließlich für einen Panama im *Brisa*-Stil. Um den eierschalenfarbenen Hut war ein blau-weißes Band gewunden. Die Verkäuferin Alicia Del Rio tippte den Preis in die Kasse: 35 Dollar zuzüglich 2,10 Dollar Mehrwertsteuer.

Ich erzählte Ray etwas über die Geschichte des Hutes und wie viel die Flechter in den Anden verdienten. »Tatsächlich?«, fragte er. »Das ist eine erhebliche Preiserhöhung.« Statt seinen neuen Panamahut in einer Schachtel oder Tasche zu verstauen, setzte er ihn noch im Laden auf und trug ihn für den Rest den Tages.

Danksagung

Auch wenn mein Buch sich mit dem Leben am Äquator beschäftigt, haben mich Menschen vom Polarkreis im hohen Norden bis nach Santiago de Chile im äußersten Süden mit Rat und Tat unterstützt. Anregungen erreichten mich in Form von Büchern, die ich lesen, Ideen, die ich aufnehmen und Freunden, die ich treffen konnte. Erfahrene Reisende nannten mir Städte, die ich besuchen, und solche, die ich meiden sollte; und versierte Übersetzer halfen mir, englische Nuancen für die Übertragung der spanischen Gedichte zu finden.

Die Menschen in Ecuador, gleichgültig, ob sie an der Küste, in den Anden oder im Urwald lebten, scheuten weder Mühen noch Umwege, um mir ihre Kultur zu zeigen. Sie öffneten mir ihre Türen und teilten ihr Wissen mit mir; jedem von ihnen schulde ich Dank. Ich erinnere mich noch gut an sie, und bei einer Gelegenheit konnte ich feststellen, dass auch sie mich nicht vergessen hatten. Ich hatte den Männern, welche die Toquilla-Fasern für die Panamahüte ernteten, einen längeren Besuch in der Wildnis abgestattet. Ein Jahr später kehrte ich an denselben Ort zurück und stellte mich wieder bei ihnen vor. »Ich war letztes Jahr schon einmal hier«, erklärte ich, »vielleicht erinnern Sie sich noch an mich.«

»Natürlich erinnern wir uns an Sie«, antwortete einer der Männer. »Sie waren unser letzter Besucher.«

Für ihre äquatoriale Gastfreundschaft gebührt John und Sam Miller mein besonderer Dank, ebenso Miriam González, John Daane und Shari Villarosa. Vor folgenden Freunden – neuen und alten –, deren Rat und Unterstützung mich auf meiner Reise begleiteten, ziehe ich dankbar meinen Panama: Dan Anderson, Joe Brenner, Kathryn Coe, Olga Fisch, Kurt Dorfzaun, Michael Earney, Enrique Grosse-Luemern, Charles W. Grover, John und Mary Lou Hay, Mercedes Herrera Ayamar, Lynn Hirschkind, Robert Houston, Anita Hughes, Milton Johnson, Charles A. Miller, Nick Mills, Jacqueline de Munizaga, Boyd Nicholl und Laurie Kintzele, J. Enrique Ojeda, María Olano, Fabián Peñaherrera, Valerina Quintana, Osvaldo Viteri, Ion Youman, Stefan Schinzinger, Martha Sowerwine, Moritz Thomsen und Donna Waldman.

Literatur

Agee, Philip: *CIA intern. Tagebuch 1956–1974.* Frankfurt a. M. 1981
Bemelmans, Ludwig: *The Donkey Inside.* New York 1941
ders.: *Madeline.* Zürich 1980
Blomberg, Rolf: *Ecuador. Andean Mosaic.* Stockholm 1952
Byron, Robert: *Persische Reise. Auf dem Wege zu alten Kulturen in Persien, Afghanistan und Turkestan.* Berlin 1948
Carroll, Lewis: *Misch & Masch. Erzählungen und Gedichte.* Literarische Werke II. Hg. v. Jürgen Häusser, Übersetzung v. Dieter H. Stündel. Darmstadt 1996
Cuesta y Cuesta, Alfonso: *Los hijos.* Caracas 1969
Franck, Harry A.: *Vagabonding Down the Andes.* New York 1917
García Márquez, Gabriel: *Der Oberst hat niemand, der ihm schreibt.* Aus dem Spanischen übersetzt und mit einem Nachwort von Curt Meyer-Clason. Köln 1976
Hassaurek, Friedrich: *Vier Jahre unter den Spanisch-Amerikanern.* Aus dem Englischen. Autorisierte Übersetzung. Dresden 1887
Hecht, Ben: *To Quito and Back.* New York 1937
Humboldt, Alexander von: *Die Wiederentdeckung der Neuen Welt. Aus dem unvollendeten Reisebericht und den Reisebüchern.* Hg. v. Paul Kanut Schäfer. Berlin 1989. München und Wien 1992
Icaza, Jorge: *Huasipungo. Unser kleines Stückchen Erde.* Göttingen 1988
ders.: *Caballero im geborgten Frack.* Bornheim-Merten 1983
Inwards, Harry: *Straw Hats: Their History and Manufacture.* London 1922

Korneffel, Peter: *Ecuador mit Galápagos-Inseln*. Reiseführer mit Landeskunde. Dreieich 1999

Kreuter, Marie-Luise: *Wo liegt Ecuador? Exil in einem fremden Land*. Berlin 1995

Lévi-Strauss, Claude: *Traurige Tropen*. Übersetzt von Eva Modenhauser, Frankfurt a. M. 1978

Mata, G. H.: *Juan Cuenca: Biografía del Pueblo Sombrerero*. Cuenca 1978

Michaux, Henri: *Ein Barbar auf Reisen*. Aus dem Französischen von Dieter Hornig. Frankfurt a. M. 1998

Monsalve Pozo, Luis: *El Sombrero de Paja Toquilla* – Azuaya. Cuenca: Anales de la Universidad de Cuenca, abril–junio 1953

Orton, James: *The Andes and the Amazon*. New York 1876

Paine, Albert Bigelow: *Th. Nast: His Period and His Pictures*. New York 1904

Saint-Criq, Laurent (= Paul Marcoy): *Voyage de l'océan Atlantique à l'océan Pacifique, à travers l'Amérique du Sud*. Paris 1862-67. Reprint: Bonn 1994 (englische Ausgabe: *Travels in South America*. London 1875)

Stingl, Miloslaw: *Das Reich der Inka*. Augsburg 1995

Thomsen, Moritz: *Arm mit den Armen*. Aus dem Englischen von Hans-Georg Noack. Baden-Baden 1972

ders.: *The Farm on the River of Emeralds*. New York 1978

Traven, B.: »*Der Großindustrielle*«. In: ders.: *Erzählungen*. Erster Band. Zürich 1968

Twain, Mark: *Reise um die Welt*. Berlin 1997 (vergriffen)

VonHagen, Victor W.: *Ecuador and the Galápagos Islands*. Norman, Oklahoma 1949

ders.: *Highway of the Sun*. New York 1955

Whymper, Edward: *Travels Amongst the Great Andes of the Equator*. New York 1892

**NATIONAL GEOGRAPHIC
ADVENTURE PRES**

Auf alten Pfaden

REISEN · MENSCHEN · ABENTEUER

Karin Muller
Entlang der Inka-Straße
Eine Frau bereist ein ehemaliges Weltreich
ISBN 3-442-71164-9

Das Straßennetz der Inka, mit dessen Hilfe sie ihr Riesenreich kontrollierten, ist legendär – und wenig bekannt. Zu Fuß erkundet Karin Muller die alten Routen von Ecuador bis nach Chile. Ein Forschungs- und Reisebericht zugleich, packend und humorvoll geschrieben.

Eberhard Neubronner
Das Schwarze Tal
Unterwegs in den Bergen des Piemont
Mit einem Vorwort von Reinhold Messner
ISBN 3-442-71178-9

Nur eine Autostunde von Turin scheint die Welt eine andere zu sein: Aufgegebene Dörfer verlassene Täler in den piemontesischen Alpen. Unsentimental und doch poetisch schildert Neubronner die wildromantische Landschaft und die Menschen, die in ihr leben.

Jean Lescuyer
Pilgern ins Gelobte Land
Zu Fuß und ohne Geld von Frankreich nach Jerusalem
ISBN 3-442-71167-3

Eine Pilgerreise, die kaum zu überbieten ist: Zu Fuß von Lourdes nach Jerusalem, ohne Geld und mit viel Gottvertrauen. Acht Monate Zweifel und Gefahren, aber auch beglückende Erfahrungen und berührende Begegnungen.

So spannend wie die Welt.

NATIONAL GEOGRAPHIC

GOLDMANN